건국절과 소녀상

역사 국정교과서 유감

지은이 | 이 인 재

연세대학교 사학과 졸업, 동 대학원 문학석사 및 박사
연세대학교 원주캠퍼스 인문예술대학 역사문화학과 교수
한국역사연구회 회장(2011), 인문예술대학장(2013), 인문도시 원주 사업단장(2015)

저서 『북원경과 남한강 불교문화』
편저 『운곡시사』, 『지방지식인 원천석의 삶과 생각』, 『2011 매장문화재법의 두 가지 현안과 대안』,
『한국토지용어사전』 외 다수.

건국절과 소녀상

역사 국정교과서 유감

이 인 재 지음

초판 1쇄 발행   2017년 4월 19일

펴낸이   오일주
펴낸곳   도서출판 혜안

등록번호   제22-471호
등록일자   1993년 7월 30일

주소   ⑰ 04052 서울시 마포구 와우산로 35길3(서교동) 102호
전화   3141-3711~2
팩스   3141-3710
이메일   hyeanpub@hanmail.net

ISBN   978-89-8494-577-7   03910
값   14,000 원

건국절과 소녀상

역사 국정교과서 유감

이인재 지음

혜안

책머리에

1

20세기 우리가 제국주의 치하의 식민지였고, 독재 치하의 후진국이었을 때, 제국주의 본국과 선진국의 기술과 문물을 배우기 위해, 우리들은 그 나라에서 배워야 할 필요성이 있다고 판단한 모든 것을 선택적으로 모방하여 추격하는 전략을 선택하였다. 국제 경험을 극대화하려는 모방 대상국의 유학이 장려되고, 유학 출신이 우리나라 학계와 관계, 그리고 산업계 전반에서 출중한 활동을 해 내기도 하였다. 그러한 우리나라를 스스로 추격형 사회의 모범이라고 자부하곤 하였다.

21세기 한국사회가 식민지에서 벗어나고 후진국을 모면하면서, 이제 더 이상 모방으로 다른 나라를 추격하기에는 언감생심 단계의 사회가 되었다. 20세기 후반 이미 수많은 후발 추격형 사회가 속도를 내고, 20세기를 이끌어 왔던 선도형 사회들은 자신들의 자리를 내주지 않으려고 또 다른 속도를 내고 있을 때의 한국사회는 추격형 사회에 추격당하고, 선도형 사회로는 진입하지 못한 그런 엉거주춤한 자세를 지난 수십 년간 유지해 왔다.

우리가 양자에 낀 샌드위치 모양으로 오랜 기간을 보낸 것은,

추격형 사회가 자신이 좇고자 하는 선도형 사회의 특정 분야를 모방하며 추격하는 그런 특징과는 달리, 선도형 사회는 자신과 우리의 과거에서 자신과 우리의 미래를 개발해 내어야 한다는, 역사적 사고력이 필요했다는 점을 미리 간파하지 못한 결과 생겨난 현상이었다. 자신의 과거에서 미래를 이끌어 내려면, 역사와 철학, 문학과 같은 말 그대로의 기초학문, 어떠한 응용분야건 해당 분야의 역사와 철학, 여러 문화 현상들에 대한 깊은 통찰을 전제했어야 했다. 인문학적 통찰이 부족한 미래사회에의 예측은 스스로 어찌할 수 없는, 어쩌면 불가능한 과제였을지 몰랐다. 2016년과 2017년 우리 사회 모두가 겪고 있는 혼란은, 추격형 사회에 안주하고, 선도형 사회에 필요한 사고력을 충분히 갖추지 못한 결과일지도 모른다. 혼란에 쫓기지 않고 주도하기 위한 여러 인문적 사고력, 그 가운데 특히 역사적 사고력을 키우는 것이 정말 필요하다는 것은 아무리 강조해도 지나치지 않다.

2

학계가 그러했던 것처럼 행정부 차원에서도 역사교육강화의 필요성을 몰랐던 것은 아니었다. 2011년 4월 22일(금) 오전 11시 국립중앙박물관에서 당시 교육과학기술부 이주호 장관이 직접, 역사교육강화 방안의 일환으로 ㉮ 2012년 고등학교 신입생부터 사회/도덕/역사 교과군 12과목 가운데 한국사는 필수로 이수해야 한다는 방안을 발표하였다. 그와 함께 ㉯ 수학능력시험 필수과목으로 지정하지는 않겠지만, 교육협의회(대학교육협의회 회장, 대학총장, 시·도 교육감, 학부모 대표)가 각 대학에 선발전형 요소의 하나로서 '한국사'를 반영하기로 '권고'하고, ⑭ 교원 임용시험 응시자는 국사편찬위원회가 주관하는 한국사능력검정시험 인증서 취득을 '의무화'하며, ⑭ 한국사를 필수로 채택하고 있지 않는 일부 공무원 채용기관에는 필수 지정을 위해 '협조 요청'하기로 하였다.

그리고 2년여 지난 2013년 8월 12일(월) 교육부(장관 : 서남수)는 학생들의 올바른 역사인식 제고를 위한 또 다른 역사교육강화방안을 발표한 바 있다. 현행 5단위인 고등학교 한국사 수업시수를 확대하여 6단위(6×17=102시간)로 하고, 1학기 집중이수로 끝내지 말고 최소한 2개 학기 이상 편성·운영하도록 하며, '한국사'를 사회교과(군)에서 분리하여 편성·운영함으로써 안정적 역사교육을 위한 토대를 마련할 계획이라는 것이다. 이어 2013년 8월 27일(화) 발표한 '대입전형 간소화 및 대입제도 발전방안(시안)'에서 교육부는, 한국사를 2017학년도 수능시험부터 필수과목으로 지정하겠다고 밝혔다. 한국사가 사회탐구 영역에 포함돼 출제되어 오다가 2005학년도에 학생 선택권과 학습부담 완화를 강조한 선택형 수능이 도입되면서 많은 학생들이 한국사 과목을 외면하면서 위상이 추락했다는 것이다.

입법부의 역사교육강화 입법 노력도 함께 눈여겨볼 만했다. 2011년 2월 16일(수)과 4월 12일(화) 국회도서관에서 진행된 간담회(김형오 의원)와 토론회(강창일 의원)는 많은 청중들이 참가하여 진지하게 진행된 바 있다. 당시 양 당을 대표해서 두 의원이 발의한 안을 보면 차이점보다 공통점이 많다. ㉠ 역사과목은 독립 교과가 되어야 하고, ㉡ 필수과목이 되어야 하며, ㉢ 대학입학 전형뿐만 아니라 국가공무원, 지방공무원 채용에도 반드시 일정 수준 이상의 역사지식을 갖춘 사람을 선발해야 할 것이고, ㉣ 중앙정부와 지방정부 모두, 역사교육 진흥을 위한 정책을 수립하고 실시할 수 있도록 관련 법안을 마련하자는 것이었다. 당시 초등, 중등, 고등, 평생교육 체계에서 역사교육이 강화될 필요성이 있다는 입법부의 절절한 간구는 의심의 여지가 없는 것처럼 보였다. 두 의원이 신설해야 한다고 주장한 법안의 조문은 다음의 밑줄 친 부분과 같다.

Ⅰ. **초중등교육법 일부개정 법률안** : 제23조(교육과정 등) ① (현행과 같음) ② 교육과학기술부 장관은 제1항의 규정에 의한 교육과정의 기준과 내용에 관한 기본적인 사항을 정하며, 교육감은 교육과학기술부 장관이 정한 교육과정의 범위 안에서 지역의 실정에 적합한 기준과 내용을 정할 수 있다. 〈후단 신설〉 이 경우 교육부 장관과 교육감은 초·중등 교육과정에서 역사 교과목(한국사 및 세계사 관련 과목을 말한다)을 필수적으로 이수할 수 있도록 교육과정의 기준과 내용을 정하여야 한다. ③ 학교의 교과는 대통령령으로 정한다. 〈후단 신설〉 이 경우 그 교과에 역사(한국사)가 포함되어야 한다. 제27조(조기진급 및 조기졸업 등) ① 초등학교·중학교·고등학교 및 이에 준하는 각종 학교의 장튡은 재능이 우수한 자에 대하여 제23조·제24조·제26조·제39조·제42조 및 제46조의 규정에 불구하고 수업년한의 단축(수업상의 특례를 포함한다)에 의하여 조기진급 또는 조기졸업을 할 수 있도록 하거나 상급학교 조기입학을 위한 자격을 부여할 수 있다. 〈후단 신설〉 이 경우 조기진급, 조기졸업 또는 상급학교 조기입학자격 부여를 위한 평가 대상 교과목에 한국사가 포함되어야 한다. ②·③ (현행과 같음)

Ⅱ. **고등교육법 일부개정 법률안** : 제34조(학생의 선발방법) ①·② (생략) ③ 교육부 장관은 입학전형자료로 활용하기 위하여 대통령령이

정하는 시험을 시행할 수 있다. 〈후단 신설〉 이 경우 그 시험에 역사과목(한국사 및 세계사 관련 과목을 말한다)을 포함하여야 한다. ④~⑥ (생략) 〈신설〉 ⑦ 대학의 장은 제3항에 따른 시험을 입학전형자료로 활용하는 경우에는 한국사과목을 포함하여야 한다. ⑧ 대학의 장은 학생을 선발할 경우 재외국민에 대하여는 제7항에 따라 한국사과목 시험을 입학전형자료로 활용하는 경우를 제외하고는 「사료의 수집·편찬 및 한국사의 보급 등에 관한 법률」 제18조에 따른 한국사능력 검정 결과 대통령령으로 정하는 기준 이상인 자에 한하여 응시자격을 부여하여야 한다.

Ⅲ. **국가공무원법 일부개정 법률안** : 제36조의2(채용시험의 가점) 「국가기술자격법」이나 그 밖의 법령에 따른 자격을 취득한 자 〈중간삽입〉 또는 「사료의 수집·편찬 및 한국사의 보급 등에 관한 법률」 제18조에 따른 한국사능력검정시험에서 일정 등급 이상의 합격자가 공무원 채용시험에 응시하면 국회규칙, 대법원규칙, 헌법재판소규칙, 중앙선거관리위원회규칙 또는 대통령령으로 정하는 바에 따라 일정한 점수를 가산할 수 있다. 〈신설〉 제36조의3(역사과목의 시험실시) 공개경쟁 채용시험의 시험과목에는 역사과목(한국사 및 세계사 관련 과목을 말한다)을 포함하여야 한다.

Ⅳ. **교육기본법 일부개정 법률안** 〈신설〉 제22조의3(역사교육) 국가와 지방자치단체는 역사교육을 진흥하기 위하여 필요한 시책을 수립·실시하여야 한다.

Ⅴ. **지방공무원법 일부개정 법률안** 제34조의2(신규임용시험의 가점) 「국가기술자격법」이나 그 밖의 법령에 따른 자격을 취득한 사람 〈중간삽입〉 또는 「사료의 수집·편찬 및 한국사의 보급 등에 관한 법률」 제18조에 따른 한국사능력검정시험에서 일정 등급 이상의

<u>합격자가</u> 공무원 신규임용시험에 응시하면 대통령령으로 정하는 바에 따라 일정한 점수를 가산할 수 있다.

두 의원이 거의 같은 시기에 위와 같은 법안을 발의한 취지를 다음과 같이 설명하였다. 우선 중국은 고구려사·발해사 등 한반도와 관련된 역사를 중국의 역사로 만들기 위해 동북공정을 진행 중이며, 일본 역시 과거 식민 지배와 독도 영유권 주장을 합리화한 초등학교와 중·고등학교 역사교과서가 정부의 검정을 통과하여 우리 고유의 역사·영토에 대한 주변국의 역사 왜곡이 극에 달하고 있으나, 주변국의 이와 같은 행위에도 불구하고 우리 정부는 고등학교 교육과정에서 한국사과목을 선택과목화하여 고등학교 3년 동안 한국사를 전혀 배우지 않고도 졸업할 수 있게 하였는데, 사실 역사교육은 후손들에게 민족의식과 국가정체성을 심어주어 국가의 미래를 올바르게 이끌어나가고 글로벌 리더로서 성장할 수 있도록 하며, 국가의 존망을 좌우하는 매우 중요한 요소이므로 역사교육을 강화해야 한다는 것이다.

또한 21세기의 대세는 세계화와 다문화주의이며, 그 속에서 역사교육은 한국과 세계 속의 건전한 시민을 양성하는 데 필수적인데, 초등학교와 중·고등학교 시절의 부족한 한국사 및 세계사 교육은, 21세기 세계사의 흐름 속에서 한국의 당면과제를 외면하는 것이라는 점도 지적되었다. 우리 청소년은 국민적 정체성을 확립하는 것 못지않게, 외국의 역사와 문화를 바르게 알 현실적 필요가 있는데, 이는 대외적으로는, 여행과 이주, 교역과 외교관계가 다변화하면서 증가하는 추세이며, 따라서 청소년에게 외국의 역사와 문화를 교육하는 것은 외국인과 원만하게 소통하고, 더 나아가 경쟁력을 갖게 하는 효과가 있고, 다른 한편, 국내적으로는 외국인 이주노동자와 다문화 가정이 급속히 증가하는 가운데, 다문화주의 교육은 한국 사회가 당면한 정치, 사회적 과제의 해법으로 중요하므로 다른 인종, 종교, 민족의 역사교육을 통해 우리와 다른 이유와 배경을 이해시키는 것이 중요하다는 것이다.

지금은 관련 법 어디에도 반영되지 않았지만, 당시 국회의원들의 관련 입법 발의 취지는 입법부답게 여론의 요청에 따른 역사교육 정상화를 위한 제도적 장치 마련에 방점이 찍혀 있었다.

3

사전적 정의, 교과서적 지식이라는 말이 있다. 학창시절 누구나 배웠던, 그래서 한 국민이 공유하고 있는 지식이고, 그 지식을 정립하기 위해 누구나 믿고 찾아본 사전이 규정한 정의定義라는 용어이다. 당연히 누구라도 사전에 수록된 어휘의 정의를 믿고, 교과서에 수록된 지식을 신뢰하면서 생긴 말이겠다.

기성세대가 살아가는 현실세계에서는 이해관계에 따라 수없이 정의定義가 바뀌고 지식도 변경시킬 수 있다고 우기지만, 기성세대가 과거 미래세대였을 때, 그리고 현재 미래세대는 그들이 자신의 자식 세대이기도 하고, 기성세대가 현장에서 물러났을 때 자신들을 지켜 내 줄 말 그대로의 미래세대이기 때문에, 미래세대 사고력의 기초가 되는 사전적 정의와 교과서적 지식의 충실성을 확보하기 위해 기성세대의 학자 및 교사들은 최선을 다해 교과서를 만들고, 사전을 편찬해 냈어야 했다. 교과서적 지식과 사전적 정의야말로, 같은 교과서,

같은 사전으로 배운 사람들 사이의 소통의 전제이기 때문이다. 그러나 21세기 대한민국에서는 오히려 미래세대가 기성세대가 되었을 때 필요한 소통의 전제를 '통제'하려는 그러한 시도가 진행된 바 있다.

식민지형 권력층으로서, 독재시대 권력층으로서 한줌도 되지 않는 자신들의 기득권을 유지하고 싶었던 사람들이 학계에서, 관계에서, 삶의 현장에서, 자신들의 권력을 유지하기 위해 차지해 왔던 역사 해석의 독점권을 위해 역사 국정화 같은 논쟁을 유발시키면서까지 최후의 노력을 경주하는 것을 보면, 한 시대의 변화가 얼마나 어려운지를 절감한다.

아니 어쩌면 그들을 제외한 모든 사람들은 이미 우리가 나아가야 할 방향과 자세가 무엇인지 이미 간파했다고 평가할 수 있겠다. 단지 필요한 것은 우리의 과거에서 미래를 찾아내야하는 선도형 사회에서 삶을 주도할 우리들이 가져야 할 정당한 교과서적 지식을 확보하는 일이겠다. 그리고 그 시작은 우리가 배웠던 초중고 시절의 역사지식이 어떻게 만들어졌는지를 검토하는 일부터이다.

중학교 역사교과서나 고등학교 한국사교과서에 실리는 교과서적 지식은 다음과 같은 절차를 거쳐 만들어진다. 이 과정을 하나씩 따져 보다보면, 우리나라 역사교과서 집필자들이 얼마나 열악한 조건에서 교과서를 집필하는지를 알 수 있을 것이다.

우선 교육부와 해당 분야 전문가가 모여 초등학교와 중·고등학교에서 무엇을 어떻게 가르칠 것인가를 구분해 놓는다. 이를 교육과정이라고 한다. 사회과 교육과정의 경우 사회과학적 사고력을 가르치는 일반사회, 철학적 사고와 윤리의식을 배우는 도덕, 그리고 역사적 사고력을 키우는 역사가 포함된다. 따라서 교과서를 집필하는 사람들은 우선 교육과정이 제시한 바를 잘 정리하여 무엇을 가르칠 것인가, 어떻게 가르칠 것인가를 생각하면서 교과서에 들어갈 전체 내용의 윤곽을 잡는다.

교육부와 해당 분야 전문가들은 역사와 도덕의 경우 교육과정 이외에 별도로 집필기준을 제시한다. 검정교과서는 원래 교육과정만을 기준으로 해서 집필자들이 자유롭게 써야함에도, 정부는 교육과정 이외에 집필기준이라는 것을 하나 더 제시함으로써 우리나라 검정교과서를 국정교과서와 별다른 차이가 없게 만든다. 이에 더해 대한민국 교육부는 검정 절차를 거치면서 수정명령이라는 것도 내린다. 만약 집필자가 교육부의 수정명령이 부당하다고 거부하면, 교육부는 출판사와 함께 집필자의 의견을 무시하고 직권 수정할 수도 있다. 말이 직권 수정이지 강제 수정인 것이다. 기왕의 검정교과서가 이 지경인데, 이것도 모자라 다양성을 최고로 치는 역사교과서를, 획일화의 상징인 국정교과서로 바꾸겠다는 것은 무슨 생각일 것인가? 독재적 사고의 잔재는 참으로 떨치기 어려운 일이다.

대한민국 역사 교과서 집필자는 정부가 강요한 이런 형식의 강제도 감당해야 하지만, 역사학 전문가, 역사교육 전문가로서의 자질도 충분히 갖추고 있지 않으면 안 된다. 집필자들이 교육과정과 집필기준에 맞추어 해당 분야를 서술할 때, 가장 먼저 하는 것이 관련 사료와 논문을 수집하는 것이다.

과거에 있던 사실事實이라고 해서 모두 사실史實이 되는 것은 아니다. fact, 즉 사실事實이 historical fact, 즉 사실史實이 되기 위해서는 사료 비판이라는 것을 거친다. 사료 비판은 역사전문가, 즉 역사학자들이 주관적인 사실事實에 객관성을 부여하기 위한 노력을 말한다. 가령 모든 문헌 자료는 글을 아는 사람이 썼지만 해당 글에 대한 사료 비판을 하면서 글을 모르고 사는 사람들의 처지도 역사 현장에 소환케 하는 조치라던가, 유물·유적 자료의 경우 해당 자료를 기획한 사람(지식인)부터 만드는 사람(장인), 단순 노동만 제공하는 사람(실무자)의 처지까지 모두 살려내는 능력이 있어야 사료 비판 능력을 배운 학도라고 할 수 있다.

역사적 지식은 신학이나 사회과학과 달라서 절대적인 지식이 있다고 가정하기보다는 모든 지식이 상대적이라는 것을 감안해서 읽어내야 한다. 누구나 알겠지만 어떤 사안을 이해할 수 있도록 도와주는 사료史料(역사학의 재료)는 항상 파편만 남아 있다. 전체가 남아 있는 경우가 있을 수 없다. 그래서 사료 비판을 거친 사료라 하더라도, 어떤 사료를 중심으로 전체 사료를 이해하느냐에 따라 다양한 학설이 만들어진다. 이른바 다수설과 소수설도 그러한 과정에서 만들어지는 것이다. 현재 검정교과서를 집필하는 집필진은 말 그대로 교과서이기 때문에 어쩔 수 없이 다수설을 통설로 간주해서 집필을 한다.

역사교과서 집필자들은 이런 역사학이 가지는 학문적 성격을 잘 이해하고, 그 중에 다수설, 소수설 학자들이 모두 공유하고 있는 사료와, 통설을 기초로 역사교과서의 초안을 만든다. 교과서 초안은 역사학자가 시작을 하겠지만, 역사교사의 협업이 없으면 완성되기 어렵다. 역사학자들도 교육과정을 모르진 않겠지만, 역사교사들이 교육현장에서 함께하는 다른 학년, 다른 과목들과의 상관성을 고려하고 배려하여 교과서에서 사용하는 내용과 어휘를 선택하지 않으면 해당 국민과 인류가 공감할 수 있는 이른바 교과서적 지식을 만들어낼 수 없기 때문이다.

4

"꿈은 실패할 때 끝나는 것이 아니라, 포기할 때 끝나는 것이다.
Dream is over when to give up, not to not end when to failure."

리처드 닉슨(1913~1994)

추격사회 세대의 막내가 아니라 선도사회 세대의 첫째로서, 교학
상장敎學相長을 미덕으로 하는 우리가 갖추어야 할 첫 번째 역사학적
능력은, 학자들이 걸러준 사료와 그 해석이 아니라, 우리 스스로
사료를 해석하고 평가할 수 있는 능력이다. 사료 비판 능력은 역사학
자뿐만 아니라 여러 분야의 지식인들 글에 잘 녹아 있다. 논리성을
무기로 논문을 쓰는 학자들과, 창의력을 바탕으로 작품을 쓰는 작가
들, 대중과의 소통능력에 탁월한 재능을 가지고 기사를 쓰는 기자들
의 역사적 사고력은 우리가 배워야 할 아주 중요한 덕목들이다.
우리가 미래를 준비하면서 이들에게 배운 역사적 사고방식과 역사적
상상력의 중요성은 아무리 강조해도 지나치지 않다.

앞으로의 21세기는 정해진 직업의 세계뿐만 아니라 만들어낸 직업
의 세계에서 활동해야 할 시기라고 예측된다. 정해진 직업의 세계라
면 과정적 공부가 필수적이겠지만, 만들어질 직업의 세계라면 프로
젝트 중심의 사고 능력을 갖추어야만 우리도 참여할 수 있다. 정해진
직업의 세계라면 전문가적 능력만 키워내면 되지만, 만들어내려면
학자적 논리성과 기자적 소통능력, 그리고 작가적 창의력을 모두
겸비해 내야 한다. 항상 앞선 세대보다 생각도 많이 해야 하고, 노력도
많이 해야 해서, 기성세대에게 후생가외後生可畏라는 말을 듣도록
해야 하겠다.

프로젝트 해결 능력을 키우고자 할 때, 지난 6, 7년 동안 정부가 역사교육강화라는 명분하에 무모하게 진행하고 있는 「역사교과서 국정화와 그 문제점」은 아주 좋은 연습 문제가 될 수 있다. 국정교과서 현장검토본이 발표된 후 즉시 보도된 여러 기자들의 기사들은 아주 좋은 자료이다. 기자들이 제공한 기사와 관련 학자들의 논문, 저서만으로도 우리가 연습하고자 하는, 프로젝트 수행의 기초자료를 충분히 만들 수 있다는 것이다.

우리가 아는 것보다 훨씬 많은 기자들이 보도하고 있고, 우리가 상상하는 것보다 훨씬 많은 학자들이 글을 쓰고 있다. 스스로 정리한 기자의 기사를 단서 삼아 키워드를 찾아내고, 그 키워드로 본인의 글쓰기와 말하기에 적합한 학자들의 논문 찾기를 반복해, 자신만의 글과 말을 만들어 내다보면, 자연스럽게 다른 사람들과 소통할 수 있는 능력을 키워낼 수 있을 것이다. 여러분 스스로 학자적 능력에 기자들의 능력을 겸비하기를 기대한다.

5

이 책은 21세기를 준비하는 학생들이, 기자의 기사 쓰는 능력, 작가의 작품 짓는 능력, 학자의 논문 쓰는 능력을 모두 갖추기를 기대하면서 작성한 글이다. 그러기 위해 기왕의 기사와 작품과 논문을 어떻게 주제별로, 혹은 연대기별로 정리해야 세 능력을 모두 갖출 수 있는지를 보여주고 싶었다. 이 책을 통해 기자의 기사와 학자의 논문, 그리고 학자들이 구사한 최소한의 사료를 통해 필자가 주장의 얼개를 만드는 법을 따라가다 보면, 여러분 스스로, 사료 중심의 역사교육이 무엇인지, 기사를 종합적으로 정리하는 방법은 어떤 것인지, 기자의 기사와 학자의 논문과 언급이 어떤 관계에 있는지를 확인하는 방법을 연습할 수 있을 것이라 기대하기 때문이다.

연습 과제로는 21세기 대한민국 교육부의 역사 국정화로 삼았다. 기자와 학자와 교육자, 공무원, 시민이 모두 관심 있게 글을 쓰고, 말을 하고, 대화를 나눈 주제이기 때문이다. 세계 주요 국가들은 사실史實 중심에서 사료史料 중심으로, 교과서의 검정을 넘어 자유발행 체제로 넘어가는데, 21세기 대한민국 행정부가 왜 검정보다 못한 국정으로 교과서를 발행하기로 결정했는지를 정리해 보는 것은 기사와 논문을 가지고 역사적 상상력을 학습하는 데 매우 적절한 소재이다.

이를 위해 1장의 Ⅱ절에서는 주로 기자의 기사를, 주제별로, 그리고 연대기별로 정리하는 방법을 보여주고자 하였다. 2016년 11월 28일 공개된 국정교과서 현장 검토본을 보고, 10여일이란 짧은 기간 동안 기자들이 작성한 특징적인 국정교과서 서술 분야는 다음과 같았다. 우선 1. 일제하 서술에서는 ① 독립운동사, ② 독도, ③ 위안부 피해 여성, ④ 친일파, 2. 대한민국사 서술에서는 ① 단원의 구성, ② 대한민국 수립, ③ '선거가 가능했던 한반도 내에서 유일한 합법 정부', ④ 이승만 대통령 미화, ⑤ 박정희 대통령 미화, ⑥ 5·16 군사쿠데타, ⑦ 한일기본조약(1965), ⑧ 10월 유신, ⑨ 새마을운동, ⑩ 재벌 미화, ⑪ 노태우대통령 미화, ⑫ 제주 4·3사건, ⑬ 여수·순천 10·19사건, ⑭ 6·25전쟁 발발, ⑮ 6·25전쟁 피해와 영향, ⑯ 5·18민주화운동, 그리고 3. 북한 관련서술에서는 ① 분단의 책임은 소련과 북한, ② 북한체제 비판, ③ 북한인권 비판, ④ 북핵 위기, ⑤ 천안함 사건에 대하여 국정교과서는 어떻게 서술했는가에 관심을 두고 기사를 작성하였다. Ⅲ절에서는 기사를 사건의 순서대로 정리하는 방법을 보여주고자 하였다. 말 그대로 국정교과서 현장 검토가 진행되면서, 교육부는 교과서 현장 적용시기와 방법을 바꾸어 버렸다. 교육부의 이런 태도를 날짜별로 정리하다보면, 역사교과서 국정화에 대한 교육부 정책 집행의 무원칙을 잘 드러낼 수 있었다.

2장은 행정부의 정책 수행이 얼마나 신중해야 하는지를 현행법과 학계의 학설과 현장의 현안을 중심으로 살펴보고자 하였다. 행정부의 정책 가운데 하나인 2015년 역사국정화 고시를 하면서, 국무총리가 직접 발표한 정책의 배경과 근거가 얼마나 반헌법적이고, 반법률적이며, 반학문적인지, 그리고 현장에서 검정교과서 선택의 법적 주체인 학교운영위원회의 매도가 얼마나 반민주적이었는지를 살펴봄으로써 우리가 배워야 할 역사적 현장 복원력의 한 사례를 연습한 다음, 2011년 당시 교육과학기술부 장관이 직권 수정한 역사 교육과정과 집필기준의 주요 용어와 사안이 얼마나 현장의 현안과, 학계의 학설과, 입법부의 법안을 무시한 조치였는지를 살펴봄으로써 여전히 남아 있는 대한민국 정부 정책담당자들의 반민주적 의사소통과정을 반면교사 삼을 수 있도록 서술하였다.

3장에서는 역사교과서에서 역사학자들이 역사적 용어를 어떻게 다루는지를 살펴보고자 하였다. 이를 위해 '자유·민주적 기본질서 the basic free and democratic order'라는 용어를, 국제적 용례와 함께 1919년 임시헌장부터 1987년 6월항쟁 헌법까지 용어 사용의 유래와 변천을 살펴보고자 하였다. 그리고 헌법에서 추구하는 이상이 현실에서 어떻게 왜곡되는지도 다루어보았다. 그 결과 헌법 전문前文의 '자유·민주적 기본질서'를 헌법 본문本文에서 왜곡하는 유신헌법의 사례와, 헌법의 '자유·민주적 기본질서'를 민주화운동 관련자법과 국가보안법에서 달리 사용하고 있는 6월항쟁 헌법의 사례를 제시함으로써 하나의 역사적 용어가 갖고 있는 다면적 특성을 공부해 보고자 하였다.

4장에서는 인접학문을 하는 학자들의 역사교과서 개입의 위험성을 건국절 주장을 사례로 하여 살펴보고자 하였다. 건국절 주장 학자들이나 정치가들은 본인들이 전공하는 '국제' 경제학, '국제' 정치학, '국제' 법학적 관점에서 용어를 규정하고 적용하였다고 주장하고 있으나, 결국은 제국주의자들의 주장에 동의한 것일 뿐 20세기 세계 대다수 국가들이 경험한 식민지나 점령지 국가의 학문적 용어로 재정립하지 못한 채 사용함으로써 오히려 제국주의적 잔재가 강하게 남아 있는 일본의 주장에 동조해 버리는 우愚를 범할 위험성을 경고하고자 하였다. 더구나 국경일에 관한 법률의 역사적 연원을 간과함으로써 어떻게 무리하게 광복절을 없애고, 건국절만 만들자는 주장을 하게 되었는지를 알아보고자 하였다.

5장에서는 일본의 소녀상 거부감이 반성하지 못한 군국주의 시절 세계 속의 일본의 지위에 대한 향수에서 비롯되었음을 밝히고자 하였다. 1993년 일본 고노 관방장관의 담화와 2015년 기시다 외무상의 합의를 비교하고, 이에 더하여 고노담화에도 미진했던 일제 전쟁 성범죄에 대한 진상규명을 상세히 서술한 다음, 국제법적으로도, 국내법적으로도 위안소 운영과 위안부 강제모집으로 현실이 되었던 일제 전쟁 성범죄는 앞으로 좀 더 양국간 혹은 세계적으로 다루어야 할 문제이고, 평화의 소녀상은 독일의 과거사 청산을 위해 2004년 세워진 홀로코스트 추모비(베를린 브란덴부르크 문 부근)와 1996년 세계문화유산으로 등재된 히로시마 원폭돔(히로시마 평화기념관) 등과 함께 인류가 저지른 학살, 파괴와 더불어 가장 처참한 전쟁 성범죄

등의 증거와 상징으로서 과거사 성찰을 위한 문화적 가치가 상당한 조형물이고, 다시는 재발하면 안 되는 전쟁 성범죄를 기억하고 참회하며 용서를 빌 만한 소녀상은 그렇기 때문에 한국인을 위한 것이 아니라 오히려 일본 국민과 세계 인류를 위해서 설치된 것이라고 생각하는 것이 마땅한 일임을 서술하였다.

6

학생들에게 '바담 풍'이라고 가르치는 부족함에도 이런 책을 낼 수 있도록 용기를 준 주변의 많은 분께 감사한다. 언제나 그렇듯이 필자에겐 연구의욕을 북돋아 주는 한국역사연구회, 고전강독회, 역사문화학과 등의 수많은 동료 연구자들이 있고, 인문도시 원주사업을 함께하는 시민인문학 운영위원들이 있으며, 언제나 기꺼이 출판 기회를 제공하고 격려해 주는 도서출판 혜안의 김현숙, 김태규 두 분, 그리고 오일주 사장이 있다. 깊은 감사를 드린다. 의도와는 달리 실제 글은 보잘 것 없는 것이 되고 말았지만, 그래도 지난 석 달의 시간을 오롯이 담아낸 글이다. 요즘 방송에서 제공하는 각종 노래 관련 프로그램을 보면서 새삼스레 우리나라 예술의 저변이 넓음을 감탄하고 있는데, 우리 학생들의 작가적 상상력 함양에 이 책을 통해 함께한 기자들과 학자들의 글이 또 다른 참고가 되었으면 하는 바람이 있다.

2017. 2. 28
원주 치악산이 바라보이는 청송관 연구실에서
이인재李仁在 씀

차 례

1장

기자가 본 역사 국정교과서

Ⅰ. 교육과 연구로 본 검토본 국정교과서

역사 국정교과서 현장 검토본이 공개(2016. 11. 28)된 직후 교과서를 검토한 역사 교사와 역사교육 관련 학자들은 다음과 같은 의견을 제시하였다. 예를 들어 김태우 전국역사교사모임 대표는 "현재 역사 과목을 학생들에게 가르치고 있는 교사 입장에서, 국정 역사교과서의 가장 큰 문제점은 중·고등학생들이 감당하기 힘들 정도로 많은 사실의 나열"이라고 말했다.

가령 ① 한 페이지에 등장하는 여성 독립운동가의 수가 16명에 이르는데, 물론 이들은 모두 교과서에 거론할 만한 가치가 있는 사람들이고, 부각시켜야 하지만, 학생들은 모두 외워야 할 대상으로만 생각할 가능성이 있고, ② 박정희 정권 서술 관련이 수치를 사용해 경제성장 성과를 부각한 서술 등을 포함하여 검정교과서 3,600여 자의 두 배가 되는 총 5,700자나 되는데, 이 역시 학생들의 학습부담만 늘릴 수 있다는 것이다.

또한 ③ 수능 출제와 응시의 경우, 지금까지와 같이 8종의 검정교과서를 쓸 경우 교과서마다 구성이나 흥미유발 요소, 서술 수준 등이 일부 차이가 있고, 다른 검정교과서에 실리지 않은 역사 사실의 경우 수능 출제 범위에서 자연스럽게 제외되어 평가의 다양성을 확보할 수 있으나 단일한 국정 역사교과서만 쓰게 될 경우 교과서 하나만 가지고 여러 해에 걸쳐 수능을 출제해야 하기 때문에 오히려 교과서 내의 작은 사실 하나하나를 다 암기해야 하는 불상사가 발생할 수 있어서 흥미 유발은커녕 주입식 교육과 암기교육이 진행될 가능성이 높다고 한다.

④ 김태웅 서울대 역사교육과 교수도 "학생들의 참여를 이끌어내는 탐구활동도 거의 없고 교과서로서의 구성요소가 너무 부실해 마치 1960년대 교과서 같다"며 "학생들이 역사를 싫어하게 만드는 교과서"라고 꼬집었다.

⑤ 가독성이 떨어진다는 비판도 나온다. 조왕호 서울 대일고등학교 교사는 "2단 편집으로 구성돼 있어 학생들이 편하게 읽기 힘들다"며 "또 본문과 자료가 조화롭게 어우러져 있어야 잘 읽히고 이해하기도 쉬운데, 국정교과서는 어떤 페이지는 글씨만 빽빽하고, 어떤 페이지에는 사진이 몰려있는 등 학생의 눈높이를 전혀 고려하지 않았다"고 지적했다. 2단으로 구성된 고등학교 '한국사' 교과서, 174쪽에는 글자만 빽빽이 들어서 있고, 175쪽에 지도와 사진 자료 등이 따로 모여 있다. 가독성이 현저히 떨어져 학생들에게 친절하지 않은 교과서라는 것이다.[1]

내용의 오류도 많다는 지적도 있었다. 예를 들어 현장검토본 고등학교 한국사, 244쪽(대한민국의 수립과 자유 민주주의의 시련)부터 269쪽(냉전 시기 권위주의 정치 체제와 경제사회 발전)까지 분석한

---

1 『미디어오늘』(2016. 12. 9).

서중석 성균관대 명예교수는 "25쪽 분량에서 1차로 찾아낸 오류만 80건이 넘는다."며, ① 1948년 남북협상(249쪽)에 대해 "다 잘못 썼고 수준이 너무 떨어진다."고 평가하면서, 국정교과서는 김구와 김규식이 남북요인회담을 제의하자 김일성이 수락했다고 썼는데 김일성은 회담 제안을 수락하지 않았고 평양방송을 통해 연석회의를 제안했으며, 또 김구와 김규식이 연석회의에 참석했다고 기술했는데, 김구는 연석회의에서 인사만 했고, 김규식은 참석하지 않았고, 연석회의에서 "외국군대 철수" 등의 공동 선언문을 채택했다고 썼는데, 외국군대 철수 선언문은 다른 회담에서 나왔다고 하였다.

② 농지개혁 기술도 오류투성인데, 이승만 정부에서 농지를 분배받은 농민은 매년 생산물의 25%씩 5년 동안 상환하면 처분권과 상속권을 포함한 소유권을 가질 수 있다고 썼는데, 국회프락치사건 발생으로 1950년 통과된 개정안에 따라 30%가 적용되었다면서, 서 교수는 "농지개혁법 과정을 조금이라도 아는 사람이라면 이렇게 큰 실수를 하지 않았을 것"이라고 비판했다.

③ 이승만은 반탁투쟁에 침묵했으나, 김구와 함께 격렬한 반탁투쟁에 참여한 것으로 기술하였고, ④ 5·16 혁명공약도 5곳이나 잘못 인용했으며, ⑤ 1965년 한일협정도 한일협정 관련 정당한 사과와 배상이 없는, "배상문제를 조약에 명시하지 못했다."라고 기술해 문제점도 비판한 것처럼 보이지만, 서 교수는 "박정희는 처음부터 배상을 요구하지 않았고, 일본으로부터 무상 3억 달러가 들어온 것은 기본조약과 무관하게 청구권 자금을 받은 것"이라고 평가했다.

⑥ 유신헌법은 교묘하게 왜곡했는데, 명목상으로 언론·출판·집회·결사의 자유 및 노동 3권을 유지하고 있었다고 썼으나, 유신헌법 18조의 기본권은 '법률에 의하지 아니하고는'이라고 전제하고 있다.

즉 법률로 인권을 제한할 수 있었다.

서 교수는 "현대사에 대한 깊이 있는 지식을 가지면서 분야별로 쓸 수 있으면 좋겠지만 지금 현장검토본을 보면 자기 분야를 쓴 것도 틀렸거나 국민을 속이려고 했다."고 지적했다.[2]

이상과 같이 역사교사와 교육관련 교수들은 중·고등학생들이 맥락 설명 없이 공부하기에는 너무나 많은 사실들이 나열되어 있음을 가장 큰 문제점으로 거론하였고, 역사학자는 교과서에 거론된 개별 사실史實 오류가 상당히 많다는 점을 지적하였다. 이에 반하여, 학자, 교사, 학부모, 시민들을 취재하여 기사를 작성한 기자들(2016. 11. 28~12.9)은 국정역사교과서의 현대사 서술에서 일제 강점기와 해방 이후 대한민국사, 북한사 서술에 다음과 같은 쟁점이 있다고 보도하였다.[3]

II. 기사로 본 국정교과서 20세기 역사 서술의 쟁점

1. 일제하 서술의 쟁점

① **독립운동사** 전체적으로 일제 강점기 서술이 수탈(통치사)과 저항(독립운동사)으로만 채워지다 보니, 생활사나 문화사는 사라지고 말았다고 보도했다. 건국절 논란으로 임시정부 계승을 부정했다는

---

2 『경향신문』(2016. 12. 13).

3 2017년 1월 31일 교육부 이영 차관은 국정 역사교과서 최종본과 편찬심의위원 명단, 검정교과서 집필기준을 발표하였다. 『연합뉴스』(2017. 1. 31). 본서에서 분야별 정리 말미에 각주로 붙인 '최종본에서는'으로 들어간 내용은 모두 여러 신문의 2017년 1월 31일 기사이다.

비난을 정부가 의식한 결과, 예컨대 재일 한인들이 형성·유지된 배경에 대한 설명은 빠지고 독립운동에 헌신한 인물들만 역사에 남았다는 것이다.

특히 일제 강점기를 서술하면서 "일제에 저항하여 무장 독립투쟁, 외교적 독립투쟁 등 다양한 민족운동이 전개되었고 여러 주체가 참여하여 일제와 싸우면서 광복을 맞이했다는 사실을 강조해 독립운동 역사에 대한 자부심을 갖도록 서술한다."는 표현이 있다. 원안에는 없는 '외교적 독립투쟁'이라는 용어가 들어간 것이다.

이에 대해 이준식 민족문제연구소 연구위원은 "독립운동 중 '외교적 독립투쟁'이라는 개념은 처음 들어보는 것"이라고 밝혔고, 김육훈 역사교육연구소장은 "독립운동사에서 이승만 전 대통령의 역할을 강조하기 위해, 새로운 개념까지 투입해 무장 독립운동과 유사할 정도의 비중으로 강조했다"고 분석했다.

또 임시정부에서의 외교 활동은 9줄에 걸쳐 서술했지만, 항일 무장 독립운동은 그 절반도 안 되는 4줄만 쓰는 데 그쳤고, 워싱턴회의 대표단으로 이승만 전 대통령을 기재했지만, 무장 항쟁을 벌인 독립군의 이름은 단 한 명도 기술하지 않았다.

뿐만 아니라 「2015 개정 교육과정에 따른 역사과 교과용 도서 편찬기준(안)」을 보면, Ⅱ. 중학교 역사 ①/② 편찬기준과 Ⅲ. 고등학교 한국사 편찬기준 등 두 차례의 편찬 유의점에서 "8·15광복은 우리 민족의 지속적인 독립운동과 제2차 세계대전에서 연합국이 승리한 결과임을 유의하여 서술한다."고 하여, 기왕의 검정교과서에서 "광복은 연합국의 승리만으로 이루어진 타율적인 것이 아니라 우리 민족의 끊임없는 독립운동의 결과"라는 지금까지의 기준과는 달라졌다고 하였다.

② **독도**　독도에 관해서는 서술 분량이 늘어난 것을 평가하였다. 중학교의 경우 기존 검정교과서에서 독도는 주로 소주제 단위로 서술했으나, 국정교과서에서는 중단원 주제로 서술을 확대하였는데, 이에 대해 교육부는 "독도영유권을 분명히 하기 위해 우리나라뿐 아니라 일본 사료를 함께 제시해 학생들이 다양한 근거를 접할 수 있도록 하고, 특히 독도가 삼국시대부터 우리 역사에 편입됐다는 것을 증명하는 다양한 사료를 제시해 일본 주장의 허구성을 분명히 밝혔다."고 설명하였다.

특히 중학 역사2에서 "일본의 독도 편입의 불법성과 간도 협약의 문제점은 무엇일까?"라는 중단원을 편성, 일본의 독도 불법편입 과정과 안용복의 역할, 사료에 나타난 독도 등을 통해 영유권의 정당성을 강조했고, 고교 국정 한국사에서도 '독도와 간도'라는 중단원을 편성해 영유권의 역사적 연원과 조선국 교제시말 내탐서(1870), 기죽도약도(1877) 등 일본 측 사료까지 제시하였으며, 현대사를 다룬 부분에서 인접국들과의 역사 갈등과 평화공존 노력을 다루면서 "독도는 대한민국이 영토주권을 확고하게 행사하고 있는 곳으로, 국제사법재판의 대상이 될 수 없으며 역사적·지리적·국제법적으로 명백한 우리 고유의 영토"라고 강조했다고 보도하였다.

한편 세계에서 일본해와 혼재돼 쓰이고 있는 동해와 관련해, 기존 검정교과서에 대부분 서술되지 않았던 '동해' 표기의 역사적 연원을 제시해 정당성을 강조하고, 국제사회 내 동해 표기를 확산시키기 위한 정부 노력을 소개한 것도 눈에 띈다.

③ **위안부 피해 여성**　국정역사교과서에서는 일본 강점기 강제 동원된 일본군 위안부 문제에 대한 기술이 강화되었다고 보도하였다. "전시체제 아래에서 일제가 펼친 억압정책을 징용, 징병, 일본군 '위안부'

강제 동원 등의 사례를 조사해 파악한다."는 성취기준(중학교)에 따라 일본 관헌의 관여 속에 여성들이 강제로 끌려간 사례를 중심으로 교과서가 구성됐다.

중학교 역사2에서는 일본군 위안부 피해자들의 사진을 싣고, '일본 군 '위안부', 인권이 유린되다'라는 소주제에서 "피해자들은 본인 의사에 반해 강제로 동원됐고, 위안소에서는 감시와 열악한 환경 속에서 지속적으로 성폭력을 당해 몸과 마음에 깊은 상처를 입었다." 고 기술했다. 특히 일본군 위안부 문제는 이전 검정교과서들에서 국제사회의 해결 노력이 많이 서술되지 않았다는 지적이 제기됨에 따라 국정 역사교과서는 이런 부분에 대한 설명을 좀 더 늘렸다.

중학 역사2 교과서는 "피해여성의 증언과 국제사회의 노력이 이어 지다."라는 박스 글에 2011년 1천회를 맞은 수요 시위 사진과 함께 1992년 유엔인권위원회의 일본군 위안부 문제 안건 상정, 2007년 미 하원과 EU 의회 등의 결의안 채택 등의 내용을 담았다. 고교 한국사에서도 기존 대부분의 검정교과서에서 다루지 않았던 고노 일본 관방장관 담화(1993년), 무라야마 총리 담화(1995년) 등을 수록한 데 이어 위안부 문제 해결을 위한 국제사회의 노력을 소개했다. 교육부는 "동원의 강제성, 인권 유린, 국제사회의 인식 등을 충실하게 서술했으며, 심층적인 학습을 위해 중학교 역사교과서에는 별도의 주제로 편성했다."고 설명했다.

이와 함께 국정교과서를 보면, 위안부 피해자들에 대한 일본군의 학살을 숨기고 "이들 중에는 열악한 환경 속에서 질병, 폭행, 자살로 죽어간 사람도 많았다."고 표현해 위안부 피해를 축소했다는 학계 의견을 보도하기도 하였다. 그리고 교육부가 '평화의 소녀상'을 국정 교과서에서 들어내 버렸다는 점도 보도하였다.

평화의 소녀상은 2011년 12월 14일 일본군 위안부 문제 해결을 위한 수요 집회 1,000회를 맞아 주한 일본대사관 앞에 설치된 조형물이다. 일본군 '위안부'의 참상과 일본 정부가 과거사를 제대로 사죄하지 않고 있다는 점을 상징한다. 2016년 10월에는 중국인 '위안부' 피해를 상징하는 소녀상이 중국 상하이에 세워졌다. 중국은 물론이고 미국 캐나다 등에도 평화의 소녀상이 세워졌다.

기왕의 검정교과서 대다수는 평화의 소녀상 사진을 게재했다. 지학사, 리베르스쿨, 천재교육, 금성출판사, 동아출판 등 5종 교과서는 사진을 싣고 "위안부 문제는 아직 해결되지 않았다."는 점을 가르치고 있다. 하지만 중학교 역사와 고교 한국사 등 국정교과서 어디에도 평화의 소녀상 사진은 찾아보기 어렵다. 중학 역사2에서 수요 집회 사진을 게재했을 뿐이다.

이는 교육부가 지난해 "국정교과서에서는 위안부 내용을 검정교과서보다 강화하겠다."고 약속한 것과 배치된다. 2015년 12월 28일 한국과 일본 정부가 맺은 '12·28 위안부 합의'가 반영됐다는 주장이 나온다. '한·일 위안부 합의' 이후 집요하게 이어지고 있는 일본 정부의 소녀상 철거 요구가 국정 역사교과서에서만큼은 실현됐다는 비판이 나오는 이유이다.

일본 측은 이 합의를 통해 10억 엔을 내는 조건으로 평화의 소녀상을 철거하라고 압박하고 있다. '위안부' 피해 할머니들은 강력 반발하며 10억 엔을 돌려주라고 요구하고 있다. 방은희 한국사국정화저지네트워크 사무국장은 "평화의 소녀상 누락은 한·일 위안부 합의 때문으로 보인다."고 말했고, 교육부 관계자는 "집필진 의도를 모르겠다."며 책임을 돌렸다. 한국정신대문제대책협의회 안선미 언론홍보팀장은 "평화의 소녀상 누락은 물론이고 현재 일본 정부의 위안부

강제성 부인 등에 대해 교과서에 담고 있지 않아 역사를 왜곡했다.”고 말했다.[4]

④ **친일파** 친일파 기술 부분은 대폭 축소됐다고 보도하였다. 중학 역사 2에는 친일파에 대한 내용이 단 10줄에 불과하다. 친일인사도 이광수, 노천명, 최린만 실명을 들어 설명했다. 고등학교 한국사에서 는 ‘친일파’ 대신 ‘친일 인사’ ‘친일 세력’으로 기술했다. 친일파의 친일 행적도 “이광수, 박영희, 최린, 윤치호, 한상룡, 박흥식 등 많은 지식인, 예술인, 종교인, 경제인이 친일 활동에 앞장섰다.”라고 기술 하며 이들 저마다가 구체적으로 어떤 친일 행위를 했는지에 대해서는 자세히 설명하지 않고 뭉뚱그려 “징병 권유, 친일 단체 좌담회 적극 참여” 등으로 설명했다.

반면, 현행 검정교과서(금성출판사)를 보면, 교과서 한 페이지에 걸쳐 ‘친일의 길을 걸은 변절자들’이란 제목으로 “이광수나 최남선과 같은 저명한 문인들은 조선 민중들에게 징병과 학도병에 지원할 것을 적극적으로 권유하는 등 자신들의 문학적 재능을 조선 청년들이 전쟁터로 나가게 하는 데 이용하였고, 홍난파와 현제명 등은 일제의 침략 전쟁을 찬양하는 노래를 작곡하였으며, 김은호와 김기창 등은

---

4 최종본에서는 위안부 관련 서술은 다소 늘었다. 중학교 역사2에서 “수요 시위 1000회를 기념해 평화의 소녀상이 건립되었다.” “일본군 ‘위안부’ 이송에 일본군 이 직간접적으로 관여하였고 일본군 ‘위안부’의 모집에 관헌이 직접 가담하기도 하였다는 사실을 (일본이 1993년) 인정하고”(109쪽) 등의 내용과 고교 한국사에 “일본군 ‘위안부’는 전쟁에 패배하여 도망가는 일본군에 집단 살해당하기도 하였다.”는 내용을 추가했다. 『한겨레신문』(2017. 1. 31). ‘일본 군 위안부 피해 축소’ 논란도 최종본에서 여전했다. 야당 교문위원들은 “위안부 피해자 관련 기술은 더 후퇴됐다. 위안부 피해자의 참상을 적나라하게 보여주는 사진(최종본 230쪽, 현장 검토본 228쪽)은 오히려 삭제됐고, ‘강제 동원된 일본군 위안부’라는 사진 설명은 ‘연합군에 발견된 한국인 일본군 위안부’라는 표현으로 완화됐다.” 고 지적했다. 『프레시안』(2017. 1. 31).

일제의 침략 전쟁을 옹호하는 그림을 그렸고, 화신백화점 사장 박흥식을 비롯한 친일 자본가들은 국방헌금을 내거나 비행기와 무기를 구입하여 일본군에 헌납하였다." 등으로 각각 인사들의 친일 행적을 구체적으로 기술해 놓았다. 또 검정교과서에는 "(친일파 가운데) 상당수는 (해방 후) 반공을 전면에 내세우며 다시 등장하여 군과 경찰, 정계와 관계의 요직을 차지했다."는 비판적 서술이 등장하나 국정교과서에는 이런 내용이 없다.

특히 국정교과서의 친일파 서술은 살아있는 기득권엔 유독 관대했다. 고교 '한국사'의 '전시 체제하 친일 반민족 행위' 부분에 친일파로 거론된 인물은 이광수, 박영희, 최린, 윤치호, 한상룡, 박흥식 등인데 이들은 모두 현재와 단절된 과거 인물들인 반면, 해방 이후 역사에 큰 영향을 미쳤고 지금도 영향력을 행사하고 있는 현존 기득권 친일파는 명단에서 빠졌다. 또한 '국정교과서에서 주목할 대목은 조선일보와 동아일보 등 주류 언론에 대한 서술이 긍정 일색이라는 점'이라며 "두 신문의 사주인 방응모와 김성수를 친일파에서 빼고 두 신문이 한글보급 운동을 전개했다는 것만 상술했다."고 보도하였다.[5]

2. 해방 이후 서술의 쟁점

① **단원의 구성** '고등학교 한국사' 현장검토본에서 현대사 부분은 '대한민국의 수립과 자유 민주주의 시련', '냉전 시기 권위주의 정치

---

5 최종본에서는 구한말과 일제 강점기 친일파의 친일행위를 '친일 반민족 행위 진상 규명 보고서'에 따라 5가지 유형으로 분류해 구체적으로 서술했다. 교육부는 국정교과서에 1948년을 대한민국 수립일로 서술하면 친일파의 친일행위가 정당화될 우려가 있다는 광복회의 의견을 반영했다. 『뉴시스』(2017. 1. 31).

체제와 경제·사회 발전', '국제 질서의 변화와 대한민국 발전' 단원으로 나뉜다. 이중 첫 단원인 '대한민국 수립과 자유민주주의 시련'은 이승만 정부와 6·25전쟁, 장면 정부 등을 다루고, '냉전 시기 권위주의 정치 체제와 경제·사회 발전'은 박정희 정부 출범부터 직선제 개헌까지 설명한다.

단원 제목만 보아도 박정희 전 대통령의 5·16 군사정변 이전에는 우리 역사가 '시련'을 겪다, 이후 '발전'했다는 인상을 준다. 이에 대해 민족문제연구소 이준식 연구위원은 "이 교과서는 박정희 정권하에서 이뤄진 자유민주주의 시련은 쏙 빼났다."며 "이러한 제목은 그저 한국 사회가 이만큼 발전했다는 걸 보여주는 데 의도가 있을 뿐"이라고 비판했다. 그러면서 "당시 독재정권은 1인 지배를 위해 주권자를 억압하고 민주주의를 말살했는데 이 교과서는 그저 장기집권이나 대통령 권한 강화가 독재인 것처럼 호도했다."며 "'권위주의 정치 체제'라는 학생들에게 어려운 표현으로 독재를 희석하고 있다."고 목소리를 높였다.

'민주주의'란 단어를 '자유민주주의'로 바꿔 쓰는 뉴라이트 사관도 국정교과서에 그대로 담겼다. 중학교 역사2 136~137쪽에는 '자유민주주의는 전쟁의 폐허를 딛고 어떻게 발전하였을까'라는 주제 아래 기술된 내용들을 보면 일관되게 '민주주의'가 '자유민주주의'로 기술됐다.

② **대한민국 수립** 그동안 가장 쟁점이 돼온 1948년 8월 15일은 '대한민국 정부 수립'이 아닌 '대한민국 수립'으로 기술됐다. 고교 한국사 교과서는 250쪽 '대한민국 수립'이라는 소주제에서 "제헌 헌법에 따라 국회에서 이승만과 이시영이 각각 대통령과 부통령에 선출되었고, 광복군 지도자 이범석을 국무총리로 하는 내각이 조직되었다.

대한민국 정부가 구성됨으로써 대한민국 임시정부의 법통을 계승한 대한민국이 수립되었다."고 기술했다.

현행 검정교과서에 "이승만 대통령은 8월 15일 대한민국 정부의 수립을 국내외에 선포하였다"(천재교육 308쪽), "이승만 대통령은 곧바로 내각을 조직하고 1948년 8월 15일에 대한민국 정부의 수립을 국내외에 선포하였다."(금성출판사 370쪽) 등 '정부 수립'이라고 돼 있는 표현을 '대한민국 수립'으로 고친 것이다.

대한민국 수립 혹은 대한민국 정부 수립에 이르는 과정을 설명하는 부분도 국정과 현행 검정은 미묘한 차이를 보인다. 우선 현행 교과서는 「대한민국 정부의 수립」이라는 소단원에서 "총선거에는 김구, 김규식 등 남북 협상에 참여한 정치 세력이 통일 정부 수립을 요구하며 불참하였다. 좌익 세력도 제주도를 비롯하여 전국 각지에서 단독 선거 반대 운동을 벌였다."(천재교육 308쪽), "유엔에서 남한만의 단독 선거를 결정하자 좌익 세력을 중심으로 곳곳에서 단독 선거 반대 투쟁이 일어났다."(비상교육 351쪽) 등의 혼란상이 묘사돼 있으나 국정 교과서에는 포함돼 있지 않다.

1948년 8월 15일 수립된 대한민국 정부에 대해 "역사상 **최초로** 민주적 자유선거에 의해 수립된 '국가'"라고 적시한 대목도 앞으로 큰 파문이 일 것으로 예상된다. 헌법상 대한민국 정부가 계승한 '임시정부'는 국가로 인정하지 않은 것으로 이 대목은 "국민도, 주권도, 영토도 없는 임시정부는 국가일 수 없다."는 기존 뉴라이트계 사관과 일치한다. 가장 큰 관심사였던 '대한민국 수립 시점'을 1948년으로 규정한 걸 두고 "임시정부의 정통성을 부정하면서 친일파에 면죄부를 줬다."는 비판이 당장 제기된다.

1948년 대한민국 수립 표현은 당시 과정에 참여한 친일파의 행적을 일정 부분 정당화하는 구실이 될 수 있다는 우려가 제기되고 있다. 1948년 이전의 임시정부와 항일운동의 역사와 의미를 퇴색시키고, 친일 세력까지 건국 공로자로 인정해 친일파에 면죄부를 주려는 의도가 담겨 있다는 지적도 나온다. 주진오 상명대 역사콘텐츠학과 교수는 "가장 일반적으로 쓰면서 헌법정신에도 부합하는 '대한민국 정부 수립'이라는 표현을 왜 굳이 역사학계에서도 극히 일부만 사용하고 있는 '대한민국 수립'으로 바꾸려는 건지 이해할 수 없다."고 말했다.

이준식 부총리 겸 교육부 장관은 "대한민국은 어느 한 순간에 세워진 것이 아니고 1919년 3·1운동을 비롯한 우리 민족의 독립과 건국을 위한 모든 노력이 광복을 거쳐 1948년 대한민국 정부가 구성됨으로써 완성됐다."고 그 이유를 설명했다. 그러나 '대한민국 수립'이라는 용어는 뉴라이트 등 보수 일각에서 꾸준히 주장해온 '건국사관'으로 "1919년 3·1운동으로 건립된 대한민국 임시정부의 법통을 계승한다."는 헌법 정신을 부정하는 반헌법적 시각이라는 비판이 제기된다.

③ **'선거가 가능했던 한반도 내에서 유일한 합법 정부'** 1948년 유엔 총회의 결의안에 적시된 '선거가 가능했던 한반도 내에서 유일한 합법 정부'라는 표현마저 문제 삼으며, '한반도(코리아)에서 수립된 유일한 합법 정부'로 고쳐 적었다. 당시 결의안의 내용이 합법 정부의 범위를 남한으로 한정하고 있어서라는 이유에서다. 사료의 내용을 '편집'해 정통성을 확보하려는 심산일까. 굳이 괄호를 사용해 '코리아'라는 말을 덧붙인 모양새가 초라해 보인다.

④ **이승만 대통령 미화** 이승만의 활동에 대해 '외교적 독립투쟁'이라는 새로운 용어가 등장한다. 무장 투쟁 외에 외교 독립운동 활동을

추가하면서 "독립운동가들은 국제사회에 독립의 당위성을 알리고 국제적 지원을 얻고자 다양한 외교 독립·선전 활동을 벌였다."고 기술한 것도 이승만 대통령의 업적을 강조한 것으로 풀이된다. 한국 사국정화저지네트워크는 "대한민국 수립 초기 의무 교육과 문맹 퇴치 노력과 한미 상호 방위 조약 체결의 역사적 의미를 교과서에 집어넣으라고 한 것 등은 이승만을 미화하려는 시도의 일환이라고 볼 수밖에 없다."고 지적했다.

이승만을 잘 포장하려 했다는 의심도 사고 있다. '우리는 남방만이라도 임시정부 혹은 위원회 같은 것을 조직하여'라는 내용의 1946년 6월 이 대통령 발언에서 '우리는 남방만이라도'를 빼고 대신 '38선 이남에서도'라는 표현을 추가한 건, 이승만의 몫인 분단 책임을 희석하려는 의도임이 분명하다는 게 역사학계의 분석이다.

독재 미화 논란도 여전할 것으로 보인다. 이날 공개된 국정역사교과서는 '한미 상호 방위 조약 체결' '대한민국 수립 초기 의무교육과 문맹퇴치 노력' 등 이승만 대통령의 업적을 이전보다 강화했다. 이승만 정권과 관련해 교학사 교과서는 '자유당 정부의 긴장 조성'이라는 제목 아래 이 전 대통령을 비판하는 기사를 실었다가 폐간당한 경향신문과 조봉암 진보당 당수의 사형 사건을 '자유당 정부의 긴장 조성'이라는 제목 아래 비교적 자세히 설명(323쪽)하고 있지만, 국정교과서는 조봉암과 이승만과의 관계에 대한 설명 없이 단순히 "조봉암을 간첩 혐의로 사형에 처했다. 정부에 비판적인 신문을 탄압하였고…" 등으로 기술하는 데 그쳤다.

⑤ **박정희 대통령 미화** 국정교과서의 가장 두드러진 특징으로 박정희 유신체제의 그늘보다는 성과를 강조하는 데 무게를 뒀다는 점을 들 수 있다. 박정희 정권을 지나치게 미화했다는 지적이다. 일단

외형적으로 국정 역사교과서는 총 페이지수가 줄었지만 박정희 정권에 대한 분량은 오히려 늘었다. 박정희 정권을 다룬 분량은 총 8페이지이고, 5·16 군사정변을 포함하면 9페이지나 된다.

기존 검정교과서의 박정희 정권 분량은 비상교육이 4.5페이지, 금성출판사 5페이지, 지학사 5페이지, 두산동아 5페이지 등이다. '대한민국의 발전과 현대세계의 변화' 단원에서 박정희 서술 분량이 9쪽에 달한다. 미래엔이 펴낸 기존 검정교과서의 6쪽보다 훨씬 많은 양이다. 국정교과서 분량이 검정보다 20% 가량 준 것을 감안하면 박정희 기술이 대폭 늘어난 셈이다.

고교 한국사 국정교과서를 보면, 260~269쪽까지 무려 10쪽에 걸쳐 박정희 정권을 자세히 설명하였다. 박정희 정권을 다룬 '냉전시기 권위주의 정치 체제와 경제·사회 발전' 주제의 첫 번째 소주제는 「박정희 정부의 출범과 경제 개발 계획의 추진」이고, 두 번째 소주제는 「유신 체제의 등장과 중화학 공업의 육성」으로 크게 2부분으로 나누어 총 11개의 소주제로 다뤘으며 7개 주제는 긍정적으로 나머지 4개는 부정적인 부분을 다뤘다. 분량이 늘어난 만큼 박정희 전 대통령의 공과에 대해 자세하게 소개했다. 전체적으로 안보 위기 속에서 경제개발을 이룩했다는 점을 강조했고 이 과정에서 유신체제·민주화 운동 탄압 등이 있었다고 서술했다.

첫 번째 소주제인 「박정희 정부의 출범과 경제 개발 계획의 추진」에서는 '경제 개발을 최우선 과제로 설정한 박정희 정부는 경제 기획원을 설립하여 수출주도의 경제 개발 계획을 추진'하는 한편 과학기술연구소(KIST)를 설립하고 경부고속도로를 건설하여 물자유통을 위한 기반시설을 개선하였고, '그 결과 1, 2차 경제 개발 5개년 계획 기간에 수출은 연평균 36%로 급격히 늘어났다'라고 서술하였다.

이어 두 번째 소주제 「유신 체제의 등장과 중화학 공업의 육성」에서 유신체제를 다루면서 "국가 안보를 명분으로 대통령의 권력을 강화한 독재체제였다."라는 평가를 짤막하게 넣었지만, 박정희 정부는 자주적 안보 모색을 하는 한편 중화학 공업을 육성하고 새마을운동을 전개하는 등 긍정적 서술이 '고속성장의 그늘' 등 부정적 기술에 비해 더 많은 분량을 차지하는 등 '공'을 부풀린 경향이 뚜렷했다. 특히 새마을운동에 대해서는 별도의 소주제로 다루며 '정부의 독려로 시작되었지만 농민들의 자발적 참여와 농촌의 자립을 유도하는 방식으로 추진되었다'고 긍정적으로 평가했다.

중학 역사 국정교과서 역시 박정희 정권의 성과를 부각시켰다. 박정희 정권을 다룬 '5·16 군사 정변 이후 정치와 경제는 어떻게 변화하였을까' 주제 설명글에는 유신체제나 독재 관련 내용이 없다. "5·16 군사 정변 이후 등장한 박정희 정부는 반공 체제를 강화하고, 한일 협정 체결, 한국군 파병 등을 추진하였다. 또한, 수출 중심의 경제 발전 전략을 추진하여 빠른 경제 성장을 이루었다."고 서술하였다. 특히, 중학 역사 2에는 박정희 정부가 1963년 제작해 배포한 '경제 개발 5개년 계획 도표'까지 상세히 실었다. 이 도표에는 새로 건설될 철도와 도로, 분야별 주요 생산 목표, 보건 가족계획, 국토 건설 현황 등이 그림과 그래프로 표현돼 있다.[6]

---

6 최종본에서의 '박정희 정권 미화' 부분은 현장 검토본 내용과 크게 달라지지 않았다. 분량도 '장면 정부의 경제 개발 계획'에 언급된 박정희 유신체제 서술을 제외하고 9쪽으로 현장검토본 내용이 그대로 유지됐다. 고교 한국사 263~271쪽에 박정희 정권을 자세히 설명하며 유신체제의 그늘보다는 성과를 강조하는 데 무게를 뒀다. "정부는 수출 진흥 확대회의를 매달 개최하여 수출 목표 달성 여부를 점검하는 등 수출 증대를 위해 노력하였다. 그 결과 제1, 2차 경제 개발 5개년 계획 기간에 수출은 연평균 36%로 급격히 늘어났다."(266쪽) "정부가 수출 진흥정책을 강력히 펼친 결과, 수출이 매년 40%씩 증가하여

반면 박정희의 과오를 덮기 위한 고민의 흔적은 곳곳에서 발견된다. "「독재」라는 알기 쉬운 용어가 있음에도 「권위주의 정권의 장기집권에 따른 독재화」라는 학생들이 이해하기조차 힘든 표현을 쓴 것은 박정희 18년 독재를 어떻게든 감추고 싶은 속내를 드러낸 것"이고, '민주화 운동은 경제·사회 발전 과정에서 국민들의 자각으로부터 비롯되었다.'고 서술하라고 한 것에 대해 네트워크는 "박정희 정권에 의한 산업화가 없었으면 민주화도 없었다는 뉴라이트식의 주장이 반영된 박정희 찬양사관에 지나지 않는다."고 지적했다.

　　한상권 덕성여대 사학과 교수는 "쿠데타와 독재의 불가피성을 강조하는 뉴라이트 계열 사관이 담겼다. 박정희 탄생 100주년을 위해 악마의 편집이 이뤄진 책으로 박정희 위인전이고 정말 상상을 초월하는 내용"이라고 강력 비난하였고, 이신철 성균관대 동아시아 역사연구소 교수는 "장면 정권도 경제개발을 추진했지만 박정희와는 달랐다는 서술로, 박정희가 아니면 한국의 경제성장이 불가능했다는 식의 논리를 펴려 한 기색이 역력하다."고 꼬집었다.

⑥ **5·16 군사쿠데타**　　5·16 군사쿠데타에 대해서도 긍정적인 면이 부각됐다는 평가다. 교학사 교과서보다도 박정희 정권에 대한 불리한 내용이 빠지거나 축소돼 실려 있었다. 교학사 교과서는 324쪽에서 5·16 군사쿠데타를 서술하며 "대통령 윤보선은 쿠데타를 인정하였다. 육사 생도도 지지 시위를 하였다." 등 쿠데타를 긍정할만한 편향적 사실관계를 열거하면서도 "박정희를 중심으로 일부 군인들이 쿠데타를 단행하였다. 5·16 군사정변은 헌정을 중단시킨 쿠데타였다."라고 평가했다. 기존 검정교과서들은 단순 군사정변만 서술하거

수출 100억 달러 목표를 달성하였다."(269쪽) 등의 서술이 대표적이다. 『한겨레신문』(2017. 1. 31).

나 장면 내각의 군비 축소계획에 대해 일부 군인들이 불만을 가졌다는 내용도 함께 실려 있다.

그러나 국정교과서는 5·16 군사쿠데타를 「군사정변」으로 표현하며 이에 대한 어떠한 평가도 담지 않았다. 교과서 261쪽에서 "박정희를 중심으로 한 일부 군인들이 정변을 일으켜 주요 인사들을 체포하고 방송국을 비롯한 주요 시설들을 장악하였다. 그들은 사회적 혼란과 장면 정부의 무능, 공산화 위협 등을 정변의 명분으로 내세웠다."라고 기술하고, "민주 정부를 전복시키고, 군권軍權으로 부당하게 권력을 장악하였다."라고 서술하였으며, "민정 이양 약속을 지키지 않았다."고 지적하는 데 그쳤다. 반면에 5·16 쿠데타 직후 군복을 입고 중앙청 앞에 서 있는 박정희 당시 소장의 사진도 교학사 교과서에는 실려 있었으나, 국정 역사교과서에는 이 사진 대신 서울 도심에 나타난 쿠데타 세력의 「탱크」 사진을 담았다.

오히려 국정교과서에서는 "군사 정변 주도세력은 이른바 혁명공약을 발표해, 반공을 중시하고 경제 개발에 주력할 것임을 밝혔다."(261쪽)고 기술했다. 특히 '역사돋보기'란 코너에서 별도로 「혁명공약」을 소개하여, 이전 검인정교과서가 다루지 않은 5·16 군사정변 주도 세력이 내세운 「혁명 공약」의 자세한 내용을 수록하기도 했다. 그리고 5·16 군사정변 세력의 「경제 개발 5개년 계획」을 「매우 의욕적인 계획」이라고 미화하기도 했다.

⑦ **한일기본조약(1965)** 박정희 정부가 식민지 지배에 대한 법적 책임을 다하지 않는다는 조건으로 1965년 맺은 「한일기본조약」에 대해서는, 경제개발을 위한 자금 마련 차원에서 추진한 협상이라며 긍정적으로 서술됐다. '경제개발을 위한 자금 마련을 위해 한일 국교 정상화를 추진'했고(262쪽), '이 자금은 농림수산업 개발과 포항 제철

건설 등에 투입됐다.'(263쪽)고 기술하였다. 마치 한일 협정이 경제 발전의 토대가 됐다고 강조하는 모양새다.

⑧ **10월 유신** 유신독재를 안보위기와 연결시키는 서술기조를 유지하면서,[7] 유신체제에 대한 비판적인 부분은 짤막하게 서술하는 데 그쳤다. 교학사 교과서에서도 "10월 유신은 박정희 대통령이 독재의 길을 걸어갈 수 있는 조치를 마련해 주었다. (중략) 이는 자유 민주주의 정도에서 벗어난 비상 체제인 동시에 독재였다."(325쪽)라고 서술했지만, 국정교과서 고등학교 한국사 265쪽에서는 「유신 체제의 등장과 중화학 공업의 육성」이란 제목 아래에서 "국가 안보를 명분으로 대통령의 권력을 강화한 독재체제였다."(265쪽)고 평가하는 데 그쳤다. 박정희 전 대통령 1인이 부각되는 '독재'란 표현 대신 사회구조를 뜻하는 '독재체제'라는 표현을 쓴 것이다.

하지만 이전 교과서들은 유신헌법과 긴급 조치를 상세하게 설명했다. 현재 고교 한국사 검정교과서 중에서 가장 점유율이 높은 미래엔 교과서는 긴급조치 1호의 내용을 설명하고, 「유신 헌법의 본색」이라는 소주제에서 유신을 비판하는 야당의 선언문도 소개했다. 비상교육 교과서는 유신헌법과 긴급 조치의 주요 내용을 소개했다.

⑨ **새마을운동** 국정교과서에서는 「새마을 운동」에 대한 기술을 기존 검인정 체제 교과서보다 상당히 많은 부분을 할애했다. 편찬기준에서 "새마을 운동이 농촌 근대화의 일환으로 추진되었고 이 운동이 최근 개발도상국을 중심으로 확산되고 있음에 유의한다."고 밝히면서 예상됐던 일이다. 기왕의 미래엔 교과서는 새마을운동을 객관적으로 서술한 반면, 국정교과서 고교 한국사 268쪽에서 "유신 체제

---

7 『경향신문』(2017. 1. 31).

유지에 이용되었다는 비판을 받기도 했다."면서도 새마을운동의 과정을 구체적으로 설명하고 성과를 강조했다.

"1960년대 이후 경제 개발이 본격화되면서 농촌과 도시간의 소득 격차가 커지고, 이촌향도 현상이 심화되었다. 이로 인해 농촌이 공동 화되고 소외되자, 정부는 이중 곡가제를 실시하고 새마을운동을 통해 농촌 사회를 안정시키고자 하였다. 1971년 정부는 전국의 마을 에 시멘트를 제공하여, 마을 환경을 개선하도록 하였다. 새마을 운동 은 정부의 독려로 시작되었지만, 농민들의 자발적 참여와 농촌의 자립을 유도하는 방식으로 추진되었다. 새마을 운동은 근면, 자조, 협동 정신을 강조하면서 전국적으로 확산되어 도로 및 하천 정비, 주택 개량 등 농촌 환경을 개선하는 성과를 거두었다. 그러나 유신 체제 유지에 이용되었다는 비판을 받기도 하였다. 한편, 2013년 유네 스코는 새마을 운동 관련 기록물을 세계 기록 유산으로 등재하였다." 라고 서술하였다.[8]

⑩ **재벌 미화**   고교 한국사 267쪽에는 유신체제가 벌인 중화학 공업 육성정책을 설명하며 「재벌 미화」 표현이나 친기업적인 서술의 일환 으로 「한국의 대표적인 기업인」이라는 칸을 별도로 마련했다. 대표 기업인으로는 유일한 유한양행 설립자와 이병철 삼성그룹 명예회장, 정주영 현대그룹 명예회장을 꼽았다. 이병철 삼성 회장에 대해서는 "1980년대 반도체 산업에 투자하여 한국이 정보산업 기술 선진국으 로 도약하는 데 기여하였다."고 쓰고, 정주영 현대 회장에 대해서는

---

8 최종본에서는 새마을운동의 경우 한계부분을 추가했다고 강조했다. 그러나 현장검토본이 "그러나 유신체제 유지에 이용됐다는 비판을 받기도 했다."는 문장이 "그러나 이 운동은 농촌개발사업으로 출발했지만 관 구도의 의식개혁운 동으로 나아가면서 유신체제 유지에 이용됐다는 비판을 받기도 했다."로 바뀐 정도다. 『경향신문』(2017. 1. 31).

"대규모 조선소 건립 자금을 마련하기 위해 당시 지폐에 그려진 거북선을 영국 투자 은행에 보여주며 '우리는 이미 1500년대에 철갑선을 만들었다'라고 설득했다는 일화는 유명하다."라고 소개하고 있다.

그동안 재벌 회장이 역사교과서에 실명으로 등장한 경우는 드물었는데, 현대사 집필자로 뉴라이트 학자들이 포진되면서 제기된 그동안의 우려가 현실로 드러난 것으로 혹자는 "그동안 전경련(전국경제인연합회)이나 경제계에서 요구한 걸 그대로 반영한 교과서에 지나지 않는다."며 "역사교과서에 왜 재벌이라는 특정한 집단을 미화하는 서술을 갑자기 집어넣은 거냐."고 의구심을 나타냈다.

이어 "미안하니까 유일한 유한양행 설립자도 슬쩍 묶었다."면서 "그러면서 기업의 이윤을 사회에 환원하는 게 한국 기업의 아름다운 전통인 것처럼 호도해놓았다."고 성토했다. 이는 그동안 '왜 역사교과서에 전태일에 관한 내용은 있고, 이병철, 정주영 회장 등 기업가는 없느냐'고 주장해온 전국경제인연합회 등 경제단체와 뉴라이트 계열의 요구를 받아들인 것으로 보인다.

반면에 노동운동의 가치는 폄훼했다. 전태일 분신사건은 본문에 "전태일 분신사건은 이러한 노동자들의 열악한 노동환경이 주목받고 사회 문제로 발전하는 계기가 되었다."고 간략하게 언급돼있고, 구체적인 내용은 사진설명으로 처리했다. 1980년대 임금 인상은 '노동자 투쟁'의 결과물이 아니라, 정권의 중화학 공업 정책의 결과인 것처럼 기술했다. 1987년 노동자 대투쟁 이후 산업별 노조가 결성됐다거나, 정부가 노사 관계 개입을 자제했다는 등 사실 관계가 틀린 서술도 있었다.

⑪ **노태우 대통령 미화** 노태우 정부를 김영삼 정부와 같은 선상에서

'민주 정부'로 규정한 대목도 있었다. "6월 민주 항쟁으로 평화적 정권 교체가 이루어지게 되었고"라고 적어 노태우 정권의 출범을 '평화적 정권 교체'로 기술했고, '냉전의 종식과 민주 정부의 출범'이라는 소제목에는 노태우 정부와 김영삼 정부를 같은 '민주 정부' 반열에 올려놓았다.

⑫ **제주 4·3사건** 국정교과서가 제주 4·3사건의 기술을 축소하고 기본적인 사실조차 오류를 범한 것으로 나타나 지역사회의 강한 반발을 사고 있다. 국정교과서에는 해방 이후 한국전쟁을 제외하고, 최대의 인적·물적 피해를 낸 제주 4·3사건을 당시의 정황 등 배경 설명 없이 단순하게 서술하고 있다.

중학교 교과서에는 "제주도에서는 1947년 3·1절 기념대회에서 경찰의 발포로 사상자가 발생한 데 이어서, 1948년 4월 3일에 5·10총선거를 반대하는 남로당 제주도당의 무장봉기가 일어났다. 1954년 9월까지 지속한 군경과 무장대 간의 무력충돌과 진압과정에서 무고한 제주도민들이 많이 희생되었다."고 돼 있다.

고등학교 교과서에는 "제주도에서는 1947년 3·1절 기념 대회에서 경찰의 발포로 사상자가 발생하였고, 1948년 4월 3일에는 5·10 총선거를 반대하는 남로당 제주도당의 무장봉기가 일어났다. 1954년 9월까지 지속된 군경과 무장대 간의 무력 충돌과 진압 과정에서 많은 무고한 제주도 주민들까지 희생되었다. 이로 인해 제주도에서는 총선거가 제대로 실시되지 못하였다."(250쪽)라고만 기술했다. "제주 4·3사건 : 2000년 국회는 제주 4·3사건 진상규명과 희생자 명예 회복에 관한 특별법을 제정·공포하였다."는 추가 설명 정도가 덧붙여져 있을 뿐이다.

현행 검정교과서에서는 "1948년 4월3일 제주도에서는 남로당 제주도당의 주도 아래 남한만의 단독 선거 반대와 통일 정부 수립을 주장하는 무장 봉기가 일어났다. (중략) 미군정은 경찰과 군대를 동원해 무력 진압에 나섰다. 이후 무장 봉기 세력과 토벌대 간의 무력 충돌과 토벌대의 진압 과정에서 수만 명의 무고한 제주도민이 희생당하는 사태가 벌어졌다."(천재 309쪽), "이승만 정부는 군인과 경찰, 우익 단체들을 동원하여 대규모 진압 작전을 벌였다. 진압과정에서 2만5천명 이상의 주민들이 희생되는 등 큰 피해가 발생했다."(금성출판사 369쪽) 등 비교적 상세한 기술과 함께 수만 명의 제주도민 피해, 이승만 정부의 무력 진압 등에 초점을 맞췄다.

이러한 기술에 대해 제주 4·3 연구자들과 유족들은 29일 "국정교과서의 서술이 '5·10총선거를 반대하는 남로당 제주도당의 무장봉기'에만 초점을 맞춰 4·3의 원인에 대한 설명을 생략했다."고 비판했다. 당시 미군정의 실책, 서북청년단의 가혹한 폭력, 경찰의 중학생과 청년에 대한 고문치사 사건 등 제주 4·3사건이 일어난 배경 설명은 아예 빠져 있다는 지적이다. 특히 제주 4·3특별법의 이름이 '진상규명 및 희생자 명예회복'인데도 '진상규명과 희생자 명예회복'으로 돼 있고, 국회가 1999년 제정하고, 정부가 2000년 공포했는데도 2000년 국회가 제정·공포했다고 돼 있는 등 기본적인 사실조차 오류를 드러내고 있다.

제주 4·3연구소는 이날 성명을 내어 "이번에 공개된 국정 역사교과서의 4·3기술은 4·3의 역사를 축소한, 면피성 서술이다. 국정교과서 내용으로만 보면 2만 5천~3만여 명이 희생된 것으로 추정되는 4·3사건을 어떻게 이해하느냐. 이는 학생들의 알 권리를 침해하는 것이자 역사 왜곡"이라고 비판했다.

제주 4·3유족회는 기자회견문(2016. 11. 30)에서 "정부가 발표한 국정교과서가 '화해와 상생'이라는 유족들의 간절한 바람을 짓밟고 도도히 흐르는 역사의 물줄기를 크게 훼손했기 때문에 결사반대한다."며 "정부는 한국현대사 최대 비극인 제주 4·3에 대한 축소, 왜곡을 통해 얻고자 하는 게 무엇인지 명백히 밝혀야 한다."고 비판했다.

유족회는 "기존 검정교과서보다 후퇴한 국정 역사교과서를 보며 6만여 유족들은 시대를 역행하는 현 정부의 반역사적 행태에 치솟는 분노를 금할 길이 없다."며 "이명박 정부와 박근혜 정부는 단 한번도 4·3희생자 추념식에 참석하지 않고 도민과 유족들을 철저히 무시해 왔다."고 성토했다. 유족회는 "신중하고 명심해야 할 민족의 역사를 다룸에 있어서 다시 한 번 유족들의 쓰라린 가슴에 생채기를 내려는 정부의 의도가 무엇인지 경악을 금치 못한다."며 "정부는 잘못된 국가공권력에 의해 무고하게 희생된 4·3영령들과 억울하고 한 맺힌 세월을 감내해 온 유족, 그리고 제주도민들에게 사과하라."고 촉구했다.

유족회는 "검정교과서를 포함해 제주 4·3에 대한 역사적 자료를 편찬하고 발간할 경우 제주도의 갈등상황과 사건 발발원인 및 배경에 대해 자세히 밝혀야 한다."며 "지속적인 진상규명 노력과 무고한 희생자 규모에 대해서도 명확히 기술해야 한다."고 강조했다. 또 유족회는 "정부는 역사교과서를 비롯해 대한민국의 현대사를 다룸에 있어 제주 4·3에 대해 청소년들이 역사인식을 올바르게 할 수 있도록 가능한 모든 방안을 강구해야 한다."며 "정부는 제주 4·3사건을 왜곡하고 축소 기술한 역사교과서를 전면 폐기하고 역사교과서 국정화 방침을 즉각 철회하라."고 목소리를 높였다.

양윤경 유족회장은 "교육부를 항의 방문해서 국정교과서 폐기를 공식 요청할 예정"이라며 "만약 이 같은 요청이 반영이 안 되면

제2의 4·3을 맞는 각오로 강경하게 대처해 나갈 것"이라고 정부에 경고했다. 양 회장은 "(국정교과서) 편집위원 대부분이 뉴라이트 계열일 것이라 우려했는데 현실화 됐다."며 "박근혜 정권이 입맛에 맞는 사람들로 박근혜를 위한 교과서가 됐다. 주말 촛불집회 때는 전 유족이 참여해 도민들과 함께 정권퇴진 운동에 나서겠다."고 말했다.

이번 국정교과서가 4·3사건의 발발의 원인과 배경 등에 대한 구체적 설명 없이 축소, 생략한 채 간단히 기술하는 데 그침에 따라 부당한 국가공권력에 의한 수많은 양민학살이 벌어진 역사의 비극 발발 원인이 마치 남로당 제주도당의 무장봉기에 있는 것처럼 왜곡하고 있다는 비판이 커지고 있다.[9]

⑬ **여수·순천 10·19사건** '제주 4·3사건'과 함께 아주 간략하게 서술한 여수·순천 10·19사건에 대한 서술도 군인들이 제주도 출동을 거부한 '반란'으로 규정하여 많은 논란을 불러 일으켰다. 국정교과서에는 "대한민국 수립 직후인 1948년 10월 19일 여수에 주둔하고 있던 국군 제14연대 내 좌익 세력이 제주도로 출동하라는 명령을 거부하고 반란을 일으켜 여수·순천 지역을 점령하였다. 정부는 계엄

---

9 최종본에서는 제주 4·3사건 관련 서술에서 오류가 있었던 특별법의 명칭을 정정했으며, 제주 4·3평화공원에 안치돼 있는 희생자의 위패 관련 내용을 구체적으로 수록했다. 고등학교 한국사 현장검토본 250쪽에는 "2000년 국회는 '제주 4·3 사건 진상 규명과 희생자 명예 회복에 관한 특별법'을 제정·공포하였다."고 돼 있었다. 최종본 252쪽에는 "제주 4·3 사건의 진상은 남북한 대치 상황 속에서 오랫동안 밝혀지지 않았고, 공산주의자로 몰린 무고한 희생자들은 물론 그들의 유족들까지 많은 피해를 당하였다. 이에 국회는 1999년 12월 '제주 4·3 사건 진상 규명 및 희생자 명예 회복에 관한 특별법'을 제정하였고, 정부는 이듬해 공포하였다. 특별법 시행 이후 조성된 제주 4·3 평화 공원에는 1만 4천여 명의 희생자 위패가 안치되어 있다."고 보완했다. 『한국일보』(2017. 1. 31).

령을 선포하고 반란군을 진압하였다."(250쪽)라고 기술한 것이다.

하지만 현행 검정교과서는 "이승만 정부는 제주도에서 일어난 무장 봉기를 진압하기 위해 여수와 순천에 주둔 중이던 국군을 파견하려 했다. 이때 부대 내에 있던 좌익 세력들이 제주도 출동 반대, 통일 정부 수립 등의 구호를 내세우며 반란을 일으켰다. 정부는 여수·순천 지역의 반란을 진압하는 동시에, 군대 내 좌익 세력을 몰아내는 숙군 작업을 강화하였다. 1948년에는 좌익 세력의 활동을 근본적으로 차단하려는 의도 아래 국가 보안법을 제정하였고, 이듬해에는 국민보도연맹을 조직하였다."(천재 309쪽)고 썼다.

여순사건은 1948년 10월 19일 여수 주둔 국방 경비대 14연대가 '제주 4·3사건' 진압을 위한 파견명령에 반발해 봉기, 정부 진압군과 맞서는 과정에서 민간인 수천 명이 총살 등을 당하는 광복 후 대표적인 좌우익 유혈사태였다. 여순사건은 그동안 '여순반란 사건'으로 불리다 '여순사건' '14연대 반란' 등으로 재해석되고 있다. 이전 검정교과서에서는 여순사건을 반란으로 규정하지 않고 제주 4·3사건 진압을 위해 출동을 거부한 군인들의 무장봉기로 봤다. 하지만 다시 '반란'이라 규정하는 퇴행적 서술이 이뤄지면서 지역민들이 반발하고 있다.

'여순사건' 전문 연구가인 주철희 박사는 "역사적으로 보면, 봉기는 시대변혁 또는 불의에 항거하는 행위를 의미하는 경우가 많다. 반면에 반란은 체제 전복이나 정권 탈취를 목적으로 하는 행위를 의미한다."고 설명했다. 주 박사는 "여순사건의 성격을 '반란'으로 규정하는 한 무고한 주민들의 희생은 영원히 방치되고 말 것"이라고 덧붙였다.

'여수사건 특별법' 제정운동을 하고 있는 여수와 순천 시민들은 정부의 이런 잘못된 시각이 이어진다면 법 제정이 어려워질 것으로 걱정하고 있다. 똑같은 역사적 관련성을 지닌 '4·3사건'은 2000년 특별법이 제정됐다. 여수사건 여수유족회 황순경 회장(76)은 "'여순사건 특별법'을 주장하고 있지만, 이 주장이 받아들여지지 않는 것은 바로 이러한 성격 규정 때문"이라면서 "아직도 마치 여수·순천 주민들이 마치 대한민국 체제를 전복하려는 행위로 보는 관점이 이어진다면 '여순사건 특별법'은 어려워질 것같아 걱정이 된다."고 말했다.

순천시민 김강정씨(45·사업)는 "좌익 군인들의 무장봉기와 죄없이 군경에 사살된 민간인들을 구분 없이 버물려 '반란'으로 몰아가는 것은 진상규명과 명예회복 노력에 찬물을 끼얹는 것으로 정부의 의도가 담긴 서술"이라고 강조했다. 전남도교육청 관계자는 "여수·순천·고흥·광양·구례 등 동부권 주민 수천 명이 이유도 없이 무참히 희생되는 사건을 '반란'으로 낙인한 교과서는 문제가 많다."고 말했다.

⑭ **6 · 25전쟁 발발** 6·25 발발 당시의 서술과 관련해 현행 검정교과서는 "1950년 6월 25일 북한군이 38도선을 넘어 기습 남침하였다. 3일 만에 서울이 함락되었고 이 과정에서 수많은 사람이 피난길에 올랐다."(천재 313쪽), "인민군은 1950년 6월 25일 남침을 강행하였다."(금성 378쪽) 등으로 기술하고 있다.

그러나 국정교과서는 "1950년 6월 25일 새벽, 북한은 38선 전역에서 불법적으로 기습 남침하였다. 북한군은 치밀하게 준비한 군사력을 바탕으로 불과 3일 만에 서울을 점령하였고 7월말에는 낙동강까지 밀고 내려왔다."(254쪽)고 서술, '불법적인 기습 남침'을 강조했다. "국가가 위기에 처하자 소년병과 학도 의용군 등으로 나선 학생들에 이르기까지 온 국민이 북한군에 맞서 싸웠다.", '유엔은 즉시 북한을 침략자로 규정하고' 등의 표현 역시 새로 추가된 부분이다.

⑮ **6 · 25전쟁 피해와 영향**   현행 교과서는 "전쟁으로 민족공동체 의식이 약해졌으며 서로 불신하고 적대하는 감정이 깊어지는 가운데 한반도의 분단 체제가 더욱 공고해져 갔다. (중략) 전쟁 이후 반공은 한국 사회에서 무엇보다 중요한 가치가 되었으며 정부는 국가 보안법을 개정하고 반공 교육을 강화하였다."(천재 314쪽), "각지에서 발생한 민간인 희생은 이후 남북한 주민이 상대방에 대한 적개심을 갖게 되고 더 나아가 분단이 굳어지는 데 많은 영향을 미쳤다."(금성 381쪽) 등 민간인 피해나 그로 인한 분단 고착화 등에 초점을 맞췄다.

그러나 국정교과서는 "전선이 오르내리는 동안 좌우 이념 대립은 더욱 격화되었는데, 특히 북한이 강압적으로 시행한 점령지 정책은 많은 반발을 샀다. 전쟁을 통해 국민들이 경험한 공산주의 실상은 전후 한국 사회에서 반공 이념이 자리 잡게 된 배경이 되었다."(256쪽)고 기술, 이승만 정부의 반공주의 배경을 설명하는 데 방점을 뒀다.

⑯ **5 · 18 민주화운동**   국정교과서에 "5·18 민주화운동의 강제 진압 과정이 명확하게 서술되지 않았고 학살 책임자인 전두환·노태우에 대한 서술이 빠져있다."는 등 5·18 광주민주화운동을 기술하면서 의미와 내용을 축소하려 했다는 지적과 관련하여, 교육부는 "전두환 등 신군부가 계엄군을 광주에 투입해 과잉 진압했고 12·12 사태 및 5·18 민주화 운동 등에 대한 특별법으로 처벌받았음을 분명히 서술하는 등 전두환과 노태우의 책임과 과오를 명확히 했다."고 반박했다.

하지만 검정교과서(미래엔)가 4개 단락으로 나눠 5·18 발발과정, 의의 등을 소개하고 있는 점에 견줘 국정교과서는 고작 2개의 단락으로 2페이지 분량으로 5·18 민주화운동을 다룬 점, 검정교과서의 경우 5·18을 노래한 정태춘의 노랫말과 '5·18 꼬마 상주' 조천호씨 사진,

계엄군의 진압 장면, 5·18 민주화운동과 관련된 판결문 등을 게재하며 1980년대 민주화운동의 토대가 됐다는 의미를 서술하고 있는 반면, 국정교과서는 서울역 시위장면(1980년 5월 15일), 유네스코 기록유산 등재물, 광주 시위장면 등 지극히 평범한 내용을 다루면서 '국가 폭력'을 숨기는 듯한 인상을 지울 수 없다는 지적에 대해서는 입장을 내놓지 않았다.

3. 북한 관련 서술의 쟁점

① **분단의 책임은 소련과 북한** "(유의점) 광복 이후 스탈린의 정부 수립지시에 따른 북조선 임시 인민위원회 설치 등 북한의 정권 수립 움직임이 대한민국 수립추진보다 먼저 있었음에 유의한다." 이 부분은 2015년 검정 집필기준에는 없던 내용으로 국정교과서에서 추가됐다. 이에 네트워크는 "북한이 먼저 정부를 수립하려 했으므로 분단의 책임은 소련과 북한에 있음을 부각하려는 의도"라고 지적했다.
② **북한체제 비판** 국정교과서는 「북한의 3대 세습 독재 체제와 남북한 관계」라는 별도 소단원 아래 김일성 독재 체제의 구축, 3대 세습 체제 형성, 탈북자와 인권·이산가족 문제, 북핵 위기와 북한의 대남 도발, 평화 통일의 노력 등 5개 주제를 자세히 기술했다. 4페이지 분량으로, 현행 교과서에 비해 배 이상 늘어난 분량이다. 김일성 독재 체제 구축과 3대 세습 체제 형성까지의 기술 역시 현행 교과서는 약 8줄에 불과하지만 국정교과서는 한 페이지를 할애해 김일성이 권력을 장악해 나간 과정, 3대 세습 체제 형성 과정을 자세히 기술했다.

"김일성은 소련파와 연안파 등 반대파들을 차례로 제거하여 1인 독재 권력을 강화하였다.""중소 이념 분쟁을 이용하여 사상, 정치, 경제, 군사, 외교에서 주체를 명분으로 내세워 수령 독재 체제를 더욱 공고히 하였다.""분야별 자주 노선 주장들을 1960년대 후반부터 주체사상으로 집대성하면서 김일성 독재를 이념적으로 정당화하였다.""장남인 김정일을 후계자로 최종 선정함으로써 유례가 없는 부자 세습 체제를 구축하였다.""유일사상 체계확립 10대 원칙을 세우고 김일성을 신격화하기 위한 우상화 정책을 대대적으로 전개하였다." 등의 서술이 대표적이다.

김정일 체제에 대해서도 "김정일식 선군 정치는 경제 사정이 악화되어 초기부터 파행적으로 운영되었다.""극심한 자연재해와 체제 모순으로 식량난이 심각해지면서 수많은 사람들이 굶어 죽는 등 인명 피해가 발생하였고 사회주의 계획 경제의 기초인 배급 제도가 붕괴되었다.""극심한 물자 부족과 치솟는 물가 등으로 만성적인 경제난은 해결되지 못하였다." 등 신랄한 비판과 부정적 평가 일색이다.

③ **북한인권 비판** 현행 검정교과서는 "언론과 종교 활동 제한, 여행 거주 이전의 자유 억압, 정치범 수용소 운영, 공개 처형 등의 인권 문제도 제기되고 있다."(천재 356쪽) 정도로 언급했다. 금성교과서의 경우 "북한은 '우리식 인권'을 내세우며 개인의 자유보다는 전체 조직을 위한 공민의 의무를 강조하고 물질적 보장이 인권의 가치로서 더 중요하다고 주장하였다." 등 북한이 인권을 제한하는 이유를 북한 입장에서 설명하기도 했다. 그러나 국정교과서는 한 페이지에 걸쳐 북한의 인권 탄압, 반인륜적 통치 방식, 유엔의 북한 인권 결의안 채택 등을 자세히 소개했다.

④ **북핵 위기** 또 「북핵 위기와 북한의 대남 도발」이라는 주제의
별도 꼭지에서는 북한의 핵확산금지조약(NPT) 탈퇴 선언, 영변 핵
시설 가동, 제네바 합의 파기, 각종 탄도 미사일 개발, 국제사회의
제재 등 일련의 핵 개발 과정을 자세히 기술했다.

⑤ **천안함 사건** 천안함 사건에 대해서도 북한을 직접적으로 거론했다.
교학사를 제외한 기존 교과서들은 「천안함 피격 사건」으로 다뤘지만
국정교과서에는 "2010년 3월26일 서해 백령도 인근 해상에서 한국
해군의 천안함이 북한의 어뢰공격을 받아 40명이 사망하고 6명이
실종되었다. 2010년 11월 북한군의 연평도 포격으로 군인과 민간인
이 사망하는 피해를 입었다."고 상세히 기술했다.[10]

III. 국정교과서의 미래와 자유발행 교과서의 가능성

1. 국정교과서의 미래

2016년 12월 27일, 교육부는 국정 역사교과서의 학교 적용을 2017년
3월에서 2018년 3월로 1년 유예하되, 2017학년도에는 자원하는 학교
를 '연구학교'로 지정하여 국정교과서를 시범적으로 적용하고, 2018

---

10 이상 현장 검토본에 관한 내용은 『경향신문』(11/28, 12/1), 『광주일보』(12/6),
『국민일보』(11/28, 11/29), 『노컷뉴스』(11/28, 11/29, 12/1), 『뉴시스』(11/28), 『동
아일보』(11/28), 『머니투데이』(11/28), 『문화일보』(11/28), 『미디어오늘』(11/28),
『미디어투데이』(11/27), 『서울신문』(11/28), 『세계일보』(11/28), 『연합뉴스』
(11/28), 『오마이뉴스』(11/28, 11/29), 『이데일리』(11/28), 『제주신보』(12/5), 『조
선일보』(11/28), 『중앙일보』(11/28), 『파이낸스뉴스』(11/28), 『프레시안』(11/28,
12/1), 『한국일보』(11/28, 12/1), 『한겨레신문』(11/28, 11/29, 12/1) 등을 정리한
것이다.

학년도부터 국정과 검정교과서를 혼용하겠다고 밝혔다.[11]

후속조치로 2016년 12월 29일, 2015년 개정교육과정 중학교 역사, 고등학교 한국사 과목을 2018년 3월부터 적용하는 「초·중등학교 교육과정 개정안」을 공고하고, 2017년 12월 30일 「중·고등학교 교과용도서 국·검·인정 구분 수정안」도 발표했다.

그러면서 교육부는 2018학년도부터 국정교과서와 검정교과서를 혼용할 수 있도록 통상 2년 정도 걸리는 검정교과서 개발 절차를 1년에 마무리하도록 관련 규정을 고치겠다고 밝혔다. 2015 역사교육과정과 2017년 새로 마련할 집필기준에 검정교과서를 제작하는 고시를 발표하겠다는 것이다. 2017년 1월 9일 교육부 업무계획 자료에 따르면, 학생들이 올바른 국가관과 역사인식을 가질 수 있도록, 검정교과서 심사기준을 강화하기로 했다.

2017년 1월말까지 마련하여 검정교과서 집필자들에게 제시될 집필기준은 이미 공개된 국정 역사교과서의 내용을 상당 부분 적용할 것으로 예상된 바 있으며, 실제 그러한 내용을 담고 있는 것으로 확인되었다.[12] 새로운 집필기준에 맞추어 서술된 검정교과서는, 국

---

11 『세계일보』(2016. 12. 17). 2014년 9월에 작성된 교육부 정책보고서 「문·이과 통합형 교육과정 개발에 따른 교과용도서 구분 고시 방안 연구」에서는 「국정+검정 병행 체제」란 항목에서 국·검정제 교과서 혼용에 대해 "1. (국·검정교과서 혼용을 하면) 대다수 학교에서 국정교과서를 채택할 가능성이 있다. 2. 검정교과서 발행으로 얻을 수 있는 교육적 이익을 잃을 수 있어 사회적 비용의 손실이 발생할 수 있다."고 분석한 다음, '종합 의견'에서 "(혼용 방안은) 국가 발행제 도입을 둘러싼 우려를 완화할 수 있는 방안일 수 있다."면서, 이에 더하여 1. 국가 발행제 교과서에 대한 심의 대폭 강화 2. 검정교과서 역시 국가 발행 교과서 심의 절차에 준하여 강화(2차 검정을 3차 검정으로 강화) 등의 방안을 정책방향으로 제시했다. 교육부는 이 보고서에 대한 '활용결과 보고서'란 문서에서 "교과용도서 구분을 위한 학교 급별 교과별 구분 원칙과 기준 정립에 활용(했다)"고 정책반영 결과를 명시하기도 했다. 『오마이뉴스』(2017. 1. 23).
12 『경인일보』(2017. 1. 10).

정교과서 현장검토본과 다를 바 없는 질 낮은 교과서가 졸속으로 개발되고 그 피해는 고스란히 학생과 교사가 떠안게 될 것이다. 더구나 '대한민국 수립'이라는 용어로 건국절 논란에 휩싸인 2015년 역사 교육과정에 따라 검정교과서를 개발하라고 하는 것은 새로운 집필기준에서 '대한민국 정부수립' 기술이 허용되긴 했지만 검정교과서를 '유사 국정교과서'로 만들라고 주문하는 것과 다름없다.

그럼에도 불구하고 2017년 1월 9일 교육부는 전국 시·도 교육청에 「2017학년도 한국사·역사 교과용도서 재주문 절차 안내」라는 공문을 발송하였다.[13] 한국 검인정교과서협회를 통해 국정교과서 주문내역을 일괄적으로 취소하고, 개별학교는 전국 각 지역에 있는 교육지원청의 협조를 받아 2017년 1월 26일까지 2009개정 교육과정이 적용된 검정 역사교과서를 재주문하여 2017년 3월부터 사용할 수 있도록 하는 조치였다.

2017년 1월 17일 이재정 경기도교육감은, 헌법이 보장하는 교육의 자주성, 전문성, 정치적 중립성을 보장하는 제도는 교과서 자유발행제라면서, 이를 통해 새로운 교육의 장이 열리기를 바란다고 하였다. 국정은 정부기관인 교육부가 저자인 교과서이고, 검정은 교수와 교사와 출판사가 힘을 합쳐 집필하긴 하지만, 교육과정과 집필기준에 제약을 받는 집필일 뿐만 아니라 검정 심사를 통해 내용 수정을 감수하기 때문에 다양한 역사해석의 가능성이 저해되는 수준인 것에 반하여, 자유발행제는 출판사와 학자, 교사들이 자신들이 정한 집필기준에 따라 교과서를 발행하면 정부 등의 별도 검증 절차 없이 학교 구성원이 직접 검증·심의를 거쳐 교과서를 선택하기 때문에

---

13 『뉴스1』(2017. 1. 11).

자유발행 교과서가 역사교과서의 미래라는 것이다.

그리고 우선 고등학교 교과서부터 자유발행제를 도입하고, 2단계로 초·중학교의 교과용 지도서에 한해 자유발행제를 도입한 다음, 3단계로 초등학교 모든 교과의 교과서는 인정제, 중학교 모든 교과서 및 교과용 지도서를 자유발행제로 발간한 다음, 4단계는 초·중·고 모든 교과서를 완전 자유발행제로 시행하면 자유발행제 도입에 따른 혼란도 줄일 수 있다고 하였다. OECD 가입 34개국 가운데, 자유발행 교과서를 쓰는 나라가 17개국, 인정교과서를 쓰는 국가가 4개국, 검정교과서를 쓰는 국가가 10개국, 혼합이 3개국이라면서, 자유발행 교과서가 대안임을 보충 설명하기도 하였다.[14]

2017년 1월 20일 국회 교육문화체육관광위원회는 더불어민주당 도종환의원이 대표 발의한 '역사교과용 도서 다양성 보장에 대한 특별법'(국정교과서 금지법)을 의결했다. 이 법안은 국가가 저작권을 가진 교과용 도서를 금지하는 내용을 담고 있다.[15]

같은 날인 2017년 1월 20일 국회는 더불어민주당, 국민의당, 정의당 등 162명의 의원이 지난해 11월 발의한 '중·고등학교 역사교과서의 국정화 추진 중단 및 폐기 촉구 결의안'을 재적의원 220명 중 찬성 131명으로 통과시켰다. 국회통과 즉시 효력을 갖는 이 결의안에는 △ 정부는 역사교과서의 국정화 추진을 중단할 것 △ 정부는 기존 검정교과서 체제가 2017년 1학기부터 모든 학교에 적용될 수 있는 준비를 진행할 것 △ 역사과목의 2015 개정 교육과정 적용 시기를 2019년 3월로 하도록 고시를 개정할 것 △ 국정교과서 연구학교 지정을 전면 중단할 것 △ 검찰은 국정교과서 추진과정에 비선실세의

---

14 『경기일보』(2017. 1. 17).
15 『부산일보』(2017. 1. 20).

개입 여부를 수사할 것 등의 내용을 담고 있다.[16]

같은 날인 2017년 1월 20일, 기왕의 8종 검정교과서 가운데 교학사를 제외한 45명의 집필진으로 구성된 한국사교과서집필자협의회는 앞으로 진행될 검정교과서 집필과 관련하여 세 가지 요구조건을 제시하였다. 하나는 국정 역사교과서 폐기, 둘은 집필기준 전면 개정, 셋은 검정 역사교과서 집필기간 2년 보장이다. 1년 남짓한 기간에 만든 국정교과서를 보면 역사의식 편향뿐만 아니라 내용상에서도 많은 오류가 발견되었는데, 현재의 집필기준과 그보다 짧은 집필기간으로서는 양질의 교과서를 낼 수 없다는 것이다.[17]

2017년 1월 31일 교육부 이영 차관은 진재관 국사편찬위원회 편사부장과 금용한 학교정책실장 겸 역사교육정상화 추진단장과 함께 정부세종청사에서 브리핑을 열고 국정 역사교과서 최종본과 편찬심의위원 명단, 검정교과서 집필기준을 발표했다.[18]

이상과 같이 학자나 기자, 공무원들의 글을 보면, 국정, 검정, 인정, 자유발행 등 교과서 발행체제에 대한 네 가지 용어가 나온다. 국정國定은 저작권이 국가에 있는 교과서로, 교육부 산하 위원회가 미리 마련해 놓은 교육과정과 편찬기준에 맞추어 저술한 교과서인데, 모든 학생들은 별다른 선택권 없이 교육부가 지정한 교과서를 사용할 수밖에 없는 교과서를 말한다.

검정檢定이란 말 그대로, 법령이 정하는 기준에 합치하는 여부를 따져 검사하고 인정하는 것이다. 교과서의 경우 검정은, 교육부가 자신이 정한 교육과정과 집필기준을 제시하면, 출판사와 집필자가

---

16 『한겨레신문』(2017. 1. 23).
17 『서울신문』(2017. 1. 20).
18 『연합뉴스』(2017. 1. 31).

그 기준에 맞추어 교과서를 집필한 후 심사에 올리면 교육부가 검정하고, 부족하면 수정명령을 추가한 후, 이를 반영하는 과정을 거쳐 제작한 교과서이다.

인정認定은 인정교과서를 쓰자고 교육부가 고시한 교과목에 한하여, 각 시·도 교육청이 심의해서 통과시킨 교과서인데, 인정의 주체는 교육부 장관이다. 자유발행自由發行 교과서는 출판사와 저자가 정부기관의 검정 및 인정 절차 없이 자유롭게 발행한 교과서를 말한다.

문화적으로 성숙한 세계 여러 나라가 국정교과서를 쓰지 않는 이유는 문화적으로 성숙한 대한민국 국민들이 국정교과서를 거부하는 이유와 같은데, 국정교과서는 해당 정부의 시각으로 과거의 사실을 선택하여 가르치려고 하고, 민족과 인류에 대한 자부심조차도 해당 정부가 선택해 준 자부심만을 자부심으로 인정하라는 독단적 시각이 강하기 때문에, 70%에 이르는 대한민국 국민들이 역사 국정화에 반대하는 것이다. 반대 의견의 초점은 역사교과서가 역사학자와 역사교사, 학생과 학부모에 의해 선택되고 교육되는 것이 아니라 권력의 입김에 좌우되고, 집권당의 정치색에 휩쓸려 교과서 내용조차 언제 번복될지 모른다는 교육현실에 염증을 느끼는 것이다.[19]

현재 중학 역사, 고교 한국사로 사용하고 있는 8종의 검정교과서 역시, 국정교과서와의 차별성이 그다지 찾아지지 않는다는 것이 여러 사람들의 의견이다. 가장 큰 이유는 식민지와 독재체제에서 시작된, 주체적이고 자율적인 전문가들을 인정하지 않는 정부의 태도이다. 대한민국 교육부는 유감스럽게도 대한민국 최고의 연구전문가와 교육전문가들을 지도하고 감독한다.

---

19 『영남일보』(2017. 1. 9).

검정교과서 내용의 80%에 이르는 항목 선택 기준과 내용을 교육과정에 더하여 집필기준, 수정명령을 통해서 비전문 관료들과 정치가들의 수준에 맞추라는 법령을 만들어 놓고 있다. 그러니 국정교과서와 별다른 차이가 없을 수밖에 없다.

교육부 공무원들이 스스로가 만들어 놓은 국정교과서를 자체적으로 무리하게 법을 바꾸어 국정·검정교과서 혼용 사용으로 만들어 놓은 내심內心에는 2015교육과정에 맞추어 2016 편찬기준과 그다지 차이가 없는 2017 집필기준를 만들어 놓으면, 본인들이 주도한 국정교과서와 이름만 검정인 검정교과서의 내용이 그다지 차이가 없으리라는 믿음이 있을 것이다. 이들 교육부 공무원들의 생각에는, 2017 집필기준에서 미리 자신들이 생각하고 있던 정치적 색깔을 못 담으면, 언제라도 대법원이 합법적으로 인정한 수정명령만 하면, 자신들의 의도를 맞출 수 있을 것이라는 자신감이 있을 것이다. 더구나 본인들의 신상에는 별 문제가 없으리라고 믿을 것이다.

2. 자유발행 교과서의 가능성

OECD 가입 34개국의 절반인 17개국이 자유발행 교과서를 쓰는 나라라는데, 이제 대한민국도 국정과 검정을 넘어, 많은 문화선진국들이 하고 있다는 자유발행 교과서 체제로 도약할 수는 없을까? 주지하다시피 자유발행 교과서는 정부기관의 검정 및 인정 절차 없이 출판사와 역사학자, 역사교사가 자유롭게 발행한 교과서를 말한다. 집필자들에게 자유를 주면, 초·중·고라는 미래세대의 성장 단계에 맞는 적정한 역사관과 역사적 사실을 선택할 것이고, 제한된 시간에 한국사, 동아시아사, 세계사를 가르칠 수 있도록 주어진 시간을 최대한 활용할 수 있는 규모 있는 내용으로 교과서를 채울 것이다. 사고 획일화의 상징이 국정교과서라면, 사고 다양화의 상징이 자유발행 교과서이다.

전문가는 전문가대로 자신에게 주어진 집필권으로 본인 주도의 교과서를 만들고, 지역 교육지원청과 학교 교사와 학생, 그리고 학부모는 선택권을 활용하여 자신들이 속한 지역의 특성과 학생들의 특성을 최대한 고려하여 거기에 맞는 교과서를 선택함으로써, 교사는 자신이 선택한 교과서를 최선을 다해 가르치는 교수권을 확보하고, 학생 역시, 자신들이 선택한 교과서로 배우는 학습권을 최대한 확보하며, 지역 교육지원청은 지역과 세계에서 키우고자 하는 역사관을 가진 인재들을 양성할 수 있다는 자부심으로, 학부모 역시, 자신의 자식들이 가정과 세계에 필요한 역사관을 가진 인재로 성장할 수 있다는 희망을 가질 수 있게 한다면, 교과서를 둘러싼 모든 사람들이 고민하지 않고 행복해할 만한 그런 교과서를 마련할 수 있을 것이다.

요컨대 가장 단순히 정리해 보면 국정은 역사해석을 정부가 독점하겠다는 것이고, 검정은 정부와 학계·교육계가 나누겠다는 것인데 반하여, 자유발행제는 학계·교육계의 보다 자유롭고 다양한 사료선택과 역사 해석을 존중하겠다는 것이다. 자유발행 교과서 가운데 뉘처럼 섞일 부실교과서는 문화와 교육이 발달한 국가일수록 교과서 시장에서 교사들과 학생들이 주체적이고 자율적으로 배제할 것이라고 믿기 때문에 자유발행제를 선호한다. 1992년 헌법재판소에서도, "국정제보다는 검인정제가, 검인정제보다는 자유발행제가 헌법정신에 더 잘 부합한다."고 판결한 바 있다.

20세기 한국에서는 일제강점기 일부와 유신독재 전후 수십 년간 국정제가 시행한 바에 비춰볼 때 국정화론자들은 정부의 역사해석 독점으로 순종형 국민을 양성하려는 의도가 강하다고 하겠다. 반면, 우리들의 미래를 책임질 자유발행론자들은 우리 국민 개개인이 갖고 있는 역사적 상상력을 최대한도로 키워, 우리 사회가 미처 상상하지 못한 다양한 미래를 설계할 수 있는 능력을 양성하고자 한다.

다만 자유발행 교과서에 대해 가지는 우려 중의 하나는, 그럼 전국단위의 시험 출제를 어떻게 하냐는 것이다. 자유발행 교과서의 특성상 국가 전체로 모아보면 내용의 양도 차이가 있고, 선택되는 역사상의 인물, 사건, 유물과 유적이 다 다를 것인데, 전국 단위의 시험에 어떤 문제를 내야 누구나 다 공평하다고 인정할 수 있는 시험문제가 될 것이냐는 질문인 것이다.

교과서 중심, 진도 중심의 수업에서 교사와 학생, 학생과 학생 사이의 토론 중심의 수업으로 바꾸어 나갈 때에도 가장 걸리는 문제 가운데 하나가 그럼 어떤 문제를 내야 누구나 다 수긍할 수 있는 문제냐는 것이다. 교과서라는 시험 출제의 근거가 없어진다면, 이른바 정답에 이의 제기하는 그 누구도 설득하기 어렵지 않겠냐는 것이다.

이 질문에서 우리는 역사교과서에서만큼은 '교과서적 지식'이라는 우리의 상식을 바꿀 것을 권유한다. 21세기 역사교육에서 교과서적 지식보다 더 중요한 것이 역사적 상상력을 공부하는 것이다. 역사적 상상력이란 주어진 역사적 사실을 생각 없이 받아들이는 것이 아니라, 여러 가지 사료를 모아 스스로 재구성하는 훈련으로 키워진다. 역사적 상상력을 반복함으로써 스스로의 사고력을 훈련할 수 있고, 다양한 인과관계 속에서 역사적 사건을 파악할 줄 알게 된다. 그러므로 역사적 상상력의 시작은 역사적 상상력을 가능하게 한 사료를 다루는 능력을 갖는 것이다. 사실事實(fact)이 사실史實(historical fact)이 되려면 역사학적 방법에 따른 사료 비판 과정이 있어야 한다. 수많은 사실事實(fact)이 역사학계나 역사교육계가 인정할 수 있는 사실史實(historical fact)이 되는 데에는 수없이 많은 연구와, 이에 기반한 다양한 역사적 상상력이 필요하다.

역사학적으로 인용할 만하다고 인정할 수 있는 공식자료가 매우 제한적인 북한 현대사 관련 자료가 사료가 되려면 다음과 같은 과정이 필요하다. 우선 사실事實(fact)의 행위 주체는 북한일 것인데, 사실事實(fact)의 인용 및 해석을 국방부가 했다고 가정해 보자. 국정교과서 검토본을 집필한 학자는, 획일화된 사고를 기준으로 북한에서 일어난 한 가지 사실事實(fact)을 국방부와 외교부, 통일부가 모두 똑같이 생각한다고 판단하겠지만, 역사적 사고방식과 역사적 상상력에 익숙한 사람이라면 군인의 접근과 외교관의 접근, 통일전문가의 접근이 모두 같지는 않을 것이라고 생각한다.

공통되는 점도 있고, 차이가 분명한 지점도 있을 것이다. 사료 비판에 익숙한 사람들은 각각 반대된다고 상정해 보기도 하고, 각각 유사하다고 가정해 볼 수도 있다. 동일한 행위를 시점이 다를 때 인용하고 해석하는 것과, 같은 시점이라도 외국이 되어보는 것을 비롯하여 입장이 다를 때 인용하고 해석하는 것이 얼마나 다를 수 있는지도 가정해 본다. 이렇게 여러 각도에서 다양한 수준으로 진행하는 역사적 사고방식과 역사적 상상력을 거쳐야, 사실事實(fact)이 사실史實(historical fact)로 전환하는 것이다. 사료 비판 과정을 잘 진행하는 것도 역사적 상상력을 키우는 과정의 하나이다.

앞으로 초·중·고 역사시간은 교사와 학생이 직접 사료를 다루고 해석하고 토론하는 시간이 되어야 할 것이다. 역사학자가 해석한 결과를 선별해 놓은 교과서적 지식이나 사전적 정의만을 여전히 공부하는 현재의 교육현실은 반드시 뛰어 넘어야 한다. 사실 교과서적 지식이라는 것도 교과서를 만드는 역사학자, 역사교사, 출판사가 집필자라는 이름으로 역사적 재료, 즉 사료를 자신들의 방식으로 인용하고 선택하고 해석한 결과이다.

현재 교과서에 실린 내용은 역사적 재료, 그 자체가 아니라 교과서 집필자가 이미 선택하고 해석해 놓은 결과이기 때문에, 관련 사료와 그 해석의 결과를 놓고 역사교사와 역사수업에 임하는 학생들이 서로 의논할 여지가 상당히 적다. 사전적 정의도 마찬가지이다. 사전적 정의 역시, 사료와 관련 논문과 관련 저서를 사전 항목 집필자가 선택한 결과인 것이다.

그러니 앞으로는 교과서적 지식이라는 말보다 교과서적 방법이라는 말이 역사 교육현장에서 더 익숙한 용어가 되기를 기대한다. 실제 미국 고등학교 역사수업에서는 교과서나 교사의 강의안보다 역사적 재료, 즉 막대한 양의 사료가 수업의 주재료로서 활용되고 있다. 교과서 역시 학생과 마찬가지로 교과서 집필자가 사료를 다루는 자신만의 방법을 보여주는 하나의 예시일 뿐이고, 교사의 강의안도 사료를 해석하는 교사의 방법을 학생들에게 제시하는 것일 뿐이다. 그러니 학생들도 수업시간에 주어진 사료를 주체적이고 자율적으로 해석할 수 있고, 자신이 한 해석을 스스로 검증하기 위해 학생 상호간에, 학생과 교사간의 토론을 전개하는 것이다. 그러니 자유발행 교과서가 사용되는 역사 수업에서는 교과서가 중심이 아니라 역사교과서를 만들 수 있게 한 사료가 중심이 된다.

자율발행 교과서 집필자들은 모두 이런 자세를 가지고 집필에 임할 것이다. 지역에 따라, 단계에 따라, 수준에 따라 학생들의 역사적 상상력을 키울 수 있는, 날 것 그대로의 사료가 역사 수업에 제공되어야 한다. 그리고 대한민국 초등학생, 혹은 중학생, 혹은 고등학생들이 알았으면 좋을 한국 역사의 재료, 세계 역사의 재료를 그들에게 제공하기 위해, 기성세대인 역사학자나 역사교사, 언론인들이 힘을 합쳐 시대별로, 분야별로 많은 시간과 노력을 투자하여 수업의 주재료가 될 사료집을 만들어야 할 것이다.

학생들이 날 것 그대로의 사료와 만나서 자신만의 문제해결 능력을 함양하기 위해 교과서 집필자와의 토론을 상상해 보고, 교사와 토론해 보고, 동료들과 주변 사람들과 이야기를 나누어 역사 수업 시간을 상상해 보자. 그런 수업에 참석해 본 사람만이 자신만의 상상력을 기초로 한 또 하나의 '반지의 제왕'도 만들 수 있고, 또 다른 '바람의 나라'도 만들 수 있다.

요컨대 자율발행 교과서 시대의 전국적 수준의 능력 평가는 교과서적 지식이 아니라 제공된 사료를 다루는 능력을 중심으로 평가할 수 있을 것이다. 그래야만 교과서 위주의 수업에서 교사 위주의 수업으로 주도권이 넘어갈 것인데, 이미 국사편찬위원회에서 시행하는 한국사능력시험의 하나로 사료를 다루는 능력을 평가한 지 10년이 되어간다.

그러니 최근 6, 7년간 우리를 시험에 들게 한 국정교과서는 당연히 폐지되어야 하고, 집필기준이란 족쇄를 찬 검정체제도 넘어서, 이제 대한민국도 21세기 여타 문화선진국과 함께 자유발행 체제로 교과서를 제작하고, 학생들에게 학습시간에 맞는 사료집을 추가 제공하여 우리 학생들이 사료를 직접 다루는 능력, 즉 창의력을 평가하는 그런 시대로 나아가기를 기대한다.

2장

2015 국정화 고시와 2011 역사교육과정 수정

I. 2015 국정화 고시의 문제점

1. 교학사 교과서와 자율적 선택권

2015년 10월 12일 황우여 교육부 장관이 중학교 역사와 고등학교 한국사 교과서를 국정으로 발행하여 2017년 3월부터 사용하겠다는 행정예고를 한 다음, 10월 27일 국회 시정연설에서 박근혜 대통령이 '역사교육을 정상화시키는 것이 우리 세대의 사명'이라고 하면서 우리 아이들에게 대한민국의 자부심과 전통성을 심어줄 수 있도록 각고의 노력을 다할 것'이라고 다짐하고, 20여 일의 행정 예고 기간이 끝난 11월 3일 황교안 국무총리가 '다양성은 사라지고 편향성만 남은 역사 교과서, 학교의 자율적 선택권은 사실상 원천적으로 배제되고 있는 현행 검정 발행제도는 실패했다는 것이 정부의 판단'이라고 지적하면서 역사교과서 국정화 방안을 확정 고시하였다.[1] 특히 학교

---

[1] 2015년 11월 13일 교육부는 '올바른 역사교과서' 발행과 관련한 업무 지원과 역사교육 정상화를 위한 '역사교육정상화추진단 구성 및 운영에 관한 규정'(국무총리 훈령 제655호)을 공포·시행하였다. 추진단 단장은 교육부 학교정책실장이

운영위원회의 자율적 선택권이 작동하지 못하고 있음에 대해 황교안 총리는 다음과 같이 말하였다.

"현행교과서 선택권은 개별 학교가 가지고 있습니다. 그러나 특정 단체 소속의 교사들 중심으로 자신들 사관과 다른 교과서는 원천적으로 배제시키고 실력으로 저지하고 있습니다. 지난 2014년 교학사 교과서를 아실 것입니다.[2] 이 교과서를 채택한 20여 곳의 학교는 특정집단의 인신공격, 협박 등 집요한 외압 앞에 결국 선택을 철회했습니다. 가장 교육적이어야 할 학교 현장이 반민주적이고, 반사회적인 행위에 무릎을 꿇은 것입니다.

전국에 약 2300여 개의 고등학교가 있습니다. 그중 3 학교만 교학사 교과서를 선택했고, 나머지 전체 고등학교의 99.9%가 편향성 논란이 있는 교과서를 선택했습니다. 그들은 다양성을 표방했지만 실제로는 다양성을 상실한 것입니다. 결론적으로 일부 표현을 부분적으로 수정한다고 해서 편향된 서술을 고칠 수가 없었습니다. 그래서 다양성은 사라지고 편향성만 남은 역사교과서, 학교의 자율적 선택권은 사실상 원천적으로 배제되고 있는 현행 검정발행제도는 실패했다는 것이 정부의 판단입니다."

겸임하고, 부단장은 국장급 고위공무원으로 하여, 총 2개의 팀으로 구성된다. 소속 팀원은 교육부 본부 및 소속기관, 시·도교육청, 타 기관(외교부, 문체부) 등에서 파견 등의 형태로 충원되며, 20명 내외로 구성·운영할 계획이라고 하였다. 추진단(단장 : 금용한, 부단장 : 박성민)의 업무는 그동안 역사교육지원팀의 고유 업무와 역사교과서 개발, 역사교과서 편찬심의회 구성·운영, 역사 관련 교원연수 등을 담당하며, 2017년 5월까지 1년 6개월 동안 한시 조직으로 운영된다.

2 2013년 8월 31일 2009교육과정에 따라 제작한 8종의 고등학교 한국사 교과서 가운데 하나.

이상과 같이 황교안 총리가 학교 운영위원회의 자율적 선택권이 작동하지 못했다고 판단하게 된 사례가 교학사 교과서 문제였다. 2015년에 사용할 고등학교 한국사교과서로 검정에 통과한 8종의 교과서 가운데 교학사에서 발행한 한국사 교과서가 2,300여 개 고등학교 가운데, 처음에는 20개 고등학교에서 선정대상에 포함되었다가, 대부분 학교에서는 탈락하고 최종 3개교에서만 선택되었다는 것이다.

말하자면 황교안 총리의 담화에 따르면 최초에는 99.1%에 해당하는 고등학교가 7종 교과서를 선택했고, 0.9%에 해당하는 고등학교만이 교학사 교과서를 선택했다가, 최종에는 99.9% 가까운 고등학교가 7종 교과서를 선택하는 바람에 교학사 교과서는 3개교에서만 선택을 받게 된 것이 문제라는 것이다. 황교안 총리가 보기엔 이런 선택 결과는 가장 교육적이어야 할 학교 현장이 가장 반민주적이고, 반사회적이며, 다양성을 상실한 선택임을 증명한다는 것이다. 이렇게 총리는 선택 결과를 매도했는데, 자신이 매도한 그 매도 대상이 과연 누구였는지 알고나 했는지는 심히 의심스럽다.

국정화 고시 후 겨우 1년여 지난 2016년 11월 28일 이준식 교육부 장관 역시, 국정교과서 검토본을 공개하면서 국정화 사유에 대해 "지금 여러 종류의 역사교과서가 있지만 대부분이 편향된 이념에 따라 서술되어 있고, 특정 교과서를 채택한 학교들이 각종 외부 압력으로 결정을 철회하도록 강요받는 등 올바른 역사교육이 이뤄지지 않고 있어 지금의 역사교육을 둘러싼 여러 문제들을 극복하고 새로운 미래를 준비하기 위해 역사교과서를 국정으로 발행하게 되었다."고 하였고, 같은 날 김정배 국사편찬위원회 위원장 역시, "2002년 검정제를 도입한 이후 이념 논쟁과 편향성 논란으로 사회적 갈등을 유발하여서, 올바른 교과서는 기존 검정교과서의 편향성을 바로잡고, 대한민국의 미래를 준비하는 역사 교육의 토대를 마련하기 위하여 추진되었다."고 하였다.

요컨대 대통령과 국무총리, 전·현직 교육부 장관과 국사편찬위원회 위원장이 검정 발행제를 국정 발행제로 바꾼 것은 기왕의 검정교과서의 내용이 집필권을 가진 중·고등학교 역사교사, 대학의 역사교수들의 이념적 편향성 때문에 올바르지 못한 내용으로 가득 찼고, 검정교과서 선택권을 가진 학교 운영위원회의 자율적 선택권이 원천적으로 배제되었기 때문이라고 한다. 말하자면 현재 사용하고 있는 검정 역사교과서는 내용적으로 편향성만 남아있고, 개별학교가 자신들이 원하는 교과서를 자율적으로 선택할 수 있는 자율적 선택권마저 원천적으로 배제되어 있어, 교과서의 내용이 편향적이지 않고 올바른, 그리고 교과서의 선택이 강요되지 않고 자율적인 그런 교과서로서 국정교과서를 제작하고자 했고, 그런 교과서를 만들었다고 주장하고 있는 것이다.

과연 그럴까? 그나마 선택의 기회가 있었던 8종의 검정교과서를 1종의 국정교과서로 만들어 선택권 자체를 하늘로 날려 보낸 것이 정부가 강조했던 개별학교의 자율적 선택권을 보장하는 그런 조치였을까? 정부의 판단이 궁금하기만 하다. 오히려 국정화 고시와 현장 검토본 국정교과서를 보면서 보통의 국민들은 과연 이들 정부 담당자들이 얼마나 폭력적으로 학자들과 교사, 학부모, 학생들을 매도하고, 몰아 부친 것인지 알고나 한 것인지, 아니면 스스로의 이념에 갇혀, 그리고 오랜 독재 권력의 행사에 익숙해져 자신도 모른 채 그런 결론을 내린 것이 아닌가 하는 의구심을 떨쳐 버릴 수가 없다. 이를 위해 먼저 기왕의 8종 검정교과서가 어떤 법적 근거와 절차를 거쳐

만들어졌는지를 알아보
는 것이 우선이다.

현재 중학교와 고등학
교에서 사용하고 있는 8종
의 검정교과서는 대한민
국 헌법과 초·중등교육
법, 초·중등교육법 시행
령, 대통령령, 교육부 행

정고시라는 헌법과 법률 질서를 바탕으로 제작된 것이다. 초·중등교
육법(법률 제13943)은 교육기본법(법률 제14150) 9조에 따라 마련된 것인
데, 초·중등교육법 23조 2항을 보면, 「교육부 장관은 교육과정의
기준과 내용에 관한 기본적인 사항을 정한다.」고 했고, 3항에서 「학교
의 교과敎科는 대통령령으로 정한다.」고 했으며, 초중등교육법 29조
1항을 보면, 「학교에서는 국가가 저작권을 가지고 있거나(=국정교과
서), 교육부 장관이 검정하거나 인정한 교과용 도서(=검정교과서·인
정교과서)를 사용하여야 한다.」고 되어 있다.

실제 검정교과서는 대통령령 25959호를 근거로 발행된다. 대통령
령 7조에는 검정교과서를 최초 사용하기 1년 6개월 전에 1. 검정할
교과용 도서의 종류, 2. 신청자의 자격, 3. 신청기간, 4. 검정기준,
5. 편찬상의 유의점 등을 교육부 장관이 공고하게 되어 있다. 그리고
8조에는 검정신청방법, 9조에는 검정방법이 실려 있고, 10조에 합격
선정은 교육부 장관이 한다고 되어 있다.

실제 교육부 장관이 검정교과서를 제작하기 위해서는 우선 교육부
와 학계 전문가들이 모여 사회과 교육과정을 만들고, 이 중에 역사교
육과정을 포함시키며, 교육과정만으로 충분함에도 불구하고 역사를

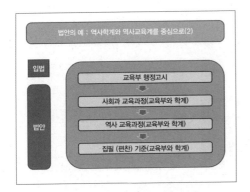

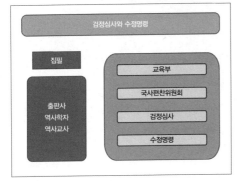

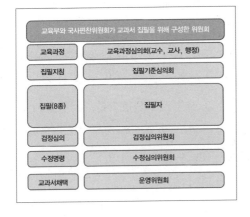

비롯한 몇몇 과목에는 별도로 집필기준을 추가로 제시하면, 교육부가 제시한 교육과정과 집필기준을 수용하여 역사교과서를 만들기를 원하는 역사학자, 역사교사가 출판사와 함께 검정교과서를 제작한다.

이렇게 역사학자와 역사교사, 출판사가 힘을 모아 제작한 역사교과서는 교육부와 국사편찬위원회가 구성한 위원회에서 교육과정과 집필기준을 맞추었는지에 대한 검정심사를 받고, 그래도 부족한 부분은 수정명령을 내려 교육부가 정한 최대한의 요구를 수용한 상태에서만 검정교과서로 인정받을 수 있다.

2015년과 2016년에 사용한 8종의 중학 역사와 고등 한국사 검정 역사교과서는, 이 법의 절차에 따라 교육부 장관이 제시한 교육과정과 집필기준(=편찬기준),[3] 교육과정과 집필기준에 맞춘 출판사, 역사교사, 역사교수가 함께 한 교과서 집필, 검정 담당기관인 국사편찬위원회에의 심사본 제출과 검정심사, 수정보완권고서를 충실히 이수하여 만들어진 교과서이다. 그러므로 8종 검정교과서는 집필자, 발행자, 교육부, 삼자가 만든 공저 교과서라고 할 수 있다. 더욱이 2008년 검정 공고부터는 집필자들은, "교과용 도서의 원활한 발

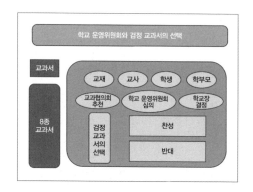

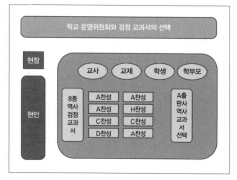

행·공급과 교육 부조리 방지를 위한 교육부 장관의 지시사항을 성실히 이행한다."는 각서를 제출해야만 하였고, 여기에 더하여 2010년부터는 수정지시를 따르겠다는 각서를 제출해야 했으므로, 수정보완권고서는 권고가 아니라 교육부의 강제 수정, 직권 수정 권한을 발동한 수정명령이라 해도 과언이 아니다.[4]

학교운영위원회는 초·중등교육법 31조 1항에 따라, 「학교 운영의

---

3 검정교과서에서는 '집필기준'이라고 불렀고, 국정교과서에서는 국가가 책임지고 편찬한다는 의미에서 '편찬기준'으로 부른다고 한다.

4 이 정도의 검정이라면 현행 검정교과서는 정부의 권한 70%에 학계와 교육계의 권한 30% 정도의 준 국정이라 해도 과언이 아니겠다.

자율성을 높이고, 지역의 실정과 특성에 맞는 다양하고도 창의적인 교육을 할 수 있도록 구성된 기구」이다. 학교 운영위원회의 위원이 될 자격은 교원대표와 학부모 대표, 지역사회 인사이고(31조 2항), 위원 수는 학교 규모에 따라 5명 이상 15명 이내로 하되, 세부 숫자는 대통령령으로 정하게 되어 있다(31조 2항). 개별 학교에서 교육부의 검정 심사를 통과한 8종의 역사교과서 가운데 어떤 교과서를 선택할 것인지 결정하는 기구가 바로 이 학교 운영위원회이다.

해당 학교의 학생들이 사용하게 될 역사교과서는, 사회과 교과협의회 소속 교사들이 8종의 검정 역사교과서 가운데 단수 혹은 복수로 학교운영위원회에 추천하면, 운영위원회 위원들의 찬성과 반대 의견을 바탕으로 심의를 진행한 다음, 이 심의결과를 받아들여 최종적으로 학교운영위원회의 의장으로서 학교장이 결정하게 된다.

황교안 총리가 제시한 것처럼 전국에 2,300개 고등학교가 있고, 학교 운영위원이 평균 10명이라고 치고, 학교별 교과협의회 교사를 평균 3명으로 잡으면, 고등학교 한국사를 선택하는 데 6,900(3×2,300)명의 사회과 교사들이 추천하고, 23,000(10×2,300)명의 운영위원들이 참가하여, 말하자면 전국 고등학교에서만 총 29,900명의 학교 최고 인력들이 8종의 검정교과서 가운데 1권 혹은 2권의 검정교과서를 선택하여 학교 현장에서 사용하고 있는 것이다.

중학 역사까지 염두에 두면, 거의 6만여 명의 학교 최고 인력들이 검정교과서를 채택하여, 자신들의 제자이자 자녀들에게 가르치고 있는 것이다. 2015년과 2016년 검정교과서로 공부한 학생들만 매년 중학생 45만명, 고등학생 45만명만 잡아도 90만명이고, 2년이면 180만명이다. 이들의 부모 역시 360만명에 달한다. 학교운영위원들은 학생과 학부모, 교사, 지역인사 등 수백만 명을 대신하여 학생들이 공부할 검정교과서를 선택한 것이다.

그러면 국무총리와 교육부 장관이 "지금 여러 종류의 역사교과서가 있지만 대부분이 편향된 이념에 따라 서술되어 있고, 특정 교과서를 채택한 학교들이 각종 외부 압력으로 결정을 철회하도록 강요받는 등 올바른 역사교육이 이뤄지지 않고 있다."고 단정한 것은 어떤 의미일까?

전국 각지의 학교 현장을 상상해 보면, 국무총리와 교육부 장관이, 자신들의 자녀이자 제자들인, 그리고 지역인재에 아주 관심이 많은 6만여 명의 사회과 교사, 교원대표, 학부모 대표, 지역인사, 심지어 학교운영위원회의 위원장으로서 학교운영위원회가 심의한 검정교과서를 최종 선택한 5천여 명의 교장선생님들마저 외부세력의 압력으로 자신들의 결정을 강요받는 사람들로 간주하는 것이 된다. 있어서는 안 되는 일을 감행한 것이다.

과연 국민들의 권력을 위임받은 데 불과한 대통령, 그러한 대통령이 임명한 국무총리, 교육부 장관, 국사편찬위원장이 법률이 정한 학교운영위원회의 활동을 두고, 특정 단체 교사 소속 교사들의 실력 저지로 '무릎을 꿇었다'고 비난하고, 정부가 밀고 있는 교학사 교과서를 3개 학교만 선택한 것을 놓고 '자율적 선택권을 행사하지 못한 무능과 비겁'이라고 질타할 수 있을까?

국민에게 권한을 위임받은 대통령이 임명한 정부의 총리가, 자신의 주권자인 교사들과 학부모들과 지역인사, 학생들의 인격을 매도하는, 방자하기 짝이 없는 이런 무례를 저질러서는 안 된다. 총리가 직접 99.9%에 해당한다고 했던 6만여 명의 학교 현장 전문가이자 전문가를 넘는 교육자인 사회과 교사, 교원대표, 학부모대표, 지역인사, 교장 선생님 등 학교운영위원들이 편향성 있는 교과서를 선택하여 다양성을 상실하게 만든 주범이라고 매도하고, '강요나 당하는' 이런 운영위원 때문에 대통령이 주관하는 국무회의에서 검정교과서를 국정교과서로 바꾸기로 결정했다는 총리와 장관의 주장을 듣고 누가 수긍하고 공감할 수 있을 것인가?

자신들의 정책을 집행하는 과정에서 무의식적으로 저지른 일이라고 변명해도 비난을 모면할 길은 없다. 어쩌면 21세기 대한민국 공무원들이, 식민치하의 친일관료나 독재치하의 영혼 없는 공무원처럼 교육 현장을 무시하고, 학계를 부정하는 그런 상명하복적 관행이 남아있어, 교과서 선택이라는 현안에 대한 학교 현장의 민주적 의사결정과정까지 일방적으로 무시해 버리는 것이 아닌가하는 우려를 떨칠 수가 없다.

"다양성은 사라지고 편향성만 남은 역사교과서, 학교의 자율적 선택권은 사실상 원천적으로 배제되고 있는 현행 검정발행제도는 실패했다는 것이 정부의 판단"이라는 어이없는 총리와 장관의 주장은 스스로의 편견에 사로잡힌 아집일 뿐이다. 헌법과 법률에 따라 정부가 간여한 교육과정, 집필기준, 검정기준, 강제 수정을 통해 정부의 간섭과 통제를 극대화했음에도 불구하고 검정제가 문제라는 것은 검정교과서 발행에 내포되어 있는 헌법적 가치, 법률적 가치를 부정하겠다는 것에 다름이 아니다. 반민주적이고 반사회적이라는 매도는 오히려 총리와 장관이 감당해야 할 몫이다.

2. 검정심사·수정명령과 내용의 편향성

2015년 11월 3일 황교안 국무총리는 기왕의 8종 검정교과서가 편향되었다고 주장한 바 있다.

　정부가 사실 왜곡과 편향성이 있는 교과서 내용을 올바르게 고칠 것을 요구해도 상당수 역사교과서 집필진은 이를 거부하고 오히려 정부를 상대로 소송을 남발하고 있습니다. 교육부는 8종의 교과서를 대상으로 사실왜곡, 편향적 서술내용 등 829건을 수정하도록 권고했지만, 그 중 41건은 끝까지 수정하지 않아 결국 수정명령까지 했습니다. 그런데 6종 교과서의 집필진들은 수정명령을 받은 것 중 33건에 대해선 여전히 자신들의 주장이 옳다고 수정을 거부하며, 법정으로 끌고 갔습니다. (2015년 11월 3일 황교안 총리의 국정화의 필요성 가운데 하나)

　문제는 총리가 기왕의 8종 검정교과서가 편향되었다고 주장하는 근거이다. 그러나 이 근거를 알아보기 전에 먼저, 정부가 나서서 검정교과서가 편향되었다고 주장해서는 안 되는 이유를 먼저 정리해 보자.

　앞에서 거론한 바와 같이 대통령령 25959호의 7조, 8조, 9조, 10조를 토대로 검정교과서를 발행하기 위해 2011년의 경우 교육과학기술부(장관 : 이주호)와 국사편찬위원회(위원장 : 이태진)가 다음과 같은 위원회를 구성한 바 있다. 먼저 20명을 위원으로 구성된 역사교육과정 개발 추진위원회(위원장 : 이배용)와 24명의 위원으로 구성된 역사교육과정 개발 정책연구위원회, 그리고 각각 20명에 가까운 위원들로 구성된 중학역사 집필기준개발 공동연구진과 고등학교 역사교과서 집필기준개발 공동연구진이 그것이다.

　검정 역사교과서의 집필절차가 ⓐ 교육과학기술부에서 교육과정

총론을 고시한 후, ⓑ 교육과학기술부 장관은 자문기구인 역사교육과정 개발 추진위원회를 구성하여 자문을 받고, ⓒ 국사편찬위원회에서는 역사교육과정 개발 정책연구위원회를 구성한 다음, ⓓ 역사교육과정을 마련하여, ⓔ 자문기구의 자문을 받은 교육과학기술부 장관이 교육과정 각론을 고시한 후, 다시 ⓕ 국사편찬위원회에서 역사집필기준위원회를 구성하여 ⓖ 역사교과서 집필기준을 발표한 후 ⓗ 출판사와 집필자가 교육과정과 집필기준에 맞추어 교과서를 집필하여 심사 의뢰를 하면, ⓘ 교육과학기술부가 검정기준에 맞추어 검정교과서를 심사하여 채택하는 절차를 밟는다.

당시 역사교육과정 마련과 역사집필기준 마련에 교육과학기술부 장관이 후술할 내용과 같이 직권으로 개입하거나 자문위원회의 부적절한 자문으로 말미암아 역사학계와 역사교육계에 많은 문제점을 던졌음에도 불구하고, 기왕의 검정교과서를 어느 정도 평가하는 것은 그래도 내용의 오류와 시각의 편향성을 최소화할 정도의 역사학계와 역사교육계 전문 인력이 여러 단계의 위원으로, 집필자로 검정교과서 제작에 참여하고 있기 때문이다.

그러므로 2011년 이주호 장관이 민주주의를 자유민주주의로 직권 수정할 당시나 2011년 11월 7일 집필기준을 발표하면서 '한반도 유일한 합법정부'를 집필기준에 넣었을 때에도, 역사교육과정 개발 정책연구위원회와 역사집필기준위원회의 여러 위원들이 학문적이고 교육적이지 않다고 재수정을 요구할 정도로, 자정력을 갖추고 있었다. 이렇듯 2009개정교육과정에 따른 교과교육과정(교육과학기술부 고시 제2011-361호)과 중학교 역사교과서 집필기준 역시, 문제가 없지는 않았으나 교학사 교과서를 제외한 45명의 7종 검정교과서 집필진들이 오랜 집필 경험을 바탕으로 교육과정과 집필기준, 검정기준을 잘 고려하여 집필하였으니, 이들 교과서에 편향성 문제가 있다면 그것은 아마 검정심사를 진행한 교육부(=교육과학기술부)의 책임이 더 막중하다고 할 수 있겠다.

그러므로 국무총리로서 황교안 총리가 7종 검정교과서가 편향되었다고 주장하려면, 국무위원이자 교과서 발행을 주관한 교육부와 교육부 장관에게 얼마나 책임이 있는지부터 먼저 고백했어야 했다. 총리와 교육부 장관이 충분히 검토하여 현행 교과서에는 학문적으로나 교육적으로 이러저러한 문제가 있는데, 이런 문제가 생기지 않도록 조치를 했어야 할 교육부가 이러저러한 이유로 못했다고 먼저 반성했어야 하는 것이다.

이런 정부의 책임을 별도로 하더라도 황교안 총리가 7종 검정교과서의 편향성이라고 주장하는 논거는 그다지 역사학적이지도 않고, 역사 교육적이지도 않다. 너무나 비전문적이어서 일국의 총리가 역사교과서 발행체제를 바꾸는 그런 중차대한 정책집행의 배경을 그 정도의 미숙한 근거와 내용으로 발표해야 할 정도로 주변에 역사 전문가가 없었을까하는 생각마저 든다.

우리는 1948년 8월 15일 대한민국의 탄생을 전 세계에 알렸습니다. UN도 대한민국이 한반도의 유일한 합법정부임을 승인하였습니다. 이러한 명백한 사실에 대해 대한민국은 '정부 수립'으로, 북한은 '조선 민주주의 인민 공화국' 수립으로 기술된 역사교과서가 있습니다. 46명의 대한민국 장병의 목숨을 앗아간 북한의 천안함 폭침도발은 우리가 결코 잊어서는 안 되는 아픈 역사입니다. 그러나 일부에선 북한의 이런 만행을 미국의 소행으로 왜곡하거나 암초에 부딪혀 좌초된 우발적 사고인 양 허위 주장을 하고 있습니다. 이러한 왜곡된 주장을 인정이라도 하듯 다수 아이들이 배우는 어떤 교과서에는 북한의 천안함 폭침 도발 사실이 빠져 있습니다.(2015년 11월 3일 황교안 총리의 국정화의 필요성 가운데 하나)

대표적인 것이 황교안 총리가 역사 국정화의 필요성으로 제시한 위의 두 주장이다. 기왕에 검정교과서 집필자들에게 교육과학기술부가 제시한 「2009년 개정 교육과정에 따른 교과 교육과정 적용을 위한 고등학교 한국사 교과서 집필기준」에서, "광복은 연합국의 노력만으로 이루어진 타율적인 것이 아니라 우리 민족의 끊임없는 독립운동의 결과임을 유의한다. 대한민국 정부는 유엔으로부터 한반도의 유일한 합법 정부로 승인받은 사실에 유의한다."고 되어 있는 부분이고, "북한의 도발 등으로 남북 간의 갈등이 반복되었으나, 통일을 위한 남북한 당국 간의 평화체제 구축 협상과 민간 부문의 교류·협력 노력이 꾸준히 진행되었음에 유의한다."고 되어 있는 부분이다.

국정교과서를 발간하면서, 교육부가 작성한 「2015 개정교육과정에 따른 역사과 교과용 도서 편찬기준(안)」에서 전자는 해당 부분 편찬 방향에서 "유엔의 결의에 따른 5·10총선거를 통해 대한민국이 수립되고, 유엔으로부터 한반도의 유일한 합법정부로 승인받은 사실을 서술한다."로 되어 있고, 후자는 편찬유의점으로 "북한의 3대 세습체제를 비판하고, 핵 문제 등 최근 북한의 동향의 심각성에 대해 서술하며, 천안함 피격사건, 연평도 포격도발사건 등 북한의 군사도발과 그에 따른 피해상을 서술한다."고 되어 있다.

집필기준에서는 「정부 수립」으로 되어 있는 부분이 편찬기준에서는 「대한민국 수립」으로 되어 있고, 집필기준에서는 「남·북간의 갈등이 반복되었으나 평화체제 구축 노력이 중요하다」고 하여 평화에 방점이 찍혀 있으나 편찬기준에서는 「북한체제 비판과 군사도발 서술이 중요하다」고 하여 오히려 대결에 방점을 찍고 있다.

그러면 황교안 총리와 정부의 이러한 주장은 어디서부터 시작한 주장이었을까? 여러 자료를 찾아보니 황교안 총리의 주장은, 2011년 국방부(장관 : 김관진)가 교육과학기술부에 협조를 요청한 「한국사 교과서 집필기준 개정에 대한 제안서」의 내용과 일치한다.

당시 국방부는 현 고등학교 한국사 교과서의 현대사 기술 내용이 젊은이들의 안보의식을 약화시키는 주된 요인이 되고 있는데, 대표적인 것이 ⓐ 대한민국과 북한 모두에 정부 수립이라는 동일한 표현을 사용함으로써 대한민국의 건국의 의미는 축소시키고, 김일성 정권은 합법적인 절차에 의해 수립된 대한민국 정부와 동격으로 취급하고 있고, ⓑ 북한은 6·25전쟁 이후 청와대 습격(1968), KAL기 폭파(1987), 천안함 기습공격·연평도 포격도발(2010) 등 지속적인 도발을 자행하여 대한민국의 안보를 위협해 왔다는 사실을 역사교과서에 기술하지 않았기 때문이라는 것이다. 이 주장이 고스란히 전달되어 황교안 총리의 있지도 않은 검정교과서 편향성 공격에 사용되었다.

2011년 7월 27일 전국경제인연합회에서도 당시 교육과학기술부에 교과서 집필기준 개정에 관한 건의서를 내어 ⓐ 건국 후 대한민국의 경제발전 과정이 위대한 성취였음과 ⓑ 공정한 대기업의 공과功過 기술과 ⓒ 기업인들이 한국경제 발전에 기여한 부분을 서술해 달라고 하였는데, 2016년 공개한 검토용 고등학교 한국사 267쪽에서 한국의 대표적인 기업인으로 유일한, 이병철, 정주영을 제시함으로써 전경련의 건의도 충실하게 수용하고 있다.

국방부의 건의나 전경련의 건의가 역사교과서에 수록되려면, 관련 사건과 인물에 관한 정말 많은 관련 자료들이 제시되어 역사학자들의 논문 작업을 통해 해당 자료의 사료화가 진행되어야 하고, 하나의 단어가 역사적 용어로 정착하기 위해서도 또 다시 수없이 많은 역사학자들의 논문 작업을 거쳐야 한다. 역사를 보는 시각 역시, 역사학계 내의 무수히 많은 논문 작업을 거치고, 역사 교육계의 수많은 검증을 거쳐야 역사교과서에 실릴 수 있는 그런 시각이 되는 것이다. 사료비판을 통해 자료를 사료로 만들고, 관련 자료의 연구를 통해 소수설과 다수설이 학계에 제시되고, 학계 통설이 교육적으로 수용되어 교과서에 실리는 것이 보통의 과정이다.

가령 이병철, 정주영 같은 이를 대기업 경영인이라고 쓰지 않고, 재벌이라고 쓰고 부르는 것이 일반적인데, 그 이유를 역사적으로 어떻게 설명해야 하는가는 쉽지 않다. 긍정적이건 부정적이건 이제 한국 현대사의 역사적 인물과 역사적 사건에 대한 서술은 이미 세계 현대사의 일환으로 이해되고 설명되어야 하는데, 해당 재벌에서 나온 홍보성 자료만으로 평가할 수 없기 때문이다. 홍보자료를 넘어 약점이건 강점이건 기업의 실체를 보다 정확하게 판단할 수 있는 자료들이 역사학계에 제시되어야 했다.

상황이 이러한데도 대통령, 국무총리, 장관이라고 해서 학문적, 교육적 검토 없이 대한민국 미래를 좌우할 미래세대의 역사 교과서를 임의로 바꾸는 것은 문화선진국을 지향하는 대한민국 정부가 해서는 안 될 일이었다. 역사학계의 역사학자들과, 교육현장의 역사교사, 학생들을 배제시키고 정부만의 역사교과서 국정화는 세계적으로 비난받아 마땅한 사건이었다. 이러한 국정화가 2011년 장관이 직권으로 민주주의를 자유민주주의로 바꾼 사건과 맞닿아 있다는 점에서 이제 더 이상 이런 사건이 반복되지 않기를 기대한다.

II. 2011 역사 교육과정 및 집필기준 수정사건

1. 교육과정 및 집필기준 수정의 경위

중·고등학교의 검정 역사교과서는 교육과학기술부와 국사편찬위원회가 주관하고 위임받아 마련한 교육과정과 집필기준, 검정기준과 검정 절차를 거쳐 발행된 후, 개별 학교의 선정·채택 과정을 거쳐, 학생과 교사들이 배우고 가르치게 된다. 교사와 학생은 역사교과서를 통해 역사학적 고급사고력을, 사회과 교과서를 통해 사회과학적 고급사고력을 가르치고 배운다. 그러므로 미래세대의 역사학적 고급사고력 형성의 핵심이 되는 역사교과서의 편찬과 수정은 역사학자들과 역사교사들의 철저한 학문 성과와 세밀한 교육경험에 근거해야한다.

그런데 이명박 정부의 교육과학기술부 장관들은 재임기간동안 정권의 이념적 지향에 따라 역사교과서의 미래를 좌지우지해 왔다. 2008년에는 기왕의 역사교과서를 일방적으로 비난하거나 강제 수정하고, 2011년에는 역사교육과정과 집필기준을 임의 수정함으로써, 정권이 교과서에 간여하는 나쁜 선례를 만들었다.

가령 김도연 장관(2008. 2. 29~2008. 8. 5)은 2008년 5월 14일 "현재 교과서 좌편향 표현 검토해 고칠 것"이며, 7월 1일 "편향된 역사교육에 따라 청소년들이 반미, 반시장적 성향을 보이고 있다."고 주장해 논란이 일으켰고,[5] 같은 해 10월 7일 대한민국 정통성 훼손 교과서를

---

[5] 중앙일보, 「"현재 교과서 좌편향 표현 검토해 고칠 것"–김도연교과부 장관 밝혀」(2008. 5. 16) ; 뉴시스, 「김도연 장관 "편향된 역사교육 청소년 반미·반시장적 성향 보여"」(2008. 7. 1).

반드시 고치겠다던 안병만 장관(2008. 8. 6~2010. 8. 30)은,[6] 7차 교육과 정에 따라 2001년 12월 한국교육과정평가원에 검정신청을 하여, 합법 적으로 검정기준을 통과한 금성출판사 발행 고등학교 한국 근·현대 사 교과서(이하 금성교과서로 약칭함)를 저자의 동의나 승낙 없이 2008 년 12월 20일 일방적으로 강제 수정하였다.

이주호 장관(2010. 8. 31~2013. 3. 10)은 전문 역사학자들이 2011년 3월 15일에 시작하여 7월 15일에 작성 완료한 2011 역사교육과정과 2011년 8월 23일에 시작하여 10월 17일 공청회를 가진 중학역사 집필기준을 임의 수정하였고, 교육과정을 재고시할 수 없다고 억지 부리면서 12월 30일 고등학교 한국사 집필기준 발표에서도 문제점을 수정하지 않았다. 2008년 10월 8일 이명박 대통령이 재향군인회 회장단 간담회에서 직접 '교과서 잘못된 것은 정상으로 가야한다.'고 하였으니,[7] 역사교과서 개악은 당시에도 정권적 차원의 과제로 삼았 다고 평가할 수 있겠다.

2. 금성교과서 강제 수정 전말[8]

금성교과서는 저자들이 7차 교육과정(교육부고시 1997-15, 1997. 12. 30)

---

6 조선일보, 「"대한민국 정통성 훼손 교과서 반드시 고친다."-안병만 장관의 소신」(2008. 10. 7).
7 『동아일보』, 「李대통령 "친북좌파 이념갈등 시도 시대착오"」(2008. 10. 8).
8 이 내용은 저작인격권 침해정지에 대한 서울지방법원 제11민사부 판결(2009. 9. 2), 서울고등법원 제4민사부 판결(2010. 8. 25), 수정명령 취소에 대한 서울행정 법원 제5부 판결(2010. 9. 2), 서울고등법원 제1행정부 판결(2011. 8. 16)을 중심으로 정리하였다.

에 따라 2001년 3월 24일 금성출판사와 출판계약을 맺은 후, 2001년 6월 교과부가 마련한 고등학교 2종도서 검정기준에 맞춘 저술을 완료하여 2001년 12월 8일 한국교육과정평가원에 교과서 검정신청을 하였고, 2002년 7월 30일 고등학교 2, 3학년 교과부로부터 검정 합격을 받아, 2003년 3월 1일 초판이 발행된 이래 매년 수정을 거쳐 2007년 3월 1일 제5판이 발행된 역사교과서였다.

그런데 2008년 6월 교과서포럼과 대한상공회의소, 통일부, 국방부 등이 기왕의 역사교과서가 '친북 좌편향'이라고 주장하면서 교과부에 금성교과서에 관한 253개 항목의 수정 요구 사항을 제출하면서부터 역사교과서 개악 사건이 시작되었다. 이에 교육과학기술부는 국사편찬위원회(위원장 : 정옥자)에 그 검토를 요청하였고, 국사편찬위원회는 2008년 7월 21일 국사편찬위원회 소속 연구자를 중심으로 한 '한국사교과서심의소위원회', 이어 8월 1일 학계 중진학자들로 '한국사교과서심의회'를 구성하여 검토를 한 후, 10월 15일 교과부에 보고하였다. 당시 국사편찬위원회에서 검토한 사항은 253개 항목의 개별 적부適否가 아니라 일반적인 지침(개관 12개항, 단원별 서술방향 37개항)이었다.

국사편찬위원회의 검토 결과보고와는 별도로, 교육과학기술부는 2008년 10월 10일부터 26일까지 보름 여간 12명의 역사전공 경력교사, 교수, 연구원 출신의 '역사교과전문가협의회'(이하 협의회)를 구성하여 253개 항목 수정요구안을 별도 검토 의뢰하였고, 협의회는 이 가운데, ① 헌법정신에 입각한 대한민국의 정통성 저해 여부, ② 고등학생 학습 수준 적합성 여부를 기준으로, 55항목의 수정권고안을 마련하였다.[9] 이를 근거로 교육과학기술부는 10월 30일 사단법인 한국검정교과서를 통해 금성출판사를 포함한 6종의 고등학교 근현대사 교과서 발행사에게 협의회가 마련한 55개 항목에 대한 수정을 권고하였다. 그런데 금성교과서 저자들이 일부 항목만 수정하려고 하자, 교과부는 11월 26일 금성교과서 저자가 아닌 출판사에 수정을 명하여 11월 28일까지 보고하도록 하였다.[10]

이에 금성출판사는 교육과학기술부의 수정지시에 따라 수정·보완 대조표를 만들어 12월 3일 교육과학기술부에 제출하는 한편, 12월 9일 금성교과서 대표저자에게 대조표를 발송하여, 12월 12일까지 수정 가능성 여부에 대해 서면 답변을 요구하였으나, 12월 9일 당일 대표저자는 금성출판사에 저자 동의 없는 수정을 하지 말아달라고 전하였다. 그러나 금성출판사는 저자 동의 없이 수정을 감행하여 교육과학기술부에 수정·보완 내역을 제출하여 12월 20일 승인을 받은 후, 수정 금성교과서를 사단법인 한국검정교과서를 통해 배포 하였다.

이에 금성교과서 저자들은 ① 서울지방법원에 금성출판사와 한국 검정교과서를 상대로 교육과학기술부 지시에 따라 수정된 금성교과 서의 발행·판매 및 배포 중지를 비롯한 저작인격권 침해 정지에 대한 민사 소송(2009. 1. 29)을 하는 한편, ② 서울행정법원에 교육과학 기술부를 상대로 교육과학기술부가 금성출판사에 지시한 임의 수정 명령을 취소해 달라는 행정 소송(2009. 2. 24)을 제기하였다.

저작인격권 침해 정지에 대한 2009년 9월 2일 민사소송 1심은 저자들이 승소하였다. 당시 재판부가, 저작재산권과 달리 양도·인수

---

9 당시 12명의 협의회 위원들은 이 기간 동안 2박3일의 집중 작업, 2회를 하였다고 한다.

10 수정 지시사항에 대해 몇몇 문제점이 생기자 후속조치를 내림과 동시에, 절차적 합법성을 위하여 12월 1일 역사교과전문가협의회의 자문을 거치는 형식을 밟았다.

가 불가능한 저작인격권의 핵심 권리인 검정교과서의 동일성유지권을[11] 법령상, 출판계약상 제한할 수 있는지를 검토한 결과였다. 가령 교육과학기술부 장관의 교과용 도서 내용 수정 권한(초중등교육법 29조 2항의 위임에 따른 교과용 도서에 관한 규정 26조 1항)은 검정합격의 취소나 발행 정지에 대한 권리이지 동일성유지권의 제한 규정이 아니며, 저자들과 금성출판사가 맺은 출판계약서 6항의[12] (가)는 저자들의 협조의무를, (나)는 저자들과 교육과학기술부 쌍방의 요구가 충족되었을 경우 수정할 수 있는 출판사의 의무이므로, 교육과학기술부 만의 요구를 근거로 수정할 수 없다는 것이었다.

2010년 8월 25일 저작인격권 민사소송 2심에서는 저자들이 패소하였다. 2심 재판부의 판결문에는 동일성유지권 개념을 배제한 채 교과용 도서에 관한 규정 제38조 제1호 규정[13]만이 거론되어 있고, 출판계약 6항에 대한 분석도 1심과 달리 저자의 요구 권한은 배제한 채, 교육부의 지시에 따라 본 교과서 및 지도서의 내용을 소정 기일 안에 수정·개편하여야 한다는 조항만 채택되어 있다. 그 결과 2심에서 저작인격권의 핵심사항인 동일성유지권과, 출판계약서에서 저자

---

11 저작자는 그의 저작물의 내용·형식 및 제호의 동일성을 유지할 권리를 가지므로 (저작권법 제13조 제1항), 저작자의 허락 없이는 저작물의 내용을 수정·변경할 수 없다.

12 "(가) 갑(저자)은 교육부로부터 본 교과서 및 지도서에 대한 수정·개편 지시가 있을 때에는 소정 기일 안에 수정·개편 작업을 완료할 수 있도록 수정·개편을 위한 원고(原稿) 및 자료를 을(출판사)에게 인도하여야 하며, (나) 을(출판사)은 갑(저자)의 요구와 교육부의 지시에 따라 본 교과서 및 지도서의 내용을 소정 기일 안에 수정·개편하여야 한다(제6항)."

13 교육과학기술부 장관은 검정도서가 저작자 또는 발행자가 이 규정 또는 이 규정에 의한 명령을 위반하였을 때에는 그 검정의 합격을 취소하거나 1년의 범위 안에서 그 발행을 중지시킬 수 있고 당해 교과용도서의 저작자에게 발행권 설정의 변경을 명할 수 있다.

들의 요구를 배제한 것은 3심에서 주요하게 다루어져야 할 핵심 쟁점 사항이 되었다.

2010년 9월 2일 교육과학기술부 장관의 수정명령에 대한 행정소송의 경우, 1심에서는 저자들이 승소하였다. 교과용 도서에 관한 규정 2조 8호의 수정 조항에 따르면, 수정은 "교육과정의 부분개정이나 그 밖의 사유로 인하여 교과용도서의 문구·문장·통계·삽화 등을 교정·증감·변경하는 것으로 개편의 범위에 이르지 아니한 것"을 의미하고, 같은 규정 2조 7호의 개편은, "교육과정의 전면개정 또는 부분개정이나 그 밖의 사유로 인하여 교과용 도서의 총 쪽수의 2분의 1을 넘는 내용을 변경하는 것"이며, 검정은 "교과용으로 새로이 집필된 도서가 교과용 도서로서 적합한지의 여부를 총체적으로 최초 심사하는 것"이다.

그런데 1심 재판부는 교육과학기술부 장관의 수정 근거가[14] 교육과학기술부의 검정기준에 따른 판단,[15] 즉 교과서로서의 적합성을 따지는 문제로서 '새로운 검정'에 해당하므로, 검정절차를 거치지 않은 장관의 '수정명령'은 적법하지 않다는 것이었다. 요컨대 1심 재판부는 교육과학기술부 장관의 수정 지시를 통상적인 수정이 아니라, 새로운 검정에 준하는 것으로 판단하였다.

2011년 8월 16일 수정명령 2심 재판에서는 저자들이 패소하였다. 2심 재판부는 교과서 검정의 심사사항이 원칙적으로 오기·오식 기타

---

14 ⓐ 학생들이 이해하기 어렵다. ⓑ 학습자가 오해할 소지가 있다. ⓒ 학생들이 선입견을 갖게 될 우려가 있다. ⓓ 대한민국 건국의 정통성을 강조하여 서술하는 것이 바람직하다 등.
15 ⓐ 교과서가 학생 수준에 적절한 내용을 선정하였는지, ⓑ 편향적인 시각, 표현을 담고 있지는 않은지, ⓒ 대한민국의 국가체제를 부정하거나 비장하는 것이 아닌지 등.

객관적으로 명백한 잘못, 제본 기타 기술적 사항에 그쳐야 하는 것은 아니며, 검정 행위의 특성상 보다 넓은 재량이 교육과학기술부에 있으므로, 이해하기 어려운 용어를 쉽게 고치도록 한 것 등의 수정지시는 수정으로 인해 당초 서술된 내용에 본질적인 훼손이나 변경이 있다고 보기 어렵다고 판단하였다. 2심 재판부는 2001년 8일부터 2002년 7월 30일까지 교육과학기술부가 시행한 검정 과정이 있었음에도 불구하고, 교육과학기술부의 어떠한 수정지시라도 검정 절차의 일환으로 판단한 것인데, 이러한 판단은 1심 재판부 판단과는 차이가 있다. 당시 교육과학기술부 장관의 수정지시가 수정인지, 검정인지의 판결은 이제 3심에서 다루어야 할 핵심 쟁점이 되었다.

김도연·안병만 교육과학기술부 장관의 수정 지시는 물론이고 수정 지시의 계기 역시 정치적, 이념적이었다. 당시 역사교과서의 수정을 요청한 단체는, 역사학계나 역사교육계가 아니라, 일부 사회과학자들이 중심이 된 교과서 포럼이나 대한상공회의소, 통일부, 국방부 등의 비역사학 단체이다. 이렇게 역사학적 전문성이 검증되지 않은 단체와 정부기관이 역사교과서에 영향력을 행사하려는 시도는 있을 수 없다.

가령 전쟁을 염두에 두지 않을 수 없는 국방부와, 전쟁을 배제하려는 통일부가 동일한 목소리를 낼 수 없음은 당연한 것이고, 재벌을 옹호하려는 전국경제인연합회와 재벌을 경계하려는 경제관련 시민단체들의 목소리가 다를 것임은 불문가지이다. 역사교과서 내용은 역사학자의 전문 연구와 역사교사의 전문 교육경험에 입각하여 오랜 숙고 끝에 내용을 선별하여 수록하였다. 학문적, 교육적이라는 것이다. 이 점을 인정하지 않는 단체의 억지는, 정치적, 이념적이라고 간주하지 않을 수 없으므로, 이명박 정부 교육과학기술부 장관들의 권한 남용은 역사에 기록해 두어야 마땅한 사항이었다.

3. 2011 역사교육과정과 집필기준 임의 수정 전말

이주호 장관의 「역사교육과정 개발 추진위원회」 구성 국가 수준의 교육과
정은 초·중·고 학교급별 교육목표, 교과 편제 및 시간 배당, 교과
간, 교과 내의 상관성 등을 규정해 놓은 것으로서, 고시 권한은[16]
교육과학기술부 장관에 위임되어 있다. 이에 반해 집필기준은 모든
과목에 있는 것은 아니다. 교육과정과 교과서 편찬상의 유의점이
있음에도 불구하고 교육과학기술부가 국어, 도덕, 경제, 역사 과목에
만 특별히 집필기준을 둔 이유에 대해, 편향성이 우려되는 4개 교과목
에 대해 관점의 균형성과 내용·표현상의 정확성을 기하기 위한 것이
었다고 하였다.[17] 국정교과서와 달리 검정교과서 시대에는 교육과정
과 교과서편찬상의 유의점, 그리고 검정기준만 있으면 충분한데도
불구하고, 별도의 집필기준을 마련하여 검정교과서 저자들이 고려할
수밖에 없는 또 다른 '검열기준'을 하나 더 만든 꼴이었다.
 2011 역사교육과정과 집필기준 개발 권한을 가지고 있는 이주호
장관은,[18] 역사교육과정, 집필기준을 위임한 국사편찬위원회(위원

----

16 초중등교육법 23조 2항.
17 교육과학기술부, 2011, 「2009 개정 교육과정에 따른 교과 교육과정 적용을
 위한 교과용도서(국어·도덕·역사·경제) 집필기준 확정·발표」(2011. 11. 8. 보도
 자료). 이 자료에 따르면 2011년 7월 20일 기본계획을 수립하고, 해당 교과의
 전문기관 또는 단체를 지정하여 집필기준 개발을 추진해 왔다고 하였다.
18 이주호 장관은 차관 시절인 2009년 12월 23일 2009 개정(역사 폐지, 한국사
 과목 신설)을, 2010년 5월 6일 이성무 검정위원장 주도의 검정 결과 발표,
 2010년 5월 13일 2010 개정을 주도한 바 있다. 검정위원장을 맡았던 이성무

장 : 이태진)와 별도로[19] 2011년 2월 15일 장관 자문기구로서, 다른 과목에는 없고, 선례도 없는 역사교육과정 개발추진위원회(위원장 : 이배용)를 구성하였다. 전문 역사학자들의 역사교육과정과 중학역사 집필기준, 고등학교 한국사 집필기준안을 시작부터 마무리까지 정치적으로 통제하겠다는 의도였겠다.

〈표 1〉 역사교육과정 추진위원회의 역할

이렇게 구성한 역사교육과정 개발추진위원회(위원장 : 이배용)의 문제점은 하나둘이 아니었다. 관련 규정에 의하면, 역사교육과정

전 국편 위원장은 2005년 1월 25일 발족한 교과서포럼의 고문이었으며(조선일보, 2005. 1. 25), 2008년 10월 8일 "지금 근현대사 교과서는 좌평향 되었다. 고쳐야 한다."고 하였다.(『중앙일보』, 2008. 10.8).

19 이태진 국편 위원장은 2009년 2월 25일 조선일보와의 인터뷰에서 "금성출판사 근·현대사 교과서의 현대사 서술은 교과서의 선을 넘었다."며 "문구 수정은 별 의미가 없고 대한민국 역사교과서를 다시 써야 한다."고 말했다. 이에 더해 이 교수는 "정부의 교과서 수정 요구에 대해 일부 역사관련 학회가 성명서를 냈던 것은 결과적으로 좌편향 교과서를 두둔한 것으로 학계에 대한 국민 신뢰를 떨어뜨렸다."며 "역사학계가 교과서 좌편향을 지적하지 않은 것은 책임회피"라고 했다고 한다.(『조선일보』, 2009. 2. 25).

개발추진위원회의 역할과 기능은, "역사 교육과정 개정의 방향 설정, 교육과정 개발에 대한 검토 및 자문"이라고 하였는데, 이러한 역할과 기능은 장관이 위임한 국사편찬위원회의 고유 권한이었다. 그럼에도 불구하고 이주호 장관은, 자문기구와 위임기관이 동일한 역할과 가능을 갖게 한 것이었다. 당연히 국사편찬위원회와 역사교육과정 개발추진위원회(위원장 : 이배용)는 교육과정 개발 방향과 내용 설정에 있어서 충돌하거나 협력할 수밖에 없는 운명이었다. 세 위원장 역시 자문위원회의 추진위원이면서, 위임기관의 연구위원이었으니, 동료 연구위원들의 연구 성과를 대표할 것인지, 추진위원으로서의 역할에 충실할 것인지 고민하지 않을 수 없도록 만든 기구 편성이었다.

이주호 장관의 역사교육과정 개발추진위원회 위원장 인선도 문제였다. 장관이 위촉한 이배용 위원장은 이명박 정부의 각료급 인사인 국가브랜드위원회 위원장이었다. 국가브랜드위원회는 정부의 장관급 위원회로서, 당연직 위원이 기획재정부 장관, 교육과학기술부 장관, 외교통상부 장관, 법무부 장관, 행정안전부 장관, 문화체육관광부 장관, 지식경제부 장관, 국토해양부 장관, 국무총리실 실장, 방송통신위원회 위원장, 서울특별시장, 대통령실 정책기획관(이상 12인)이다. 이주호 장관이 위원으로 있는 국가브랜드위원회의 장관급 위원장을 자문위원회 위원장으로 겸임시킨 것이었다. 어쩌면 이 정부가 역사교과서 개정을 국가브랜드, 정확하게는 정부브랜드 제고 수준의 한 수단으로 간주한 것일 수 있겠다.

실제 이주호 장관은 전문 역사학자들이 넉 달에 걸쳐 마련한 역사교육과정 최종안과, 57일 동안 검토한 중학역사 집필기준 최종안을 학술용역으로 간주해 버리고 임의로 수정함으로써, 9월 20일 역사교육과정 개발정책연구위원회 위원장을 비롯한 여러 연구 위원이 사퇴하고,[20] 11월 8일 중학역사 집필기준 공동연구진 위원장이 사퇴할 수밖에 없는 상황을 만들어 버렸다.[21] 정치적 필요성에 따라 역사교육과정 개발추진위원회(위원장 : 이배용)를 만들면서 생길 수밖에 없는 당연한 결과이기도 하였다.

역사교육과정 임의수정 사건　역사교육과정 개발은 2011년 3월 15일 24명의 위원으로 구성된 역사교육과정 개발정책연구위원회(이하 정책위)의 소관 임무였다. 정책위원들은 여러 차례 회의를 거쳐 시안을 마련한 다음, 6월 30일 공청회를 가졌다. 공청회가 끝난 7월 4일 한국현대사학회에서 서면 건의를 올리고,[22] 7월 13일 현대사학회 회장이 국사편찬위원회를 방문하여 재차 구두 건의를 하였으나, 정책위에서 채택하지 않았다.

"대한민국은 헌법 제4조에 명시된 대로 자유·민주적 질서를 지향하고 있는 자유주의 국가인데도 불구하고, 종전의 교과서들에서는 민족주의와 민중주의에 함몰되어 자유주의적인 가치가 뚜렷하게 드러나지 않았던 경향이 있었음을 참작해야 한다."는 현대사학회 건의안 주장 자체가 너무 추상적이어서 역사 교육과정 시안 수정 근거로 보기 어려웠기 때문이었겠다.

이에 정책위는 7월 15일 국사편찬위원회에 최종안을 보고하여 교과부에 제출하였다. 그리고 이 최종안이 7월 19일 있었던 사회과

20　『한국일보』(2011. 9. 20).

21　『한겨레신문』(2011. 11. 9).

22　한국현대사학회, 2011. 7. 4, 「2011 역사교육과정 개정안에 대한 '한국현대사학회'의 건의안」『한현2011-0609-2(2011.06.09)』.

교육과정 심의회에서도 수정 없이 통과되었다.[23] 당연히 교과부 장관의 최종 고시에 최종안대로 들어가야 했다. 그런데 이주호 장관은 8월 9일 사회과교육과정 고시(제2011-361호) 초중고 역사교과서의 현대사 영역에서[24] 국사편찬위원회 최종안의 '민주주의'를 '자유민주주의'로 임의 수정해 버렸다.

장관의 임의수정에 대해 8월 16일 역사교육과정 개발정책연구위원회 위원장을 비롯한 연구위원 24명 가운데 21명이 「역사 교육과정의 자유민주주의는 민주주의로 되돌아가야 한다」는 성명서를 내자,[25] 교육과학기술부 교육과정 담당자는 7월 19일에 열린 사회과교육과정 심의회에서 자유민주주의로 하자는 의견이 나와 국사편찬위원회에 의뢰하니, 국사편찬위원회에서도 좋겠다는 의견을 전달해 고시에 반영했다고 하였고, 국사편찬위원회 담당자는 교과부에서 국사편찬위원회의 공식 입장을 물어 오길래, 내부적으로 심도 깊은 논의를 거쳐 바람직하다는 의견을 냈다고 한다.[26]

더욱 끔찍한 것은, 국사편찬위원회 담당자의 "정책위는 용역을 맡아 보고서를 낸 것으로 활동이 끝났으므로, 국사편찬위원회에서 용역의 결과를 100% 수용할 의무가 없다."는 언급이었다. 그런데 사회과 교육과정 심의회 위원 가운데 한 사람인 한국학중앙연구원 정모 교수의 증언에 따르면,[27] 심의회 당일 수정 건의 사실 자체가

---

23 교육과정심의회 규정(대통령령 제22234호).

24 교육과학기술부 고시 제2011-361호.

25 역사교육과정 개발정책연구위원회, 2011. 8. 16, 「역사 교육과정의 자유민주주의는 민주주의로 되돌아가야 한다(성명서)」.

26 『국민일보』(2011. 8. 25).

27 교과부의 해명에 따르면, 7월 19일 사회과 교육과정 심의회에서 한 심의위원이 "제헌헌법 등 중요 건국과정에서 좌파 중심인물 배제, 중도파 등 객관적 내용이 들어가야 합니다. 또한 대한민국의 건국이 UN을 통한 합법성을 인정받은

없었다고 하였다. 수정계기에 대한 교과부의 해명은 거짓이었던 셈이었다.

그러면 어떤 과정을 거쳤을까? 이를 추정하기 위해 중요한 자료가 7월 28일 국사편찬위원회가 작성한 「역사교육과정 개안(안) 수정 요구에 대한 검토의견」과,[28] 수정 요구를 했다는 7월 26일 '5인 회의'이다. '5인 회의'는 이배용 역사교육과정 개발추진위원회 위원장이 겸직하고 있던 국가브랜드위원회 회의실에서 역사교육과정 개발추진위원회 부위원장, 한국현대사학회 회장, 현대사학회 교과서위원장, 국사편찬위원회의 편사부장, 담당 연구관이 모여[29] 수정 요구를 하고, 다수의 수정 요구를 정리했다는 회의이다.[30] 사실, 역사교육과정과 관련하여 한국현대사학회가 수정을 건의할 수도 있고, 장관의 위임기관인 국사편찬위원회에서 수정요구에 대한 검토도 할 수 있다.[31] 문제는 그 회의의 소집 주체이다.

이태진 국사편찬위원회 위원장은 공식적으로 수정 책임은 본인에게 있다고 하였다. 그런데 이 경우 이해할 수 없는 것은 7월 13일 현대사학회 회장이 구두 건의를 하기 위해 국사편찬위원회를 방문했을 당시 이태진 위원장과 역사교육과정 개발정책연구위원회 위원장이 함께 만났고, 7월 15일 국사편찬위원회에서 교과부에 최종안

<hr />

국가이며, 대한민국의 민주주의가 반공자유의 수호를 위한 자유민주주의였다는 부분 등이 분명히 기술되어야 합니다. 북한의 인권, 대남 도발 행위 등이 기술되어야 합니다."라고 건의하였다고 하였다.

28 국사편찬위원회, 2011. 7. 28, 「역사교육과정 개안(안) 수정 요구에 대한 검토의견」.
29 『한겨레신문』(2011. 9. 23).
30 당일 이배용 위원장은 안동 출장 중이었다고 한다.
31 한국현대사학회 이외에 전경련, 국방부, 통일교원에서도 수정 건의를 하였으나, 건의 시점은 모두 고시 발표 이후이다.

제출할 때 수정을 하지 않았다는 것이다. 자신이 위촉한 정책위의 연구 결과를 존중한 것이다.

한편 한국현대사학회 교과서위원장이 이주호 장관에게 메일로 수정 민원을 올린 시점은 7월 25일이다. 교과부 담당자도 확인해 준 날짜이다. 형식적으로는 7월 25일 교과부 담당자가 민원을 처리하기 위해, 국사편찬위원회에 문의하자 이태진 위원장이 다음날 곧바로 회의를 소집해 회의를 하게 되었다는 것이다. 믿기 어려운 민원처리 과정이었다.

이 회의에 대해 한국현대사학회 교과서위원장은 "이미 국사편찬위원장께서 아마 국사편찬위원회 내부 회의 결과 '자유민주주의'로 수정할 의사를 결정하고, 그것을 사신私信의 형태로 저(현대사학회)에게 통보하는 만남에 불과했다."고 설명하였고, 국사편찬위원회 편사부장은 "현대사학회 회장이 너무 두꺼운 수정안을 제시하여, 17개 사안으로 수정한 회의였다."고 하였다. 이를 보면 5인회의의 '형식적' 소집은 이태진 위원장이 하였음이 분명하다.

이주호 장관은 이런 과정을 거쳐 정책위 최종안을 수정하였다. 위임기관인 국사편찬위원회의 최종안과 법적 절차인 사회과 교육과정 심의회가 끝난 후라도, 민원이 들어오면 졸속 처리하여 수정할 수 있다는 것이다. 초·중등교육법 23조 2항이 위임한 장관의 교육과정 고시 권한을 이주호 장관은 이렇게 남용하였다. 이후 계속 현안이 된 중학역사와, 고등학교 한국사 집필기준의 '민주주의' '자유민주주의' 현안은 이렇게 발생한 것이었다.

중학역사 집필기준 임의수정 사건 2011년 8월 23일 시작한 집필기준 공동연구진 위원회의 활동도 시작부터 덜미를 잡힐 수 있게 되어 있었다. 집필기준 위원회의 집필기준 개발 계획에 따르면, "㉮ 역사교과서 집필기준 개발은 역사 교육과정의 개발을 담당한 국사편찬위원회에서 주관하되, 역사교육과정 개발추진위원회와 협력하여 추진함 ㉯ 집필기준 개발진에는 역사교육과정 개발추진위원회에서 추천한 자 등이 참여하도록 함 ㉰ 집필기준 시안 개발 후 역사교육과정 개발추진위원회의 검토 결과를 적극적으로 반영하고 공청회 등을 거쳐 확정할 예정임 등"이 들어 있었다. 위임기관인 국사편찬위원회와 집필위의 연구 성과를 자문기구인 역사교육과정 개발추진위원회, 더 나아가 자문기구의 실질적 위원장인 장관이 좌지우지할 수 있다는 조항들이다.

2011년 11월 8일 교과부가 발표한 보도 자료에 따르면,[32] 중학역사 집필기준 공동연구진이 시안을 마련하여 10월 17일 공청회를 하고, 10월 19일 회의를 거쳐 수정하여 국사편찬위원회에 제출한 집필위 초안을, 다시 국사편찬위원회에서 검토, 수정한 초안을 10월 24일 교과부에 제출하자, 10월 26일 역사교육과정 개발추진위원회(위원장 : 이배용)에 회부하여 검토하고, 교과용도서운영심의회를 거친 다음, 11월 3일 역사관련 관계단체 간담회,[33] 11월 4일 헌법학자 간담회,[34] 11월 7일 이태진 국사편찬위원회 위원장과의 전화통화를 거쳐 11월 8일 확정, 발표하게 되었다는 것이다. 11월 1일 간담회 초청 수락 당시 많은 사람들이 의심했던 대로 요식절차에 끝났고,

---

32 주) 13 자료.

33 11월 1일 이주호 장관의 요청에 따라, 한국근현대사학회 회장, 역사교육연구회 회장, 한국사연구회 총무이사, 한국역사연구회 회장 등이 참석하였다. 『경향신문』(2011. 11. 3).

34 김철수 한국헌법연구소 이사장, 최대권 한동대 석좌교수, 김효전 동아대 명예교수 등이 참석하였다. 『연합뉴스』(2011. 11. 4).

그 결과 역사학자들의 전문성을 인정받지 못했다고 판단한 중학역사 집필기준 공동연구진 위원장이 사퇴하였다.

전문적 훼손의 대표적인 사례는, 집필위가 국사편찬위원회에 제출한 최종안을, 역사교육과정 개발추진위원회(위원장 : 이배용)가 국사편찬위원회 심의 과정에 개입하여 국사편찬위원회로 하여금 '독재정권에 의해 자유민주주의가 시련을 겪기도'를 '자유민주주의가 장기집권 의지에 따른 독재화로 시련을 겪기도'로 수정하여 역사교육과정 개발추진위원회에 올리도록 한 것이었다. 민주주의를 자유민주주의로 축소시킨 것도 부족해, 독재정권의 역사적 성격마저 왜곡하고, 20세기 한국사가 성취한 민주주의 확보의 역사를 축소시키려는 것으로, 역사교육과정 고시에서 민주주의를 자유민주주의로 임의 수정한 것에 이어, 독재와 민주화 운동과의 관계를 왜곡한 것이었다.

다른 한 사례는 1948년 12월 12일 유엔총회 결의안 195(III) 한국의 독립문제에 대한 해석 문제였다. 중학역사 집필기준 공청회 시안에서는 '(3) 대한민국의 발전'에서 "대한민국이 유엔으로부터 한반도의 유일한 합법정부로 승인받은 사실에 유의"할 것을 제시하였는데, 공청회 당일 임종명 교수는 사실 관계의 오류임을 지적하였다. 이에 10월 19일 집필위에서는 오류 수정을 수용하여 '한반도의 유일한 합법정부'를 '유일한 합법정부'로 수정하여 국사편찬위원회에 보고하였고, 국사편찬위원회에서도 수정 없이 교과부에 보고하였으나, 교과부가 회부한 10월 26일 역사교육과정 개발추진위원회(위원장 : 이배용) 회의에서 다시 살려 '한반도의 유일한 합법정부'와 '유일한 합법정부'를 소수안, 다수안으로 교과부에 보고하였고, 이주호 장관은 역사학적 고려 없이 '한반도의 유일한 합법정부'를 내용으로 하는 중학역사 집필기준을 11월 8일 발표하였다.

이상과 같은 역할 분담을 통해 이주호 장관은 이태진 국사편찬위원회 위원장, 이배용 역사교육과정 개발추진위원회 위원장과 함께 역사교과서를 정부의 정치적, 이념적 통제 하에 편찬하겠다는 의도를 관철시켰다. 정부의 이념적 성향과 지지 세력의 요구에 따라 미래세대의 역사학적 고급사고력조차 통제하겠다는 조치였다. 독재정권도 시도하지 못한 무모한 것으로 재고시하지 않으면 안 되는 권한 남용이었다.

4. 2011 역사교육과정과 집필기준의 세 가지 현안

민주주의와 자유민주주의 이주호 장관이 민주주의를 자유민주주의로 임의 수정하였을 때, 수정 절차에 문제는 있지만 자유민주주의도 괜찮지 않느냐는 생각을 하는 시민들도 많았다. 오히려 역사학계가 자유민주주의 용어 사용을 반대하는 것에 의아해 하기도 하였다.

역사학계에서 민주주의라는 용어 사용을 주장하는 첫 번째 이유는 그것이 헌법정신이기 때문이었다. 역사교육과정 고시 권한은 초중등교육법 23조 2항의 위임사항이고, 초중등교육법의 상위 법령이 헌법이다. 헌법에는 민주주의와 자유·민주적 기본질서라는 용어만 나오고, 자유민주주의는 나오지 않는다. 혹자는 헌법 전문의 자유·민주적 기본질서(the basic free and democratic order)가 자유민주주의(liberal democracy)라고 주장하기도 한다. 그러나 양자는 같은 용어가 아니다.

자유·민주적 기본질서라는 용어가 세계사에 등장한 것은 나치즘을 경험한 1949년 독일연방공화국 기본법부터이다. 민주적인 절차에 의해 선발된 나치정권이 독재화하자, 이에 대한 반성으로 인간의 존엄성으로서의 자유(freedom)을 강조하기 위해 만들어진 용어였다.

우리나라에서도 4월 혁명 헌법 본문부터 사용되기 시작하였다.[35] 그렇기 때문에 법제처에서는 1987년 헌법 제4조 "대한민국은 통일을 지향하며, 자유·민주적 기본질서에 입각한 평화적 통일 정책을 수립하고 이를 추진한다." 조항의 자유·민주적 기본질서를 자유와 민주주의의 여러 원칙(the principles of freedom and democracy)으로 번역해 놓았다.

이와는 달리 자유민주주의(liberal democracy)는 우리나라에서 특정 정당의 정강으로 사용되기 시작하였다. 1961년 12월 7일 기자회견에서 박정희 '쿠데타정부'가 「자유민주주의를 신봉한다.」고 선언하고, 1963년 2월 26일 제정된 공화당 강령 1조에서, 「민족적 주체성을 확립하며, 자유민주주의적 정치체제의 확립을 기한다.」는 데에서 사용하기 시작한 용어이다.

1950년대 양대 정당인 자유당과 민주당의 정강 1조는 「진정한 민주주의 정치체제의 확립(자유당)」, 「일체의 독재주의를 배격하고, 민주주의의 발전을 기한다(민주당).」로만 되어 있었다. 사실 특정 정당이 '자유민주주의 체제'를 정강으로 채택하고, 정당 정책의 기조로 삼는 것은 충분히 장려할 만한 일이다. 그런데 역사교과서를 통해 한국현대사를 배울 미래세대가 특정정당의 지지 세력일 것으로 간주해 버리는 것은, 교육적이 아니라 정치적이다.

'38도선 이남의 유일 합법정부론'과 '한반도의 유일한 합법정부'론 제헌헌법 4조에는 대한민국 영토 조항이 있다. 대한민국 영토는 한반도와

---

35 이하 내용은 이인재, 2011, 「역사교과서」 『주먹밥』 34 ; 이인재, 2011, 「역대 대한민국 헌법의 민주주의와 자유민주적 기본질서」 『역사와 현실』 82.

그 부속도서로 한다는 것이다. 1948년 당시 헌법 제정자들이 대한민국 영토를 단정 수립 지역에 한정할 수는 없었을 것이다. 그러므로 이 조항은 일제에게 국토를 유린당한 1919년 대한민국 임시정부 임시헌장 10조 "임시정부는 국토 회복 후 만 1개월 내에 국회를 소집한다."는 조항과 역사적 맥락을 같이 한다. 분단 가능성이 있더라도, 유구한 역사와 전통을 근간으로 하는 한 우리 영토를 제한할 수 없었다. 한국인에게 분단은 열국시대와 삼국시대, 후삼국시대와 같이 일시적인 분단 상태일 뿐이었다.

그러나 국제적으로는 그렇지 않았다. 1991년 9월 17일 남북한은 유엔에 동시 가입하였다. 냉정한 국제사회는 유엔헌장 3조와 4조에 근거하여 남북한 유엔 동시 가입을 결의할 수 있었다. 동서독이 그러했던 것처럼, 남북한은 특수 관계인 것이다. 역사학에서는 이런 경우 희망사항을 서술하지 않고, 정확한 사실 관계를 민족사와 인류사에 기술하여 역사적 교훈으로 삼는다.

> "한국인 중 과반수이상이 거주하고 있고 (유엔) 임시위원회가 감시하고 협의할 수 있는 대한민국의 그 지역에 대해 효과적인 통치와 관할권을 가지는 합법적인 정부가 수립되었으며, 이 정부는 임시위원회의 감독 하에 그 지역에 거주하는 투표권을 가진 주민들의 자유 의지에 대한 합당한 표현인 선거를 기반으로 하며, 이는 이와 같이 유일한 합법적인 정부임을 선언한다." (결의안 195(Ⅲ) 한국의 독립문제)
>
> Declares that there has been established a lawful government(the Government of the Republic of Korea) having effective control and jurisdiction over that part of Korea where the Temporary Commission

was able to observe and consult and in which the great majority of the people of all Korea reside; that this Government is based on elections which was a valid expression of the free will of the electorate of that part of Korea and which were observed by the Temporary Commission; and that this is the only such Government. (195(Ⅲ) The problem of the independence)[36]

"국제연합 한국임시위원단(United Nations Temporary Commission on Korea)이 관찰할 수 있고 협의할 수 있는 한국의 지역에 대하여 실질적 지배권을 가진 합법정부로서 대한민국 정부가 국제연합에 의해 인정되었음을, 그리고 따라서 한국의 다른 지역들에 대한 합법적이고 실질적인 지배권을 가진 것으로 국제연합에 의해 인정된 다른 정부가 없음을 상기하면서(하략下略)."

Recalling that the Government of the Republic of Korea has been recognized by the United Nations as a lawful government having effective control over that part of Korea where the United Nations Temporary Commission on Korea was able to observe and consult and that there is consequently no government that is recognized by the United Nations as having legal and effective control over other parts of Korea(하략下略) 『General Assembly 1951 Report of the United Nations Commission for the Unification and Rehabilitation of Korea(Official Records : Sixth Session, Supplement No. 12(A/1881) New York : United Nations p.13』[37]

---

36 조광 교수가 부탁한 헨리 임 교수의 해서.
37 임종명, 2011, 「개정 고등학교 한국사 교과서의 한국현대사 서술과 민족·국가·대

104

1948년 12월 12일 유엔총회가 결의한 내용도 38도선 이남이라는 것이었고, 1949년 1월 19일 미국의 소리 방송에서도 같은 내용이었으며,[38] 1950년 10월 "UN군이 북한에 진격하기 시작"한 상황 하에서 한국임시위원회(Interim Committee on Korea)는 "북한에서의 민간통치 문제(the problem of civil administration in North Korea)를 심의"하면서 행한 한국 정부의 통치권 행사 범위도 같은 내용이었다.

이러한 자료에 기초하여 일찍이 김일영 교수도 "이승만 정부는 수립 직후 대한민국이 한반도에서 유일한 합법정부임을 천명하고, 그것을 국제적으로 승인받기 위해 노력했다. (중략) 어느 정도 결실을 맺었다. 하지만 그 내용을 면밀히 살펴보면 한국을 '선거감시가 가능했던 지역에서 합법적으로 수립된 정부'로 승인한 것이지 우리 정부에서 말하듯 '한반도 내의 유일한 합법정부'로 승인한 것은 아니었다."고 하였으며,[39] 김명섭 교수도 "둘째, '준準국가'로서의 북한이다. '한반도와 그 부속도서'를 영토로 규정하는 대한민국헌법에 따르면 북한은 국가가 될 수 없다. 그럼에도 불구하고 1991년 한국과 북한은 별개의 회원국으로 유엔에 가입했다. 한국의 헌법과 국제사회의 국제법이 어긋나는 지점이다. 남북한 동시가입은 1948년 유엔이 한국을 승인할 당시, '코리아의 유일 합법정부'라 하지 않고 '코리아에서 유엔 임시위원회의 선거감시가 가능했던 지역에서의 유일 합법정부'라고 한정했던 것에 근거한다. 1950년 6·25 남침에 대한 반격으로 한국군과 유엔군이 평양을 수복했을 때, 북한지역에 대해 유엔이

한민국」 『역사와 교육』 13, 102~103쪽에서 재인용.

38 『*Voice of America Broadcast Master Scripts 1948~1954*』(U.S. Information Agency RG 306). 장영민 교수 제공.

39 김일영, 2010, 『건국과 부국』, 74쪽.

최고행정권을 가졌던 것도 같은 맥락이다. 북한에 급변사태가 발생하더라도 한국에 앞서 중국 혹은 유엔이 개입할 가능성이 큰 것이다." 라고 하였다.[40] 1948년 유엔이 결의한 유일한 합법정부는 유엔 임시위원회가 감시하고 협의할 수 있었던 38도선 이남이라는 것이었다.

독재의 역사와, 민주주의 확보의 역사 배제시도　2007개정 교육과정(교육인적자원부 고시 제2007-79호)에 따른 역사교과서 집필기준에 따르면, Ⅷ. 대한민국의 수립과 발전, 3. 4·19 혁명과 민주주의의 시련에서 다음과 같이 집필할 것을 권유하였다.

> 4·19혁명은 장기집권을 위한 이승만 정부의 정치적 탄압과 부정선거 등에 의해 일어났음을 설명하고, (중략) 이승만 또는 이승만 정부의 역할 서술시 대한민국 정부 수립에 기여한 긍정적인 면과 독재화와 관련한 비판적인 점을 객관적으로 서술한다고 하였고, 박정희를 중심으로 한 군부가 5·16 군사정변을 일으켜 군사정부를 세웠음을 기술하고, 이후 두 차례 헌법 개정을 통하여 1인 장기집권체제가 성립되었음을 다룬다. (중략) 유신체제가 무너진 뒤, 5·18 민주화 운동을 비롯하여 민주주의 체제를 수립하려는 국민의 노력이 있었으나, 전두환 등 신군부가 장악하였다. (중략) 4·19혁명, 5·18 민주화 운동 등을 통하여 대한민국의 민주주의가 발전해 나갔음을 서술한다.

그런데 2011 사회과교육과정 고시(제2011-361호)에 따른 중학역사

40　김명섭, 2011, 「비스마르크의 독일통일에서 배워야 할 것」, 『조선일보』(7. 17).

집필기준 시안(2011. 10. 17 공청회)에서는 4·19혁명에 대한 배경 설명 없이 (3) 대한민국의 발전, ③ 4·19 혁명 이후 현재에 이르기까지 전개된 자유민주주의의 발전, 경제성장, 대중문화의 발달과 국제교류의 확대를 설명하라고 한 다음, 단지 내용 설명에서 '자유민주주의가 시련을 겪기도 하였으나'로 집필하도록 기준을 제시하였다. 그러다 이게 문제가 되자, 10월 19일 집필위가 수정한 '독재정권에 의해 자유민주주의가 시련을 겪기도'로 수정하였으나, 이마저도 20일 국사편찬위원회 위원장이 '자유민주주의가 장기집권 의지에 따른 독재화로 시련을 겪기도'로 수정하여, 11월 8일 교과부에서 발표하였다. 12월 16일 공청회를 가진 고등학교 한국사 집필기준에서도 여전히 '민주화 과정이 장기집권 등에 따른 독재화로 시련을 겪기도 하였으나'를 유지하였으니, 독재의 역사와[41] 민주주의 확보의 역사를[42] 모두 배제하려는 시도는 여전하였다.

III. 국정화 고시·직권 수정과 민주적 의사소통

역사교과서를 둘러싼 역사학계·역사교육계가 이명박 행정부·박근혜 행정부와 교과서 발행체제(국정 vs 검정)를 두고 벌이는 갈등의

---

41 이승만 독재, 5·16군사정변, 박정희 독재, 5·17군사쿠데타, 신군부 독재 등.
42 중학역사 집필기준 발표이후 여론이 악화되자, 이태진 국편위원장은 11월 17일 검정기준 보완 발표에서 5·18 민주화 운동, 6월 민주 항쟁 등이 집필되어야 함을 강조하고, 12월 16일 고등학교 한국사 집필기준에서는 "4·19 혁명 이후 현재에 이르기까지 자유민주적 기본질서의 발전과정을 정치 변동과 4·19혁명, 5·18민주화 운동, 6월 민주항쟁 등 민주화 운동, 헌법상의 체제 변화와 그 특징 등 중요한 흐름을 중심으로 설명하다."는 문장을 삽입하였다.

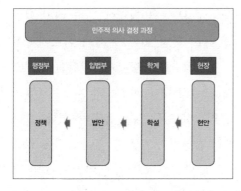

시작은, 정부가 학계와 교육계를 정치적·이념적 반대자로 간주하기 때문이었다. 그러나 학자들과 교육자들은 이제 더 이상 학문과 교육을 정부의 정치 공세의 장으로 만들지 말고, 전문 학자와 전문 교육자에게 맡겨달라고 요청하고 있다.

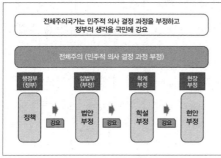

산업현장이건 교육현장이건 현장에 현안(이슈)이 생기면 현안을 둘러싼 다양한 사람들의 의견이 생기기 마련이다. 역사교과서를 둘러싼 학교 현장에서도 교사와 학생, 학부모와 지역인사들의 다양한 의견이 생기는 것은 매우 바람직한 일이다. 현장에서 활동하고 있는 이해당사자들 사이는 서로 의견이 일치할 수도 있고, 이견異見으로 대립할 수도 있다. 일치할 때도 대립할 때도 민주적으로 의사소통을 하기 위해 대부분의 사람들은 자기 주장의 근거를 좀 더 객관화하려고 노력한다. 현장에서 경험이 풍부한 사람들도 스스로 공부하는 이유는 자신의 경험을 좀 더 객관화하여, 주변 사람과의 원활한 의사소통을 하고 싶기 때문이다. 이들이 공부하는 것이 바로 학자의 학설이다.

현장의 현안에 대해 학계의 학자들이 자신들의 학설을 제시한다.

학설이란 현장의 현안에 대해 어느 한 이해 당사자 편에 서기 위하여 만들어낸 논리가 아니라, 현장과 공간적으로 떨어진 다른 지역, 다른 나라에서의 현안 해결법과 비교하거나, 현장과 시간적 거리가 있는 먼 과거, 가까운 과거, 가까운 미래, 먼 미래와 같이 시간이 달라질 때 각각 달라질 수 있는 현안의 의미를, 때로는 넓게, 때로는 깊게 사고하면서 논리를 세우는 것이기 때문에 학설에 입각하면 현장 당사자들이 혹시 빠지기 쉬운 이해관계와 갈등에서 보다 자유로워질 수 있다. 현장 당사자들은 학자들의 다수설에 섰을 때 보다 힘이 있고 논리적일 수도 있지만, 미래에는 다수설이 될 것이라는 믿음에서 현재의 소수설을 선택하고 믿기도 한다.

현장의 현안과 학계의 학설을 기반으로 입법부의 정치인들은 법안을 만든다. 과거와 현재, 미래의 정치인들이 만드는 입법부의 법안은 현장의 새로운 현안이 생길 때나 학계의 새로운 학설이 만들어질 필요성이 생길 때, 보다 많은 사람들이 동의할 수 있는 공감의 출발지나 목적지가 되어야 한다. 이해관계가 다를지라도, 학설이 다를지라도 개인의 양심과 사회적 상식에 비추어 볼 때 모두 지켜야겠다고 생각하는 법안을 한 나라가 준비해 둔다는 것은 그 나라가 민주주의와 법치주의가 잘 실행되고 있는 나라라고 믿을 수 있는 가장 유력한 증거의 하나이겠다.

현장의 현안, 학계의 학설, 입법부의 법안을 기반으로 행정부의 정책이 이루어지는 것이 민주적인 의사 결정과정이고, 민주적인 의사 소통과정이다. 행정부의 정책이 현장의 현안과 동떨어지고, 학계 학설의 기반도 없을 뿐만 아니라 입법부의 법안조차 마련하지 않은 채 진행되는 정부가 전체주의 국가이다. 독재자만이 가지는 우민관愚民觀을 기초로, 현장의 이해 당사자는 프레임을 짜서 권언유

착權言癒着으로 조종할 수 있는 어리석은 백성일 뿐이고, 학자들은 언제라도 정권의 이해에 따라 움직일 수 있게 만들 수 있는 폴리페서(polifessor 정치 참여 교수)일 뿐더러, 그럴 듯한 준법遵法보다는 자신들에게 편리한 탈법脫法을 일상이라 믿고 집행하는 정부의 정책은, 이제 대한민국이 더 이상 가져서는 안 되는 후진적 관행이다.

그런데 역사교과서 국정화라는 행정부의 정책은, 전국 고등학교의 99.9%가 편향된 교과서를 선택하는 현장 전문가 때문에 한다는 국무총리의 아집과, 한국 역사학자들 99.9%가 좌경화되었기 때문이라는 당시 여당 대표의 생각 때문에 시행된 정책이다. 그러므로 행정부의 역사교과서 '국정화' 정책은 결국 ㉠ 현장 전문가(역사교사)의 현안 해결 능력도 무시하고, ㉡ 역사학자들의 세계사와 한국사 연구 능력과 이들이 세운 학설도 무시하며, ㉢ 교과서 관련 법안을 만든 국회의원들과의 심도 깊은 토론도 갖지 않은 상태에서 ㉣ 오로지 장관 고시라는, 말하자면 대통령과 국무총리와 교육부 장관과, 상급자의 명령을 영혼 없이 추종하는 교육부 및 국사편찬위원회의 소수 직원들만을 중심으로 집행한 정책이었다. 21세기 대한민국을 사는 보통의 시민, 교육자, 학자라면 누구라도 참아낼 수 없는 조악한 정책 집행인 것이다. 앞으로의 정부는 현장의 현안, 학계의 학설, 입법부의 법안의 취지와 의미를 숙고한 다음에 정책을 집행하는 그런 민주적인 절차와 민주적인 소통에 익숙한 정부이기를 기대하고 있다. 이제 대한민국은 식민주의적이고 독재적인 그런 후진적인 정책집행을 더 이상 참아낼 국가가 아니고 국민이 아니다.

3장

역대 대한민국 헌법의
민주주의와 자유·민주적 기본질서

Ⅰ. 2011 교육과정 수정 경위와 '자유민주적 기본질서'

2011년 8월 9일 사회과 교육과정 고시(제2011-361호) 초중고 역사교과서의 현대사 영역에서[1] 자유민주주의 용어를 사용하여 사회적 현안이 되었다. 초중등교육법 23조 2항의 위임에 따른 교육과학기술부 사회과 교육과정 고시를 만들기 위해 위촉한 「역사교육과정 개발정책연구위원회」의 최종안(2011. 7. 15)과 「사회과 교육과정 심의회」의 심의안(2011. 7. 19)이 채택한 '민주주의' 용어를 교육과학기술부 장관이 '자유민주주의'로 직권 변경했기 때문이다.[2]

2011 사회과 교육과정에 '자유민주주의'라는 용어 사용을 제안한 학회는 2011년 5월 20일 창립한 한국현대사학회였다.[3] "대한민국의

---

1 교육과학기술부 고시 제2011-361호.
2 국사편찬위원회는 2011년 3월 15일 역사교육과정 개발정책연구위원회를 24명의 위원으로 구성하여, 역사교육과정 시안을 작성하여 6월 30일 공청회를 개최한 후, 7월 15일 최종안을 국사편찬위원회에 제출하고, 국사편찬위원회는 이를 교육과학기술부에 제출하였다. 교육과학기술부는 이 최종안을 7월 19일에 열린 26명 위원으로 구성된 사회과 교육과정 심의회에 회부하였고, 사회과 교육과정 심의회에 참석한 25명 위원은 별다른 수정사항 없이 최종 확정 시켰다. 이 회의로 역사교육과정 마련을 위한 전문가들의 정식 절차는 마무리되었다.

국가적 정체성이 '자유민주주의 체제'라는 사실을 분명하게 명시할 것과, 그 정체성을 구체화하여 가르칠 수 있는 충분한 내용구성이 가능하도록 교육과정의 항목을 보강해 주실 것"을 건의하였는데, 이 학회의 주장을 받아들여, 교육과학기술부 장관이 임의로 용어 변경을 한 것이었다.

사실 이 건의에서의 주장은 학문적, 교육적으로 면밀히 검토해야 할 사항이었다. 우리나라 정당의 역사에서 보면, 현대사학회가 주장하는 자유민주주의는 특정 정당의 정강으로 사용되기 시작하였다. 1961년 12월 7일 기자회견에서 박정희 쿠데타 정부가 「자유민주주의를 신봉한다.」고 선언하고, 1963년 2월 26일 제정된 공화당 강령 1조에서, 「민족적 주체성을 확립하며, 자유민주주의적 정치체제의 확립을 기한다.」는 데에서 사용하기 시작한 용어인 것이다.

1950년대 양대 정당인 자유당과 민주당의 정강 1조는 「진정한 민주주의 정치체제의 확립(자유당)」, 「일체의 독재주의를 배격하고, 민주주의의 발전을 기한다(민주당).」로만 되어 있었다. 사실 특정 정당이 '자유민주주의 체제'를 정강으로 채택하고, 정당 정책의 기조로 삼는 것은 충분히 장려할 만한 일이다. 그런데 특정 정당의 강령인 '자유민주주의'를 핵심어로 하여 역사교과서 현대사 단원을 편찬토록 한 것은 문제의 소지가 있다. 교육적 용어가 아니라 독재시대에서나 있음직한 정치적 강요이기 때문이다.

역대 교육과정 사회과의 '민주주의'는 1946년 9월 1일 미군정청 편수국에서 제정한 국민학교 교수요목 둘째, 사회생활과의 교수방침부터 사용해 왔다.[4] 즉 "우리나라에 적의한 민주주의적 생활방법에

---

3 한국현대사학회, 2011. 7. 4, 「2011 역사교육과정 개정안에 대한 '한국현대사학회'의 건의안」 『한현2011-0609-2(2011.06.09)』.

관한 지식을 함양함"이 들어간 이후, 그 내용이 "1. 민주주의란 무엇인가? 2. 민주주의란 자유를 뜻한다 하는데, 그 내용은 어떠한 것인가? 3. 민주주의란 스스로 다스림을 뜻한다 하는데 그 내용은 어떠한가? 4. 민주주의란 의무를 다함을 뜻한다 하는데 그 내용은 어떠한가? 5. 민주주의란 의견이 다름을 뜻한다 하는데, 그 내용은 어떠한가? 6. 민주주의란 모든 사람에게 같은 기회를 준다는데 그 내용은 어떠한가? 7. 민주주의란 인내를 뜻한다 하는데 그 내용은 어떠한가? 8. 민주주의적인 인격을 가진 사람은 어떤 사람일까? 9. 민주적인 학교나 가정은 어떠한 것일까? 10. 민주 국가란 어떠한 것일까? 11. 우리는 민주주의에 발전에 어떻게 노력해야 할 것인가?"였다. 이렇듯 역대 교육과정에서 자유와 평등 등의 개념은 민주주의의 내포 개념이었다. 그러므로 2011 역사교육과정에서 자유민주주의를 핵심어로 하려면, 이에 대한 새로운 용어 규정이 필요하였다.

더구나 학문적으로 매우 위험하다고 판단한 것은, "대한민국은 헌법 제4조에 명시된 대로 자유·민주적 질서를 지향하고 있는 자유주의 국가인데도 불구하고, 종전의 교과서들에서는 민족주의와 민중주의에 함몰되어 자유주의적인 가치가 뚜렷하게 드러나지 않았던 경향이 있었음을 참작해야 한다."고 주장하면서,[5] 역대 역사교과서 집필자들을 매도하고, 이를 위해 헌법 조문을 자의적으로 해석한 점이었다. 헌법 조문의 '자유·민주적 기본질서'를 '자유·민주적 질서'로 오기한 것도 문제였지만, 역대 헌법에서 자유·민주적 기본질서라는 용어를 채택한 배경에 대한 이해는 찾아볼 수 없었다.

---

4 문교부령 44호(1955. 8. 1 공포) 국민학교 교육과정. 二. 국민학교 사회생활과 내용 제6학년 五. 민주주의.
5 한국현대사학회, 2011. 7. 4, 「앞글」.

그러므로 이번 장은 역대 대한민국 헌법의 '민주주의'와 '자유민주적 기본질서'가 어떠한 역사적 맥락에서 사용되었는지를 규명하기 위해서 작성하였다. 교육과정 고시의 상위 법령인 초중등교육법, 특히 헌법 정신의 내용이 무엇인지를 파악하는 것이, 2011 역사교육과정 재고시의 시작일 것이다. 기왕의 고시가 역사적 사실, 헌법 정신, 교육적 측면을 충분히 고려하지 못했다는 아쉬움은 여전하다.

II. 대한민국 헌법 전문前文의 '민주주의'와 '자유·민주적 기본질서'

대한민국 헌법은 1948년 7월 17일 제정, 공포된 이후 일부개정 5회,[6] 전문개정 4회[7] 등 모두 10차례 제정과 일부 개정, 전면개정이 있었다. 일부개정은 당연히 전문에 대한 개정이 없었고, 전문全文 개정은 전문前文 개정이 동반되었다. 헌법별 전문前文의 주요 특징은 다음과 같다.[8]

---

6 ① 1952.7.7 헌법 제2호, ② 1954.11.29 헌법 제3호, ③ 1960.6.15 헌법 제4호. ④ 1960.11.29 헌법 제5호, ⑤ 1969.10.21 헌법 제7호.

7 ① 1962.12.26 헌법 제6호, ② 1972.12.27 헌법 제8호 ③ 1980.10.27 헌법 제9호, ④ 1987.10.29 헌법 제10호.

8 강경선은, 칼 뢰벤스타인이 독창적 헌법과 모방적 헌법을 구별하고, 많은 국가의 헌법 전문(前文)에 공통적으로 독창성이 나타는 바와 같이, 우리나라 헌법 전문(前文)도 독창적 헌법이라고 하였다. 강경선, 2011, 「헌법 전문을 통해 본 대한민국의 과거와 미래」『역사비평』 가을호.

1. 임시헌장과 제헌헌법의 민주주의

1919년 임시헌장 대한민국 헌법의 시작은 1919년 4월 11일 제정한 대한민국 임시정부 헌법이었다. 제헌헌법으로 수립된 제헌국회와 제헌정부는, 스스로를 재건국회, 재건정부로 자부했고, 건립국회, 건립정부는 대한민국 임시의정원, 임시정부라고 천명하였다.[9] 대한민국 임시정부 헌법의 전문前文 해당 글을 보면, "하늘과 사람이 하나 되고 중앙과 지방이 힘을 합쳐 서울에서 3·1운동을 일으킨 지 30여일 만에 평화적 독립을, 300여 고을에 광복하고 국민의 신임으로 완전히 다시 조직한 임시정부는 항구 완전한 자주독립의 복리로 우리 자손 백성에 대대로 전달하기 위하여 임시의정원의 결의로 임시헌장을 선포한다."고 하였다.[10] 국민의 신임으로 조직된 임시정부가, 임시의 정원의 결의로 대한민국 건립헌법인 임시헌장을 만들었는데, 헌법정신은 평화독립과 자주독립이라는 것이었다.

임시헌장 3조부터 6조까지는 대한민국 국민의 권리와 의무에 대해 설명하였다. 대한민국 국민, 즉 대한민국의 인민은 「남녀, 귀천과 빈부의 계급이 없이 일체 평등하고(3조)」, 「종교의 자유, 언론의 자유, 저작의 자유, 출판의 자유, 결사의 자유, 집회의 자유, 신서信書의 자유, 주소 이전의 자유, 신체의 자유, 소유의 자유를 향유하며(4조)」, 「공민 자격이 있는 자는 선거권과 피선거권을 가지고(5조)」, 「교육, 납세, 병역의 의무가 있다(6조)」고 하였다. 하늘로부터 부여 받은

---

9 "기미 삼일운동으로 대한민국을 **건립**하여 세계에 선포한 위대한 독립정신을 계승하여 이제 민주독립국가를 **재건함**에 있어서."

10 "神人一致로 中外協應하야 漢城에 起義한지 三十有日에 平和的 獨立을 三百餘州에 光復하고 國民의 信任으로 完全히 다시 組織한 臨時政府는 恒久完全한 自主獨立의 福利로 我子孫黎民에 世傳키 위하여 臨時議政院의 決議로 臨時憲章을 宣布하노라."

대한민국 모든 국민 기본권, 즉 평등과 자유가 임시헌장의 기초였던 것이다. 국민의 권리와 의무는 국민기본권의 행사에 다름 아니었다.

대의정치와 법치주의에 대해, 대한민국「임시정부는 임시의정원의 결의에 의하여 대한민국을 통치한다(제2조)」고 하였으며, 「대한민국은 민주공화제(1조)」라고 하여 전근대 왕조국가시대의 군주주권을 부정함으로써, 대한민국 임시정부는 명실상부한 국민주권국가임을 세계만방에 알림과 동시에 주권국가로서「인류 문화와 평화에 공헌하기 위하여 국제연맹에 가입(7조)」할 것을 천명하였다. 그리고 대한민국 임시정부 건립헌법에서 가장 가슴 아픈, 「임시정부는 국토 회복 후 만 1개월 안에 국회를 소집한다(10조)」는 조항이 있다.[11]

이렇게 임시정부의 임시헌장은, 자유와 평등을 핵심으로 한 국민의 권리와 의무를 바탕으로 하여, 대의정치와 법치주의에 입각한 민주공화국을 수립하여, 자주독립을 하되 평화적으로 하고, 인류 문화와 평화에 공헌하겠다는 것을 헌법정신으로 내세운 것이었다. 제국帝國(대한제국)의 종말을 겪은 지 근 10년 만에 민국民國(대한민국)을 수립하여, 이러한 현대 헌법의 대강大綱을 세운 것은 세계 인류 역사에서도 특기할 만한 경이로운 일이었다.

1948년 제헌헌법 제헌헌법으로 수립한 제헌국회와 제헌정부는 재건국회, 재건정부였다. 전문前文 앞부분에 "기미 삼일운동으로 대한민국을 건립하여"라는 구절을 채택한 바와 같이, 대한민국 건립이 3·1

---

11 "제3조 大韓民國의 人民은 男女 貴賤 及 貧富의 階級이 無하고 一切 平等임, 제4조 大韓民國의 人民은 信敎 言論 著作 出版 結社 集會 信書 住所 移轉 身體 及 所有의 自由를 享有함, 제5조 大韓民國의 人民으로 公民 資格이 有한 者는 選擧權 及 被選擧權이 有함, 제6조 大韓民國의 人民은 敎育 納稅 及 兵役의 義務가 有함."

운동과 임시정부의 건립이었음을 재차 확인하여 대한민국 임시정부의 역사성을 분명히 하였다. 당연히 대한민국 헌법 제정과 개정의 주체는 대한 국민이었다.[12] 이 점은 1948년 제정 당시부터 1987년 10차 개정까지 변함이 없다. 1948년 제헌헌법에서 국민이라는 용어가 선택된 것은, 1919년 헌법의 '국민의 신임'에 근거한 것이었다.

1919년 헌법에서의 "평화적 독립을 (국내) 삼백여 고을(삼백여주三百餘州)에 광복光復하고"를 1948년 헌법에서는 "(대한민국 건립을) 세계에 선포한 위대한 독립정신을 계승하여"라고 하였으니, 재건 사유는 분명하였다. 다만 1919년 건립정부의 국정운영 방향이 자주독립이었던 것에 반하여 1948년 재건정부의 국정운영 지향점은 민주독립이었다. 대한민국 임시정부 헌법에서 국내 삼백여 고을에 광복한다고 했을 때의 광복이, 자주와 민주의 광복으로 계승해야 한다고 판단하였기 때문이었겠다.

이 경우 민주독립의 내용은 1) 정의 인도와 동포애로써 민족의 단결을 공고히 하며, 2) 모든 사회적 폐습을 타파하고, 민주주의를 구현하기 위한 여러 제도를 수립하여 정치, 경제, 사회, 문화의 모든 영역에 있어서 각인의 기회를 균등히 하고 능력을 최고도로 발휘케 하며 각인의 책임과 의무를 완수케 하겠다는 것이었다. 이렇게 자주

---

12 [제정 1948.7.17 헌법 제1호] 전문 : 유구한 역사와 전통에 빛나는 우리들 대한국민은 1) 기미 삼일운동으로 대한민국을 건립하여 2) 세계에 선포한 위대한 독립정신을 계승하여 이제 민주독립국가를 재건함에 있어서 3) 정의인도와 동포애로써 민족의 단결을 공고히 하며 4) 모든 사회적 폐습을 타파하고 5) 민주주의 제제도를 수립하여 정치, 경제, 사회, 문화의 모든 영역에 있어서 각인의 기회를 균등히 하고 능력을 최고도로 발휘케 하며 6) 각인의 책임과 의무를 완수케 하여 7) 안으로는 국민생활의 균등한 향상을 기하고 8) 밖으로는 항구적인 국제평화의 유지에 노력하여 9) 우리들과 우리들의 자손의 안전과 자유와 행복을 영원히 확보할 것을 결의하고 10) 우리들의 정당 또 자유로히 선거된 대표로서 구성된 국회에서 11) 단기 4281년 7월 12일 이 헌법을 제정한다.

독립, 민주독립이 되어야만 (가) 안으로는 국민생활의 균등한 향상을 기하고 (나) 밖으로는 항구적인 국제평화의 유지에 노력하여 (다) 우리들과 우리들의 자손의 안전과 자유와 행복을 영원히 확보할 것이라 믿었던 것이다.

이러한 헌법 정신 계승에 따라, 제헌헌법 제1장 1조는, 대한민국 임시정부의 임시헌장 제1조와 같이, 대한민국은 민주공화국이라고 천명하였으며, 제2장 국민의 권리의무에는, 임시헌장 3조에서 6조까지의 기본 조항을 그대로 반영하였다. 가령 1919년 대한민국 임시헌장의 자유 조항은 1948년 제헌헌법 이후 1987년 헌법까지 소유의 자유를 제외한 여타 자유 조항은 일관되게 수용되었다. 1948년 제헌헌법 5조에서는 "대한민국은 정치, 경제, 사회, 문화의 모든 영역에 있어서 각인의 자유, 평등과 창의를 존중하고 보장하며 공공복리의 향상을 위하여 이를 보호하고 조정하는 의무를 진다."고 하였으며, 이러한 임시헌장의 종교, 언론, 저작, 출판, 결사, 집회, 신서信書, 주소 이전의 자유는 역대 헌법 본문에 면면히 계승되어 있다.[13]

다만 1919년 헌법에서의 소유의 자유에 대해서는 제한 규정을 두었다. 가령 1948년 제헌헌법 84조에서 "대한민국의 경제 질서는 모든 국민에게 생활의 기본적 수요를 충족할 수 있게 하는 사회정의의 실현과 균형 있는 국민경제의 발전을 기함을 기본으로 삼는다.

---

13 헌법에 나오는 자유의 영문 표현은 모두 freedom이다. 1987년 헌법 전문(前文)에 나오는 '자유와 권리에 따르는 책임과 의무'의 자유와 권리는 'freedoms and rights'이고, 본문 8조 '정당 설립의 자유' 역시 'free'이다. 14조 거주이전의 자유, 15조 직업선택의 자유, 16조 주거이전의 자유, 19조 양심의 자유, 20조 종교의 자유, 21조 언론·출판의 자유와 집회·결사의 자유, 22조 학문과 예술의 자유, 37조 국민의 자유와 권리, 69조 국민의 자유와 복리의 증진, 119조 개인과 기업의 경제상의 자유와 창의 등에 나오는 자유 모두 freedom이다.

각인의 경제상 자유는 이 한계 내에서 보장된다."고 설명하였다.
국민 개개인의 소유의 자유 즉 경제적 자유는 사회정의 실현과 균형
국민경제 발전의 한계 내에서만 자유롭다는 것이었다. 헌법 전문의
균등사회론 실천을 위한 세부 내용이었다.[14]

　요컨대 1919년 헌법과 1948년 헌법에는 대한민국 역사성과, 민족단
결, 자유와 평등을 내포하는 민주주의를 구현하기 위한 여러 제도
수립을 통한 '균등사회론'과 '국제평화론'이라는 미래지향성의 설계
와 방법 등이 분명히 서술되어 있었다.

2. 5·16쿠데타헌법, 유신헌법과 '자유민주적 기본질서'

5·16쿠데타를 구현하려 했던 1962년 5·16쿠데타헌법과, 1972년 유신
헌법을 통해 10월 유신을 실현코자 했던,[15] 두 시기 헌법 전문 개정에
나선 이들은 두 단계로 나누어 1919년과 1948년 헌법 전문前文 정신을
한편으론 축소, 다른 한편으론 확대 계승해 나갔다.

　첫 번째 단계의 축소는, 대한민국 정부 수립의 역사성을 인정하지
않는 것이었다. 가령 1948년 헌법의 1919년 정부 건립과 1948년 정부
재건은 정부 수립의 역사성을 인정하는 것이었으나, 1962년 헌법에
서는[16] 두 정부의 실체는 사라지고, 정신과 이념만 남았다. 특히

---

14 박명림, 2011, 「민주공화국 그리고 자유민주주의/자유민주기본질서 : 대한민국
　　의 기원, 성립, 발전, 특성, 전망의 한 부분적 소묘」 『한국의 자유민주주의
　　이론, 헌법, 역사』.
15 박명림, 2011, 「박정희 시기의 헌법 정신과 내용의 해석-절차, 조항, 개념,
　　의미를 중심으로」 『역사비평』 가을호.
16 [전문개정 1962.12.26 헌법 제6호] 전문 : 유구한 역사와 전통에 빛나는 우리

1962년 헌법 전문 내용 가운데 '새로운 민주공화국을 건설함'이라는 구절이 있는 것으로 보아, 헌법 개정이라는 인식보다는 오히려 쿠데타 이후의 헌법 제정이라는 생각으로 1962년 헌법 전문을 작성한 것이 아닌가 하는 생각을 지울 수 없다.

뿐만 아니라 국민 개개인의 소유의 자유는 사회정의 실현과 균형 국민경제 발전의 한계 내에서만 자유롭다는 제헌헌법의 규정도 순서를 바꾸었다.

〈표 2〉 1948년 헌법과 1962년 헌법, 1972년 헌법 전문의 비교

1948년 헌법	1962년 헌법
기미 삼일운동으로 대한민국을 건립하여 세계에 선포한 위대한 독립정신을 계승하여 이제 민주독립국가를 재건함에 있어서	3·1운동의 숭고한 독립정신을 계승하고 4·19의거와 5·16혁명의 이념에 입각하여 새로운 민주공화국을 건설함에 있어서,
1962년 헌법	**1972년 헌법**
3·1운동의 숭고한 독립정신을 계승하고 4·19의거와 5·16혁명의 이념에 입각하여 새로운 민주공화국을 건설함에 있어서, 정의·인도와 동포애로써 민족의 단결을 공고히 하며 모든 사회적 폐습을 타파하고 민주주의 제(諸) 제도를 확립하여	3·1운동의 숭고한 독립정신과 4·19의거 및 5·16혁명의 이념을 계승하고 조국의 평화적 통일의 역사적 사명에 입각하여 자유민주적 기본질서를 더욱 공고히 하는 새로운 민주공화국을 건설함에 있어서

대한국민은 3·1운동의 숭고한 독립정신을 계승하고 4·19의거와 5·16혁명의 이념에 입각하여 새로운 민주공화국을 건설함에 있어서, 정의·인도와 동포애로써 민족의 단결을 공고히 하며 모든 사회적 폐습을 타파하고 민주주의 제제도를 확립하여 정치·경제·사회·문화의 모든 영역에 있어서 각인의 기회를 균등히 하고 의무를 완수하게 하여, 안으로는 국민생활의 균등한 향상을 기하고 밖으로는 항구적인 세계평화에 이바지함으로써 우리들과 우리들의 자손의 안전과 자유와 행복을 영원히 확보할 것을 다짐하여, 1948년 7월 12일에 제정된 헌법을 이제 국민투표에 의하여 개정한다.

1962년 헌법 제111조를 통해, "① 대한민국의 경제 질서는 개인의 경제상의 자유와 창의를 존중함을 기본으로 한다. ② 국가는 모든 국민에게 생활의 기본적 수요를 충족시키는 사회정의의 실현과 균형 있는 국민경제의 발전을 위하여 필요한 범위 안에서 경제에 관한 규제와 조정을 한다."로 바꾸어 국민 중심 균등사회론 지향의 의미를 축소시켰다.

두 번째 단계의 확대 계승은, 1972년 유신헌법을 통해[17] 1962년 헌법의 대한민국 정부 수립의 역사성 축소 문구는 여전히 유지하되, 민족단결과 민주주의 제도 확립 조항은 그 내용을 풍부히 하는 것이었다. 세계사적으로는 1969년 서독의 빌리 브란트 수상의 동방정책의 수립과 발전, 핑퐁외교의 성과가 계기가 된 1972년 2월 미국의 닉슨 대통령과 중국의 저우언라이 총리와의 상하이 공동성명, 그리고 한국사에서의 1972년 7·4 남북공동성명을, 유신헌법에서조차 형식적으로는 부인할 수 없었던 사정에 기인하는 것이었겠다.

그 결과 제헌헌법의 ① 민족단결의 원칙 조항(정의·인도와 동포애로써 민족의 단결을 공고히 하며)은 조국의 평화통일로 확장시키며, ② 민주주의 제도 확립 조항(모든 사회적 폐습을 타파하고 민주주의 제諸제도를 확립하여)은 자유·민주적 기본질서를 공고화하는 것으

---

17 [전문개정 1972.12.27 헌법 제8호] 전문 : 유구한 역사와 전통에 빛나는 우리 대한국민은 3·1운동의 숭고한 독립정신과 4·19의거 및 5·16혁명의 이념을 계승하고 조국의 평화적 통일의 역사적 사명에 입각하여 자유민주적 기본질서를 더욱 공고히 하는 새로운 민주공화국을 건설함에 있어서, 정치·경제·사회·문화의 모든 영역에 있어서 각인의 기회를 균등히 하고 능력을 최고도로 발휘하게 하며 책임과 의무를 완수하게 하여, 안으로는 국민생활의 균등한 향상을 기하고 밖으로는 항구적인 세계평화에 이바지함으로써 우리들과 우리들의 자손의 안전과 자유와 행복을 영원히 확보할 것을 다짐하면서, 1948년 7월 12일에 제정되고 1962년 12월 26일에 개정된 헌법을 이제 국민투표에 의하여 개정한다.

로 그 의미를 확장시키게 되었다. 그렇다면 1972년 유신헌법 전문前文에서 사용한 평화통일이나 자유·민주적 기본질서라는 용어는 어떠한 맥락에서 채택되었던 것일까?

우선 평화통일 용어는 1972년 7월 4일 '자주·평화·민족대단결'을 원칙으로 내건 7·4 남북공동선언이 유신헌법에 반영된 결과였을 것이다. 제헌헌법 이래의 민족대단결이, 남북공동선언의 3대원칙에 내포됨으로써,[18] 전문에 조국의 평화적 통일이 역사적 사명이 된 것은 매우 자연스럽다.

한편 1972년 유신헌법에 자유·민주적 기본질서가 처음 나오기 때문에, 이 용어는 유신헌법의 잔재인 것처럼 많은 사람들이 오해한다.[19] 그러나 이 용어는 4월혁명 헌법의 유산이다. 1960년 헌법 본문 13조 '정당의 해산'에서,[20] 이미 민주적 기본질서를 사용한 바 있다. 제헌헌법 전문前文 이래의 민주주의 여러 제도 확립이라는 전문前文의 헌법 정신이 1960년 헌법 13조에 민주적 기본질서로 구현되었던 것이다.[21] 진보당에 대한 이승만 정권의 탄압을 경험하고 난 후 만든 이 조항의 민주적 기본질서에 대해, 당시 헌법개정안기초위원장이었

---

18 외세(外勢)에 의존하거나 외세의 간섭을 받음이 없이 자주적으로 해결하여야 한다. 서로 상대방을 반대하는 무력행사에 의거하지 않고 평화적 방법으로 실현하여야 한다. 사상과 이념 및 제도의 차이를 초월하여 우선 하나의 민족으로서 민족적 대단결을 도모하여야 한다.

19 대한민국 역대헌법에 자유민주주의(liberal democracy)라는 단어는 나오지 않는다. 민주주의라는 단어만 나올 뿐이다. 1960년 헌법 본문부터 나오는 자유민주적 기본질서(the basic free and democratic order)는 자유민주주의가 아니다.

20 단, 정당의 목적이나 활동이 헌법의 민주적 기본질서에 위배될 때에는 정부가 대통령의 승인을 얻어 소추하고 헌법재판소가 판결로써 그 정당의 해산을 명한다.

21 김철수는 "민주적 기본질서는 자유민주주의와 사회민주주의 등을 포괄하는 상위개념이며, 그 공통개념"이라고 정의한다고 한다. 김철수, 2003, 『헌법학개론』.

던 정헌주는 "자유스럽고 민주적인 사회질서와 정치질서를 말하는 것"이라고 하였다.[22]

특정 정당의 정책에 따라 방임과 자율, 계획과 통제가 가능한 시장경제질서에 대해서는 언급하지 않았다. 그리고 이 조항은 1962년 헌법과 1972년 헌법, 1980년 헌법, 1987년 헌법의 정당 해산 조항에 그대로 사용하고 있다. 대의정치의 핵심인 정당의 '해산'과 관련해 1960년 이래 이 조항의 유지 배경을 염두에 둔다면, '민주적 기본질서' 는 제헌헌법 전문 이래의 '민주주의 여러 제도의 확립'의 구현이라고 판단할 수 있겠다.

주지하다시피 '자유·민주적 기본질서'는 1949년 5월 8일 제정된 독일연방공화국 기본법부터 사용되기 시작한 용어였다. 독일연방공화국 기본법은, 독일의 불행한 역사였던 나치즘을 경험하고 패전하여 재건에 나선 1949년 서독의 처지에서 바이마르공화국헌법이[23] 가지고 있던 헌법정신을 침해 또는 폐지하려는 정당은 당연히 위헌일 것(제21조 2항)이고, 자유롭고 민주적인 기본질서를 공격하기 위하여 남용하는 자는 기본권의 효력을 상실(제18조)할 수 있으며, '연방의

----

22 제34차 본회의 회의록, 제35회 국회임시회의속기록, 〈http://likms.assmbly.go. kr/kms_data/record/data1/35/035za0034b,PDF#page=1〉, 1960.6.11, 17, 검색일 : 2011.10.04. 오동석, 2011, 「대한민국헌법과 민주주의」『초중고 역사교과서의 현대사서술과 민주주의』에서 재인용.

23 형식적 평등을 추구한 근대헌법과 달리 실질적 평등을 내용으로 하는, 그래서 현대 사회국가적 헌법의 효시로 불리는 바이마르공화국 헌법체제에는 국민주권의 실질화, 실질적 절차적 법치주의, 사회적 기본권, 사회적 시장경제질서, 적극국가와 복지국가, 헌법재판의 시작, 정당제도 발달, 국제평화주의의 추구를 특징으로 하고 있다고 한다. 세계사적으로 발전해 온, 자유주의, 사회주의, 민주주의를 '실질화'하여 국제평화를 유지하겠다는 취지였을 것이다. 바이마르공화국 헌법의 현대 헌법적 특징은 강경선 논문을 참조하였다. 강경선, 2011, 「앞논문」.

존립'과 자유롭고 민주적인 기본질서의 위협에 대한 방지(제91조 1항)를 규정한 현대헌법이었다.[24]

나치정부가 민주적인 방법으로 정부를 수립하였음에도 불구하고, 자유롭고 민주적인 기본질서를 공격하고 위협한 파시즘 통치를 하였음으로 해서, 이를 방지하기 위해 마련된 헌법이기 때문에, 방어적이고 전투적인 민주주의 헌법이라고 칭해진다.

전문, 제1장 기본권, 제2장 연방과 주, 제3장 연방의회, 제4장 연방참의원, 제5장 연방대통령, 제6장 연방정부, 제7장 연방의 입법, 제8장 연방 법률의 집행과 연방행정, 제9장 사법, 제10장 재정제도, 제11장 경과 및 종결규정 등으로 구성된 독일연방공화국 기본법의 특징은 제1장 기본권의 규정이다. 특히 제1장 제1조에서 "① 인간의 존엄성은 불가침이다. 이를 존중하고 보호하는 것은 모든 국가권력의 의무이다. ② 따라서 독일 국민은 불가침·불가양의 인권을 지상의 모든 인간 공동체, 평화 및 정의의 기초로 신봉한다. ③ 후속하는 기본권은 직접 적용되는 법으로서 입법, 행정 및 사법을 구속한다." 라고 함으로써, 국가질서의 근본이 인간의 존엄성과 인권임을 명백히 하고 있다.

그리하여 기본권은 단지 국가가 이를 보장하여야 한다는 소극적 의미를 벗어나 국가권력을 직접적으로 구속하는 규범(기본권은 국가권력을 직접 구속하는 규범)이 됨을 명백히 하였다. 이와 같이 헌법 제1조에 인간의 존엄성과 인권을 규정하는 것은 나치에 의하여 인권이 유린되는 참혹한 제2차 세계대전의 경험을 반성하면서 새로운 독일은 인간의 존엄성과 인권에 기초한 국가가 되어야 한다는 절박한 독일 국민들의

---

24 독일연방공화국 기본법의 특징은 앞 강경선 논문을 참조하였다. 강경선, 2011, 「앞논문」.

헌법적 결단이었다.[25]

이렇게 1919년 8월 11일에 선포된 독일바이마르공화국 헌법과, 1949년 5월 23일 독일연방공화국 기본법 사이에 나치즘을 집어넣어 해석한다면, 바이마르공화국 헌법을 계승하면서, 나치즘적 정당의 출현을 배격하고자 했던 본Bonn 헌법(=독일연방공화국 기본법) 제정의 배경을 이해할 수 있을 것이다. 요컨대 독일연방공화국 기본법은 바이마르공화국헌법에서 구현하고자 했던 자유롭고 민주적인 기본 질서를 침해 또는 폐지하려는 정당이나 기본권을 남용하는 자, 정당이건 개인이건 자유롭고 민주적인 기본질서를 위협하는 행위였던 나치즘적 정당과 나치즘적 사고를 하는 인물들의 행위를 방지하는 것을 입법 취지로 삼았다고 할 수 있겠다.

특히 독일연방기본법에서의 자유·민주적 기본질서(the basic free and democratic order)의 자유를 'liberal'로 쓰지 않고, 'free'를 썼음에 유념할 필요가 있다. 비록 1949년 기본법이 민주선거에 의해 선출되었음에도 불구하고 독재정치를 한 나치즘에 대한 성찰로 만들어졌지만, 근·현대에 면면히 발전해 온 어떤 조건에서도 침해할 수 없는 인간의 존엄성과, 기본권으로서의 자유 확보의 역사만큼은 훼손하지 않고자 하는 의도였을 것이다. 사상과 표현 및 양심의 자유(freedom)는 근대 민주주의의 핵심 요건이었다.

그렇다면 유신헌법 전문前文에서 민주주의 여러 제도 확립을 자유·민주적 기본질서로 교체하였던 것은, 1960년 헌법 이래 헌법 본문에서 정당의 해산에 국한하여 사용해 왔던 민주적 기본질서라는 용어에 '자유'라는 두 글자를 삽입하여 헌법 전문前文에 민주주의 여러 제도의

---

25 http://blog.naver.com/kmjwin21?Redirect=Log&logNo=110028831035

확립대신 자유·민주적 기본질서로 확장시킨 것이라고 해석해도 좋겠다. 확장의 계기는 통설대로 독일연방공화국 기본법의 차용이라 생각하는 것이 자연스럽다. 4월 혁명 헌법 본문에서 정당의 해산에 국한하여 사용하였던 것을, 헌법 전문前文에 전면화시킨 것이었다. 제헌헌법의 민족단결은 평화통일로, 민주주의 여러 제도의 확립은 자유·민주적 기본질서로 용어 정리를 함으로써 세계 현대헌법의 기본 정신과 대한민국 헌법의 기본정신을 동격 수준으로 격상시킨 것이었다.

그런데 유신헌법 전문前文 정신과 달리, 유신헌법의 국내 적용은 그렇지 못했다. 명실상부名實相符하지 않고, 표리부동表裏不同한 것이 식민주의자와 독재자들이 헌법을 유린하는 기본자세였다. 법비法匪인 것이다. 가령 유신헌법 전문前文의 '평화 통일'과 '자유·민주적 기본질서'를, 유신헌법 본문本文 제35조를 통해 그 의미를 왜곡·축소시켜 버렸다. 헌법 제35조에 따르면, "통일주체국민회의는 조국의 평화적 통일을 추진하기 위한 온 국민의 총의에 의한 국민적 조직체로서 조국통일의 신성한 사명을 가진 국민의 주권적 수임기관"이라고 하였으며, 39조 1항에서 바로 이 통일주체국민회의가 대통령을 선출하도록 하였다.

이렇게 전문前文에서 민족단결을 평화적 통일로 바꾼 유신헌법은 본문本文 35조에 평화적 통일의 주체로서 민족 대신에 통일주체국민회의로 획일화시키고, 통일주체국민회의에서 선출한 대통령의 임무 가운데 대통령의 평화통일의무를 삽입시키는 한편,[26] 통일 정책 수립과 변경 논의의 주체를 통일주체국민회의에 한정시켜 버렸다.[27] 당연

---

26 "대통령은 조국의 평화적 통일을 위한 성실한 의무를 진다." 1980년, 1987년 헌법 대통령 규정에도 변함이 없다.

히 '국민'은 사라져 버리고, 독재정권만 역사의 전면에 부각되었다.

3. 5·17 쿠데타헌법과 6월항쟁 헌법의 '자유·민주적 기본질서'

문제는 1980년 5·17 쿠데타헌법과[28] 1987년 6월항쟁 헌법에서[29] 1) 5·16 쿠데타헌법이 축소시킨 대한민국 정부 수립의 역사성을 회복시

27 제38조 ① 대통령은 통일에 관한 중요정책을 결정하거나 변경함에 있어서, 국론통일을 위하여 필요하다고 인정할 때에는 통일주체국민회의의 심의에 붙일 수 있다. ② 제1항의 경우에 통일주체국민회의에서 재적대의원 과반수의 찬성을 얻은 통일정책은 국민의 총의로 본다.

28 [전문개정 1980.10.27 헌법 제9호] 전문 : 유구한 민족사, 빛나는 문화, 그리고 평화애호의 전통을 자랑하는 우리 대한국민은 3·1운동의 숭고한 독립정신을 계승하고 조국의 평화적 통일과 민족중흥의 역사적 사명에 입각한 제5민주공화국의 출발에 즈음하여 정의·인도와 동포애로써 민족의 단결을 공고히 하고, 모든 사회적 폐습과 불의를 타파하며, 자유민주적 기본질서를 더욱 확고히 하여 정치·경제·사회·문화의 모든 영역에 있어서 각인의 기회를 균등히 하고, 능력을 최고도로 발휘하게 하며, 자유와 권리에 따르는 책임과 의무를 완수하게 하여, 안으로는 국민생활의 균등한 향상을 기하고 밖으로는 항구적인 세계평화와 인류공영에 이바지함으로써 우리들과 우리들의 자손의 안전과 자유와 행복을 영원히 확보하는 새로운 역사를 창조할 것을 다짐하면서 1948년 7월 12일에 제정되고 1960년 6월 15일, 1962년 12월 26일과 1972년 12월 27일에 개정된 헌법을 이제 국민투표에 의하여 개정한다.

29 [1987.10.29 헌법 제10호] 전문 : 유구한 역사와 전통에 빛나는 우리 대한국민은 3·1운동으로 건립된 대한민국임시정부의 법통과 불의에 항거한 4·19민주이념을 계승하고, 조국의 민주개혁과 평화적 통일의 사명에 입각하여 정의·인도와 동포애로써 민족의 단결을 공고히 하고, 모든 사회적 폐습과 불의를 타파하며, 자율과 조화를 바탕으로 자유민주적 기본질서를 더욱 확고히 하여 정치·경제·사회·문화의 모든 영역에 있어서 각인의 기회를 균등히 하고, 능력을 최고도로 발휘하게 하며, 자유와 권리에 따르는 책임과 의무를 완수하게 하여, 안으로는 국민생활의 균등한 향상을 기하고 밖으로는 항구적인 세계평화와 인류공영에 이바지함으로써 우리들과 우리들의 자손의 안전과 자유와 행복을 영원히 확보할 것을 다짐하면서 1948년 7월 12일에 제정되고 8차에 걸쳐 개정된 헌법을 이제 국회의 의결을 거쳐 국민투표에 의하여 개정한다.

키고, 2) "유신헌법이 확장시킨 조국의 평화 통일과, 자유·민주적 기본질서를 독일연방공화국 기본법의 취지에 맞게 국내 현실에서 어느 정도 구현할 수 있겠느냐." 하는 것이다.

1980년 10월 27일 헌법 제9호는, 쿠데타의 주역 전두환이 1980년 8월 27일 통일주체국민회의의 간선으로 대통령에 선출되어 9월 1일 취임한 이후 두 달여 만에 개정한 헌법이었고, 1987년 헌법은 6월 항쟁의 성과로 획득한 직선제 선거일이 12월로 예정된 상태에서 10월 29일 개정된 것이다. 흥미로운 것은 1980년 헌법과 1987년 헌법이 모두 전두환 전前 대통령 집권기에 개정되었다는 것이다. 이를 염두에 두고 두 헌법의 전문前文 특징을 살펴보면 〈표 3〉과 같다.

우선 1980년 쿠데타 헌법 전문前文에서는, 1972년 유신헌법 전문에서 제4공화국의 역사성을 3·1운동, 4·19의거, 5·16혁명에서 찾았던 것에 반하여 4·19의거와 5·16혁명을 삭제하고, 3·1운동 정신만을 거론하였다. 역사적 사명도 유신헌법에서는 조국의 평화적 통일에만 두었던 데 반하여, 1980년 헌법에서는 조국의 평화적 통일과 함께 민족중흥을 삽입하였으며, 평화적 통일의 내포로서 민족의 단결을, 민족중흥의 내포로서 자유·민주적 기본질서를 연계시켰다. 여전히 대한민국 정부 수립의 역사성은 축소시키면서도, 확장된 평화적 통일과 민족 단결, 민족중흥과 자유·민주적 기본질서는 유지하였던 것이다.

5·16쿠데타 헌법부터 부정되었던 대한민국 정부 수립의 역사성을 부활시키고, 자유·민주적 기본질서라는 용어의 성격을 단계적으로 구현한 헌법이, 1987년 헌법이었다. 즉 대한민국 정부 수립의 역사성은 대한민국 임시정부의 법통이라는 문구로서 부활시킨 한편, 민주주의 여러 제도의 확립을 조국의 민주개혁으로, 자유·민주적 기본질

〈표 3〉 1972년 헌법, 1980년 헌법, 1987년 헌법 전문 비교

1972년 헌법	1980년 헌법
유구한 역사와 전통에 빛나는 우리 대한국민은 3·1운동의 숭고한 독립정신과 4·19의거 및 5·16혁명의 이념을 계승하고 조국의 평화적 통일의 역사적 사명에 입각하여 자유민주적 기본질서를 더욱 공고히 하는 새로운 민주공화국을 건설함에 있어서	유구한 민족사, 빛나는 문화, 그리고 평화애호의 전통을 자랑하는 우리 대한국민은 3·1운동의 숭고한 독립정신을 계승하고 조국의 평화적 통일과 민족중흥의 역사적 사명에 입각한 제5민주공화국의 출발에 즈음하여 정의·인도와 동포애로써 민족의 단결을 공고히 하고, 모든 사회적 폐습과 불의를 타파하며, 자유민주적 기본질서를 더욱 확고히 하여
1980년 헌법	1987년 헌법
유구한 민족사, 빛나는 문화, 그리고 평화애호의 전통을 자랑하는 우리 대한국민은 3·1운동의 숭고한 독립정신을 계승하고 조국의 평화적 통일과 민족중흥의 역사적 사명에 입각한 제5민주공화국의 출발에 즈음하여 정의·인도와 동포애로써 민족의 단결을 공고히 하고, 모든 사회적 폐습과 불의를 타파하며, 자유민주적 기본질서를 더욱 확고히 하여	유구한 역사와 전통에 빛나는 우리 대한국민은 3·1운동으로 건립된 대한민국임시정부의 법통과 불의에 항거한 4·19민주이념을 계승하고, 조국의 민주개혁과 평화적 통일의 사명에 입각하여 정의·인도와 동포애로써 민족의 단결을 공고히 하고, 모든 사회적 폐습과 불의를 타파하며, 자율과 조화를 바탕으로 자유민주적 기본질서를 더욱 확고히 하여

서의 왜곡 해석 가능성을 '자율과 조화를 바탕으로'라는 구절을 삽입시킴으로써 '자유·민주적'이라는 자구의 내포와 외연이 '자유롭고 민주적'이었다는 의미를 분명히 한 것이다.

'자율과 조화를 바탕으로'라는 구절은, 한 예로 1987년 헌법 제119조에 잘 반영되어 있다.[30] 제119조 ①항은 "대한민국의 경제 질서는 개인과 기업의 경제상의 자유와 창의를 존중함을 기본으로 한다."고 하면서도 ②항에서는 "국가는 균형 있는 국민경제의 성장 및 안정과

---

30 유신헌법 전문(前文)의 헌법 정신이, 본문 규정을 통해 왜곡되었듯이, 1987년 헌법 전문(前文)의 헌법 정신이 일부 반영된 본문 규정이 헌법 제119조 조항이다.

적정한 소득의 분배를 유지하고, 시장의 지배와 경제력의 남용을
방지하며, 경제주체간의 조화를 통한 경제의 민주화를 위하여 경제
에 관한 규제와 조정을 할 수 있다."고 한 것이다.[31]

1987년 헌법 제4조 "대한민국은 통일을 지향하며, 자유·민주적
기본질서(the principles of freedom and democracy)에 입각한 평화적 통일
정책을 수립하고 이를 추진한다." 조항 역시, 같은 정신에서 삽입된
조항이었다. 이 조항은 제헌헌법 이래의 영토 조항[32] 뒤에 새로이
들어간 조항이다. 이 조항의 신규 삽입을 어떻게 이해해야할까?
헌법학계의 한 학자는,[33] 자유·민주적 기본질서가, 자유주의적 민주

---

31 이와 함께 국가는 국민 모두의 생산 및 생활의 기반이 되는 국토의 효율적이고
균형 있는 개발·이용과 보전을 위하여 법률이 정하는 바에 의하여 그에 관한
필요한 제한과 의무를 부과할 수 있게 하였고(122조), 지역 간의 균형 있는
발전을 기하기 위하여 지역경제를 육성할 의무도 지게 되었다(123조 2항).

32 3조 대한민국의 영토는 한반도와 그 부속도서로 한다. 이와 관련하여 김명섭은
"둘째, '준(準)국가'로서의 북한이다. '한반도와 그 부속도서'를 영토로 규정하는
한국헌법에 따르면 북한은 국가가 될 수 없다. 그럼에도 불구하고 1991년
한국과 북한은 별개의 회원국으로 유엔에 가입했다. 한국의 헌법과 국제사회의
국제법이 어긋나는 지점이다. 남북한 동시가입은 1948년 유엔이 한국을 승인할
당시, '코리아의 유일 합법정부'라 하지 않고 '코리아에서 유엔 임시위원회의
선거감시가 가능했던 지역에서의 유일 합법정부'라고 한정했던 것에 근거한다.
1950년 6·25 남침에 대한 반격으로 한국군과 유엔군이 평양을 수복했을 때,
북한지역에 대해 유엔이 최고행정권을 가졌던 것도 같은 맥락이다. 북한에
급변사태가 발생하더라도 한국에 앞서 중국 혹은 유엔이 개입할 가능성이
큰 것이다."라고 하였다. 김명섭, 2011, 「비스마르크의 독일통일에서 배워야
할 것」『조선일보』(7. 17). 한편 2011년 11월 8일 발표된 중학역사 집필기준에서
현안이 되었던 1948년 유엔총회 결의안에 대해서는 다음 글이 참고된다. 임종명,
2011, 「개정 고등학교 한국사 교과서의 한국현대사 서술과 민족. 국가. 대한민국」
『역사와 교육』 13.

33 강경선은 이 조항의 삽입이 1980년대 민주화 운동이 지나치게 좌경화되었다고
판단하여 당시 헌법 제정의 중심에 있던 사람들이 의도적으로 넣은 것으로
파악하였다. 또한 서독의 자유민주적 기본질서란 자유주의적 민주주의가 아닌,
전투적 민주주의, 방어적 민주주의라는 개념이기 때문에, 이 개념이 유지되는
한 사회주의 국가인 북한과 대화하기 어렵다고 보았다. 강경선, 2011, 「앞논문」.

주의가 아니라 방어적 민주주의라는 개념이기 때문에, 이 개념이 유지되는 한 사회주의 국가인 북한과 대화하기 어렵다고 보았다. '방어적'의 방어를, 북한 인민민주주의에 대한 방어로 이해한 것이다.

이 경우 당장 문제가 되는 것은 1991년 12월 남한과 북한 사이에 합의되었던, "남북사이의 화해와 불가침 및 교류·협력에 관한 합의서(남북기본합의서)"이다. 이 합의서는 1987년 10월 19일 헌법이 개정된 후, 1년여밖에 지나지 않은 1989년 2월부터 남북고위급회담(남북 국무총리회담)을 준비하기 위한 예비회담이 진행된 이래 3년 만에 합의한 결과이다. 주요 내용은 "1) 7·4남북공동성명에서 천명된 '조국통일 3대 원칙'을 재확인하고, 2) 정치·군사적 대결상태를 해소하여 민족적 화해를 이룩하며, 3) 무력에 의한 침략과 충돌을 막고 긴장 완화와 평화를 보장하며, 4) 다각적인 교류와 협력을 실현하여 민족공동의 이익과 번영을 도모하며, 5) 쌍방 사이의 관계가 나라와 나라 사이의 관계가 아닌 통일을 지향하는 과정에서 잠정적으로 형성되는 특수 관계라는 점을 인정"하는 것이었다.

이 남북합의의 계기와 과정, 성과가 1987년 헌법 4조와 66조 3항[34]을 위반한 것이라고 보기는 어렵다. 오히려 합의 내용인 쌍방 간의 민족화해, 평화보장, 교류협력을 '자유·민주적 기본질서'로 해석하는 것이 자연스러울 것이다. 이 합의를 위해 지난한 과정을 이끌었을 당시 정부 담당자들을, 헌법 제1장 총강 제4조, 제4장 정부 대통령의 의무 규정 조항을 뛰어넘는 초헌법적 행위를 한 이들로 규정할 수 없다. 군사독재라는 엄혹한 시대에도 전문적이고 합리적 공무원들이 나름대로의 활동공간을 확보해 왔다는 것이 역사의 교훈이다.

---

34 ③ 대통령은 조국의 평화적 통일을 위한 성실한 의무를 진다.

1990년 4월 2일 헌법재판소 재판관들은, 남북교류에 대해 "제6공화국 헌법이 지향하는 통일은 평화적 통일이기 때문에 마치 냉전시대처럼 빙탄불상용氷炭不相容[35]의 적대관계에서 접촉·대화를 무조건 피하는 것으로 일관할 수는 없는 것이고, 자유·민주적 기본질서에 입각한 통일을 위하여 때로는 북한을 정치적 실체로 인정함도 불가피하게 된다. 북한집단과 접촉·대화 및 타협하는 과정에서 자유·민주적 기본질서에 위해를 주지 않는 범위 내에서 때로는 그들의 주장을 일부 수용하여야 할 경우도 나타날 수 있다. 순수한 동포애의 발휘로서 서로 도와주는 일, 체제문제와 관계없이 협력하는 일은 단일민족으로서의 공감대 형성이며, 이는 헌법 전문의 평화적 통일의 사명에 입각하여 민족의 단결을 공고히 하는 소위所爲인 것으로서 헌법정신에 합치되는 것일 수도 있다."고 판단하였다.[36]

통일을 위해서는 북한의 인민민주주의라는 정치적 실체도 불가피하게 인정해야 하고, 때로는 그들의 주장을 일부 수용할 경우도 있다는 것이다. 이러한 판단을 존중하면, 인정과 수용의 단서조항인 '자유·민주적 기본질서를 위해를 주지 않는 범위' 즉 '자유·민주적 기본질서에 입각한'이라는 판단의 헌법적 근거도 명백하다. 세계사적으로 '자유·민주적 기본질서'가 등장하게 된 계기인 나치즘, 파시즘과 같은 상태가 아니라면, 북한의 정치적 실체에 대한 인정과 북한과의 대화가, 문제는 아니라는 것이다.

다만 후술할 대한민국의 경우에도, 자유·민주적 기본질서를 문란하게 하는 권위주의에의 항거를 민주화 운동으로 규정한 것을 보면, 북한의 권위주의 역시 인정하기는 어렵다는 자세를 취하고 있다.

---

35 얼음과 불은 성질(性質)이 반대(反對)여서 만나면 서로 없어진다는 뜻.

36 1990. 4. 2. 89헌가113 全員裁判部.

이와 같이 헌법재판관들의 판단 근거인 "자유·민주적 기본질서에 입각한"이라는 조항은, 4월 혁명 헌법, 유신헌법에서와 마찬가지로, "자유롭게 민주적인 기본질서에 입각한"으로 해석하는 것이 자연스러운 해석일 것이다.

III. 민주화운동 관련자법과
국가보안법의 '자유·민주적 기본질서'

1987년 헌법과 같이 자유·민주적 기본질서를 '자유롭고 민주적인 기본질서'로 해석한 전통은, 2000년 '민주화운동관련자 명예회복 및 보상 등에 관한 법률(2000. 1. 12 제정)' 제2조 1항 민주화운동 규정에서 재차 확인할 수 있다.[37]

　이 조항에 따르면, "민주화운동"이라 함은 "1964년 3월 24일 이후 자유·민주적 기본질서를 문란하게 하고 헌법에 보장된 국민의 기본권을 침해한 권위주의적 통치에 항거하여 헌법이 지향하는 이념 및 가치의 실현과 민주헌정질서民主憲政秩序의 확립에 기여하고, 국민의 자유와 권리를 회복·신장시킨 활동을 말한다."고 되어 있다. 이에 따르면 민주화운동은 자유·민주적 기본질서를 추구하는 운동이고, 자유·민주적 기본질서는 헌법에 보장된 국민의 기본권을 보장해야 하는 것이며, 국민의 기본권을 보장하는 자유·민주적 기본질서가 바로 민주헌정질서라는 것이다.

　그리고 시행령의 항거에 대한 정의를 보면, "제2조(정의) 「민주화

37　제4차 (타) 일부개정. 2011. 9. 15(제11042호).

운동관련자 명예회복 및 보상 등에 관한 법률」(이하 "법"이라 한다)
제2조 제1호의 규정에 의한 "항거"는 직접 국가권력에 항거한 경우뿐
만 아니라 국가권력이 학교·언론·노동 등 사회 각 분야에서 발생한
민주화운동을 억압하는 과정에서 사용자나 기타의 자에 의하여 행하
여진 폭력 등에 항거함으로써 결과적으로 국가권력의 통치에 항거한
경우를 포함한다."고 되어 있다.[38] 요컨대 민주화운동 관련자법에서
의 자유·민주적 기본질서 역시, 국민의 기본권을 보장하는 것이라는
조항에서 국민의 기본권이 '자유·민주적 기본질서'라는 용어 해석의
출발점임은 부정할 수 없는 사실이라 할 수 있겠다.

이상과 같이 인민민주주의와 대결적 용어인 반공적 자유민주주의
를 사용하였을 것 같은 그 엄혹했던 5·16쿠데타 헌법, 유신헌법,
5·17쿠데타 헌법에서조차, 평화통일과 자유·민주적 기본질서를 사
용한 이유는 무엇이었을까? 이런 문제의식을 갖고 보면, 제헌헌법
전문前文의 "안으로는 국민생활의 균등한 향상을 기하고, 밖으로는
항구적인 국제평화의 유지에 노력하여"에서 시작하여, 1962년과
1972년, 1980년, 1987년 헌법 전문前文의 "안으로는 국민생활의 균등
한 향상을 기하고, 밖으로는 항구적인 세계평화에 이바지함으로써"
라는 구절이 갖는 의미가 매우 커진다.

자유주의의 역사와 사회주의의 역사, 민주주의의 역사가, 시대와
지역에 따라 상이하게 구현되던 근·현대 세계사와 남북으로 분단된
한국사의 전개를 고려해 볼 때, 대한민국 헌법정신의 핵심 개념은
'균등사회론', '세계평화론', '평화통일론'과 함께 '민족단결론', '자유·
민주적 기본질서론'이었음을 헌법을 통해 끊임없이 재확인했던 역사

---

38 (타) 일부개정. 2010. 11. 2(제22467호).

였다고 판단할 수 있겠다.

이상과 같이 10차 개정을 거친 헌법 전문前文의 헌법정신과, 1990년 헌법재판소의 규정, 2000년 민주화운동관련자법 제정 등에서 자유·민주적 기본질서에 대한 정의가 분명함에도 불구하고, '자유·민주적 기본질서'를 축소 및 왜곡 해석할 가능성은 어디에서 발생하는 것일까? 이 질문의 해답은 헌법의 '자유·민주적 기본질서'와 기본 성격이 다른 1990년 국가보안법 7조 1항의 '자유·민주적 기본질서'에 있다.[39]

"국가의 존립·안전이나 자유·민주적 기본질서를 위태롭게 한다는 정을 알면서 반국가단체나 그 구성원 또는 그 지령을 받은 자의 활동을 찬양·고무·선전 또는 이에 동조하거나 국가변란을 선전·선동한 자는 7년 이하의 징역에 처한다."[40]

1990년 국가보안법에 이 구절이 들어간 배경을 이해하려면, 1987년 국가보안법과 비교해야 한다. 1987년 국가보안법 7조에는 국가의 존립·안전이나 자유·민주적 기본질서를 위태롭게 한다는 문구가 없다.[41] 대신 반국가단체를 이롭게 한 자라는 규정이 있을 뿐이다. 이 경우 반국가단체는 1987년 국가보안법 2조 1항과 2항에 규정된 바와 같이, ① 정부를 참칭하거나 국가를 변란할 것을 목적으로 하는 국내외의 결사 또는 집단, ② (정부를 참칭하거나 국가를 변란할 것을 목적으로) 공산계열의 노선에 따라 활동하는 국내외의 결사

---

39 권위주의시대 당시, 헌법 정신을 축소시켜, 위축시키는 전통은 헌법 본문(예, 유신헌법의 통일주체국민회의)이나, 특례법(예 : 긴급조치), 하위법(예 : 국가보안법) 제정에서 끊임없이 시도되어 왔었다.

40 국가보안법. [일부개정 1991.5.31 법률 제4373호].

41 국가보안법. [(타)일부개정 1987.12.4 법률 제3993호].

또는 집단 등이다.

그런데 1990년 국가보안법 7조 1항에서는 위 구절이 들어가고, 1987년 국가보안법의 2조 2항은 삭제되었으며, 2조 1항은 "정부를 참칭하거나 국가를 변란할 것을 목적으로 하는 국내외의 결사 또는 집단"으로 바뀌었다. 1987년 2조 2항의 공산계열이라는 용어가 삭제되고, 대신 7조 1항에 자유·민주적 기본질서가 삽입된 것이다. 혹자는 이 조항을 근거로 자유·민주적 기본질서를 '반공주의적 자유민주주의 체제'로 해석하기도 하였다.

그런데 국가보안법 7조 1항의 자유·민주적 기본질서에 대해 1990년 헌법재판관들은, 다음과 같이 판단하였다.[42] 즉 "제7조 제1항의 찬양·고무죄를 문언 그대로 해석한다면 헌법전문의 평화적 통일의 사명에 입각하여 정의·인도와 동포애로써 민족의 단결을 공고히 하고"의 부분과 "헌법 제4조의 평화적 통일지향의 규정에 양립하기 어려운 문제점이 생길 수도 있다."는 것이다.

헌법과 국가보안법의 자유·민주적 기본질서가 차이가 있다는 점을, 보다 분명하게 정의한 이가 당시 소수의견을 제시한 변정수 헌법재판관이다. "북한을 반국가단체로 규정지음으로써 북한을 정부로 참칭하거나 국가를 변란할 것을 목적으로 하는 범죄단체임을 전제로 하는 국가보안법의 여러 규정은 헌법의 평화통일조항과 상충된다. 특히 국가보안법 제7조 제1항 및 제5항은 반국가단체인 북한에게 이로운 것은 곧 대한민국에 해롭다는 상호배타적인 적대관계의 논리를 강요하고 있어 더욱 평화통일조항에 위반된다."고 하였다. 헌법정신의 주요한 축인 평화통일론이 국가보안법 정신과는 양립하

---

42 1990. 4. 2. 89헌가113 全員裁判部. 헌법재판관 : 조규광, 이성렬, 변정수, 김진우, 한병채, 이시윤, 최광률, 김양균, 김문희(이상9인).

<표 4> 국가보안법 제7조 1항 및 5항 해석에 대한 헌법재판소 판단과 소수의견

판 단	제7조 제1항의 찬양·고무죄를 문언 그대로 해석한다면 **헌법전문의 "평화적 통일의 사명에 입각하여 정의·인도와 동포애로써 민족의 단결을 공고히 하고"**의 부분과 **헌법 제4조**의 평화적 통일지향의 규정에 **양립하기 어려운 문제점**이 생길 수도 있다. 물론 여기의 통일은 대한민국의 존립과 안전을 부정하는 것은 아니고 또 자유민주적 기본질서에 위해를 주는 것도 아니며 오히려 그에 바탕을 둔 통일인 것이다. 그러나 **제6공화국 헌법이 지향하는 통일은 평화적 통일**이기 때문에 마치 냉전시대처럼 빙탄불상용의 적대관계에서 접촉·대화를 무조건 피하는 것으로 일관할 수는 없는 것이고 **자유민주적 기본질서에 입각한 통일을 위하여 때로는 북한을 정치적 실체로 인정함도 불가피**하게 된다. 북한집단과 접촉·대화 및 타협하는 과정에서 **자유민주적 기본질서에 위해를 주지 않는 범위내에서 때로는 그들의 주장을 일부 수용하여야 할 경우도 나타날 수 있다.** 순수한 동포애의 발휘로서 서로 도와주는 일, 체제문제와 관계없이 협력하는 일은 단일민족으로서의 공감대형성이며, 이는 헌법 전문의 평화적 통일의 사명에 입각하여 민족의 단결을 공고히 하는 소위인 것으로서 헌법정신에 합치되는 것일 수도 있다. 그러나 앞서 본 바와 같은 찬양·고무 죄의 처벌범위의 광범성 때문에 자유민주적 기본질서에 입각한 통일정책의 추구나 단순한 동포애의 발휘에 지나지 않을 경우라도 그 문언상으로는 북한의 활동에 동조하거나 북한을 이롭게 하는 것이 된다는 해석으로 처벌될 위험이 있다.
변 정 수 반 대 의 견	**헌법은 그 전문에서** "평화적 통일의 사명에 입각하여 정의·인도와 동포애로써 민족의 단결을 공고히 하고"라고 하였고 제4조에서 "대한민국은 통일을 지향하며, 자유민주적 기본질서에 입각한 평화적 통일정책을 수립하고 이를 추진한다"라고 하여 평화통일을 헌법이념의 하나로 선언하고 있다. 그런데 평화적 통일은 남북한이 무력을 배제하고 서로 대등한 지위에서의 합의를 통하여 통일을 이루는 방법 밖에 생각할 수 없고 그러자면 우선 남한과 북한이 적대관계를 청산하여 화해하고 협력하여야 하며 상대방을 무조건 헐뜯을 것이 아니라 잘한 일에는 칭찬도 하고 옳은 일에는 동조도 하여야 하며 상호 교류도 하여야 한다. 그리하여 남·북한의 주민이 서로 상대방의 실정을 정확히 알고서 형성된 여론의 바탕에서 통일방안이 강구되어야 한다. 그리고 이러한 일은 어디까지나 북한이 불법집단 내지 반국가단체로서 처벌대상이 되지 않는다는 전제에서만 가능한 것이다. 그런데 국가보안법은 처벌규정의 핵심 근거로서 "반국가단체"라는 개념을 설정하고 있으며, 그 동안의 국가보안법 운영실정에서 볼 때 북한이 으뜸가는 반국가단체에 해당되는 것은 분명한 사실이다. 따라서 북한을 반국가단체로 규정지음으로써 북한을 정부로 참칭하거나 국가를 변란할 것을 목적으로 하는 범죄단체임을 전제로 하는 **국가보안법의 여러 규정은 헌법의 평화통일조항과 상충된다.** 특히 국가보안법 **제7조 제1항 및 제5항은** 반국가단체인 북한에게 이로운 것은 곧 대한민국에 해롭다는 상호배타적인 적대관계의 논리를 강요하고 있어 더욱 **평화통일조항에 위반된다.**

기 어렵고, 상충된다는 것이다. 여기에 이어 헌법정신의 또 다른 축인 자유·민주적 기본질서와 국가보안법의 자유·민주적 기본질서가 어떠한 관계인지는 특별하게 규정하지 않았으나, 같은 맥락에서 이해할 수 있을 것이다.

그럼에도 불구하고, 당시 헌법재판관들이 헌법을 위축시키는 이러한 법이 필요한 이유를 다음과 같이 부기하였다. 즉 국가보안법 제7조 1항이 잔존한 이유에 대해서 "제7조 제1항의 그 다의성 때문에 위헌문제가 생길 수 있다고 해서 전면위헌으로 완전 폐기되어야 할 규정으로는 보지 않으며, 완전폐기에서 오는 법의 공백과 혼란도 문제지만, 남북 간에 일찍이 전쟁이 있었고 아직도 휴전상태에서 남북이 막강한 군사력으로 대치하며 긴장상태가 계속되고 있는 마당에서는 완전 폐기함에서 오는 국가적 불이익이 폐기함으로써 오는 이익보다는 이익형량상 더 클 것이다. 분명히 평화시대를 기조로 한 형법상의 내란죄나 외환죄는 고전적이어서 오늘날 우리가 처한 국가의 자기안전·방어에는 다소 미흡하다. 따라서 제7조 제1항은 이와 별도로 그 존재의의가 있다."라고 설명하였다. 헌법재판소가 서로 철학이 다른 헌법과, 국가보안법을 양립시킨 이유였다.

또 다른 논란의 소지도 있었다. 당시 헌법재판관들은 자유·민주적 기본질서를, ① 국민의 자치, 자유, 평등을 기본원칙으로 하는 법치주의적 통치질서이며, ② 법치주의적 통치질서에는 ㉮ 기본적 인권의 존중, ㉯ 권력분립, 의회제도, 복수정당제도, 선거제도, ㉰ 사유재산과 시장경제를 골간으로 한 경제질서 및 ㉱ 사법권의 독립 등이 내포되어 있어야 한다고 하였다.

㉮ ㉯ ㉱와 함께 ㉰를 첨가한 것이다. 바로 이 ㉰조항이, 1960년 헌법개정안기초위원장이었던 정헌주가, "자유스럽고 민주적인 사

〈표 5〉 '자유·민주적 기본질서' 의미에 대한 헌법재판소 판시와 결정요지

판시 및 결정 요지	판시	자유민주적(自由民主的) 기본질서(基本秩序)에 위해(危害)를 준다는 것의 의미(意味)
	결정 요지	자유민주적(自由民主的) 기본질서(基本秩序)에 위해(危害)를 준다 함은 모든 폭력적(暴力的) 지배(支配)와 자의적(恣意的) 지배(支配) 즉 반국가단체(反國家團體)의 일인독재(一人獨裁)내지 일당독재(一黨獨裁)를 배제하고 다수(多數)의 의사(意思)에 의한 국민(國民)의 자치(自治), 자유(自由)·평등(平等)의 기본원칙(基本原則)에 의한 법치주의적(法治主義的) 통치질서(統治秩序)의 유지를 어렵게 만드는 것으로서 구체적으로는 기본적(基本的) 인권(人權)의 존중(尊重), 권력분립(權力分立), 의회제도(議會制度), 복수정당제도(複數政黨制度), 선거제도(選擧制度), 사유재산(私有財産)과 시장경제(市場經濟)를 골간으로 한 경제질서(經濟秩序) 및 사법권(司法權)의 독립(獨立) 등(等) 우리의 내부체재(內部體制)를 파괴·변혁시키려는 것이다.

회질서와 정치질서를 말하는 것"이라고 하면서, 특정 정당의 정책에 따라 방임과 자율, 계획과 통제가 가능한 시장경제질서에 대해서는 언급하지 않는 것이 타당하다고 했는데, 헌법재판관들이 4월 혁명 헌법의 '자유·민주적 기본질서'와 다르게 해석했던 것이다.

이제 우리의 과제는 1990년 헌법재판관들이 삽입한 이 ㉯ 조항을, "헌법정신의 연장선상으로 이해할 것인가?", 아니면 "1990년 국가보안법 7조 1항의 한정합헌을 하기 위한 수단적 해석인가?"를 판단하는 것이다. 오동석은 이에 대해, 헌법 제31조에서 제36조에 걸쳐 교육을 받을 권리, 근로의 권리, 근로3권, 인간다운 생활을 할 권리, 환경권, 주거권, 혼인 및 가족에 관한 권리, 보건권 등 구체적인 사회적 기본권 보장(사회적 민주주의)과, 헌법 제119조 1항과 2항(경제적 민주주의)에 어긋난다고 주장하였다.[43] 그러나 필자의 판단은 다르다.

---

43 오동석, 2011, 「앞글」.

가령 역사학에서의 시장경제는 전근대 교역시장과 근현대 상품유통시장으로 구분하는데, 전근대 교역시장과 근현대 상품유통시장의 가장 큰 차이는 이른바 부가가치(잉여가치)의 존재여부이다. 부가가치(잉여가치)의 성격에 대한 역사적 판단(시간, 공간, 사회)에 따라 개인에 대한 동기부여로 활용되기도 하고, 공동체적 자산으로 인정하기도 한다. 말하자면 근현대 시장에 대한 정당 및 정부 정책은 근대적 '개인'의 시장을 통한 부가가치(잉여가치) 실현을 두고, 그 성격의 해석여하에 따라 방임시킬 것인가, 자율적으로 조정케 할 것인가, 계획할 것인가, 통제할 것인가를 결정한다. 시장경제에 대한 기본 입장의 차이에 따라 각기 상이한 정책이 수립될 뿐이다.

사적 소유 역시, 역사학에서는, 우리나라 전근대 왕조국가 성립이후 근현대 국가에 이르기까지 역사적으로 다양한 형태로 구현되어 온 것으로 이해하고 있다. 사유재산을 인정한다고 해서, 공유재산, 국유재산을 부정하는 것은 아니다. 이 역시 정당과 단체의 성격에 따라 혼합 비율의 차이가 생길 뿐이다. 이러한 점에 유념한다면, 오히려 1990년 헌법재판관들이 ㉲에 앞서 ① 국민의 자치, 자유, 평등을 기본원칙으로 하는 법치주의적 통치질서(헌정질서)를 강조한 의미를 읽어낼 필요가 있다.

그러므로 ㉲조항이 삽입되었다고 해서, 국가보안법의 '자유민주주의 체제' 수호 정신을 당시 헌법재판관들이 용납했다고 볼 수는 없다. ㉲조항이 있다 하더라도, 정치민주화, 사회민주화, 경제민주화는 충분히 실현해 나갈 수 있다. 요컨대 당시 헌법재판관들은 한정합헌으로 서로 철학이 다른 헌법과, 국가보안법을 양립시키고자 했을 뿐, ㉲조항을 통해 자유·민주적 기본질서의 헌법 정신을 훼손시키지는 않았던 것이다.

IV. 역사교육과 자유·민주적 기본질서

이 글은 개악된 2011 역사교육과정과 집필기준에 따라 중학 역사와 고등학교 한국사를 집필할 수밖에 없는 예비 교과서 저자들이, 집필 과정에서 역사과목의 기본 성격에 맞도록 학문적이고 교육적인 고려에만 충실하기를 기대하면서 작성한 것이다. 부차적으로 교육과학기술부가 2011년 8월 9일 개악 고시한 역사교육과정을 자체적으로 개정할 수 있도록 하는 근거를 제공하고자 하는 기대도 있었다.[44]

초·중·고 학생들은 사회과목을 통해 사회과학적 사고력(일반사회)과 역사학적 사고력(역사)을 학습한다. 가령 1987년 헌법 4조의 "대한민국은 통일을 지향하며, 자유·민주적 기본질서에 입각한 평화적 통일 정책을 수립하고 이를 추진한다."는 조항을 보고, 사회과학적 사고력 함양을 위해 자유·민주적 기본질서가 자유민주주의라는 가설을 세우고, 이 가설에 맞는 여러 사실들을 사학과학적 방법을 통해 검증을 하여 학습자의 사고와 행동의 기준이 되는 사회과학적 '판단' 능력을 키울 수 있다. 민주주의의 양 날개가 자유와 평등이고, 각 국, 각 시대 현실에 구현되는 민주주의는 자유와 평등이 여러 형태의 혼합비율로 나타나기 때문에, 1987년 헌법 4조의 자유·민주적 기본질서가 자유민주주의라고 믿을 수도 있겠다.

그런데 이 믿음을 보다 확실히 검증하기 위해서는 역사학적 사고력을 발휘해야 한다. 역사학적 사고력의 핵심은 사료 비판 능력이다.

----

[44] 이 교과서를 통해 역사를 배우게 될 우리 미래세대가 우리 사회의 주역이 되는 시기는 2030년에서 2040년 즈음이다. 21세기 민족사와 세계사에 참여할 이들은 보다 개방적이고 진취적으로 우리 역사와 세계 역사를 배울 권리가 있다.

가령 1987년 헌법 4조에 대해 사료 비판을 거쳐 사료화하여야 하는데, 그 방법으로 이 용어를 처음 사용하기 시작한 독일의 바이마르 헌법과 독일연방공화국 기본법의 조문을 비교하고, 세계사적으로는 이 용어가 어떤 사연으로 등장하게 되었는지를 생각해 보면 좋겠다. 세계사적 맥락뿐만 아니라 한국사적 맥락도 검토해 볼 필요가 있다. 1987년 헌법보다 앞선 대한민국 헌법의 역사에서 자유·민주적 기본질서라는 용어가 어떻게 수용되었는지, 수용과정에서 그보다 앞선 헌법과 어떠한 관계에 있었는지, 해당 용어가 전체 글에서 어떠한 위치를 차지하는지에 대한 역사적 맥락을 고찰해 보는 것이다. 주지하다시피 우리나라 근현대 헌법은 1919년 대한민국 임시정부 헌법에서 출발하므로, 그 전 과정을 꼼꼼히 분석해야 하는 것이다.

이렇게 사회과학적 가설과, 역사학적 사료 비판을 거쳐, 초중고 학생들은 사회과목 공부를 통해, 사회과학적 고급사고력과 역사학적 고급사고력을 갖출 수 있게 된다. 이러한 역사학습의 목적을 이해할 수 있도록 정리한 대한민국 역대 헌법의 민주주의와 자유·민주적 기본질서 분석을 통한 재고시의 필요성을 요약하면 다음과 같다.

첫째, 1987년 국가보안법에도 없던 조항이, 1990년 국가보안법 7조 1항에 자유·민주적 기본질서라는 문구로 신규 삽입되었다. 이 조항에 대해 1990년 다수의 헌법재판관들조차 "제7조 제1항의 찬양·고무죄를 문언 그대로 해석한다면 헌법전문의 「평화적 통일의 사명에 입각하여 정의·인도와 동포애로써 민족의 단결을 공고히 하고」의 부분과 헌법 제4조의 평화적 통일지향의 규정에 양립하기 어려운 문제점이 생길 수도 있다."고 판단하였다. 헌법 정신을 축소시킬 수 있다는 것이었다. 이런 판단에도 불구하고 한정합헌으로 결정되면서, 우리 사회에 헌법의 '자유·민주적 기본질서'라는 용어를 축소,

혹은 왜곡 해석할 수 있는 여지를 남기게 되었다.

둘째, 우리나라 정당의 역사에서 보면, 자유민주주의는 특정 정당의 정강으로 사용되기 시작하였다. 1961년 12월 7일 기자회견에서 박정희 쿠데타 정부가 「자유민주주의를 신봉한다.」고 선언하고, 1963년 2월 26일 제정된 공화당 강령 1조에서, 「민족적 주체성을 확립하며, 자유민주주의적 정치체제의 확립을 기한다.」는 데에서 사용하기 시작한 용어인 것이다. 1950년대 양대 정당인 자유당과 민주당의 정강 1조는 「진정한 민주주의 정치체제의 확립(자유당)」, 「일체의 독재주의를 배격하고, 민주주의의 발전을 기한다(민주당).」로만 되어 있었다. 사실 특정 정당이 '자유민주주의 체제'를 정강으로 채택하고, 정당 정책의 기조로 삼는 것은 충분히 장려할 만한 일이다. 그런데 역사교과서를 통해 한국현대사를 배울 미래세대가 특정정당의 지지 세력일 것으로 간주해 버리는 것은, 교육적이 아니라 정치적이다.

셋째, 1919년 대한민국 임시정부 헌법과 1948년 제헌헌법 이래 헌법정신은, 민족단결과 민주주의 여러 제도의 확립을 통해 안으로는 국민생활의 균등한 향상을 기하고, 밖으로는 항구적인 세계평화에 이바지하겠다는 것이다. 1972년 유신헌법부터 사용되기 시작하였다는 자유·민주적 기본질서는, 1960년 4월 혁명 헌법의 민주적 기본질서로 사용하기 시작한 용어이다. 민주적 기본질서의 정의에 대해, 당시 헌법개정안기초위원장이었던 정헌주는 "자유스럽고 민주적인 사회질서와 정치질서를 말하는 것"이라고 하였다. 특정 정당의 정책에 따라 방임과 자율, 계획과 통제가 가능한 시장경제질서에 대해서는 언급하지 않았다. 그것이 역대 헌법정신이고, 대한민국 헌법이 많이 참조한, 1919년 독일 바이마르공화국 헌법과 1949년 독일연방공화국 기본법의 정신이었다.

특히 독일연방공화국 기본법에서 자유를 'liberal'로 쓰지 않고, 'free'를 썼음에 유념해야 했다. 이에 따라 2010년 법제처는 1987년 헌법 전문의 자유·민주적 기본질서를 'the basic free and democratic order'로 번역하였고, 헌법 본문 4조 평화통일 규정에서는 보다 분명하게 'the principles of freedom and democracy'로 번역하였다. 제헌헌법 이래 사용한 '민주주의 여러 제도의 확립'의 기초 개념을 보다 분명히 하겠다는 의지의 표현이었겠다.

이상이 역사학계가 역사교육과정과 중학역사 집필기준에 좁은 의미의 자유민주주의보다 역대 헌법정신의 계승인 넓은 의미의 민주주의를 채택한 세 가지 이유이다. 2011년 교육과학기술부 이주호 장관이 수정 근거로 제시한 역대 헌법의 자유·민주적 기본질서가 곧 자유민주주의라는 주장은 학문적, 헌법적 근거를 찾을 수 없었다. 사실 민주주의의 양 날개는 자유와 평등이다. 상호 모순적으로 보이는 두 용어이지만, 근현대 세계 인류는 그 중간의 균형을 잡으면서 역사를 발전시켜 왔다. 자유와 평등의 두 요소가 민주주의라는 그릇에 어떤 비율로 들어가느냐는 역사적 과제를 달리하는 해당 국가의 민주주의 운영 능력에 달려 있다.

우리나라 역대 헌법의 민주주의와 자유·민주적 기본질서라는 용어도 그런 역사성을 담고 있다. 우리 헌법정신의 이상인 세계평화론과 균등사회론, 국민 개개인의 자율과 조화를 실현하기 위한 민주주의 여러 제도의 확립과 자유·민주적 기본질서가 역사 현실에서는 해당 정부의 강요에 따라 왜곡되고 위축되기도 하였지만, 면면히 계승되어 온 자유와 평등의 민주주의 기본 정신은 시대에 따라 국민의 마음속에 복류伏流되고 용출湧出하면서 우리 근·현대사를 만들어

왔다고 필자는 판단하고 있다. 당연히 우리 미래세대를 위한 역사 교육과정은 이러한 민주주의 정신을 근간으로 해야 한다고 주장하는 이유이기도 하다.

4장

‘건국절’ 주장의 위험성

Ⅰ. 생일도 모르는 나라

한국학중앙연구원 양동안 명예교수가 최근의 저서에서, 대한민국이
라는 국가는 건국일이 언제인지를 국민에게 정확히 가르쳐 주지
못한 한심하기 짝이 없는 국가라고 하면서, 그 주장의 근거를 두
여론 조사에서 찾았다. 2006년 8월 14일『조선일보』에서 실시한 대한
민국 건국에 관한 국민의식조사(대한민국 건국일이 언제인지 알고 있는
가)에서 67.1%가 건국일을 모른다고 응답했고, 32.9%만 안다고 했으
며, 2015년 8월 19일 여론조사기관 리얼미터에서 조사한 대한민국
건국시점에 관한 질문에서 응답자의 63.9%는 1919년이라고 했고,
21%는 1948년이라 했으며, 15.1%는 잘 모른다고 했다는 것이다.[1]
　건국일을 가르쳐 주어야 '생일 없는 인간'과 같이 대한민국이 생일
도 모르는 초라한 국가로 전락되는 것을 막을 수 있다면서 주장한
것인데,[2] 임시정부 수립과 영토 회복, 그리고 대한민국 정부 수립까지
일련의 과정을 광복으로 이해하고, 기왕의 광복절에 이미 '완전한'

1　양동안, 2016,『대한민국 건국일과 광복절 고찰』, 백년동안, 10~11쪽.
2　양동안, 2016,『앞책』, 15~16쪽.

국권회복일과 정부 수립일을 모두 포함시켜 1945년 8월 15일과 1948년 8월 15일을 함께 기념해 왔던 보통의 한국 사람으로서는 쉽게 받아들일 수 없는 뜬금없는 주장이었다. 더구나 개천절을 대한민국 건국기원절로 알고 있고 유구한 역사를 대한민국 역사의 특징으로 알고 있는 대다수 한국 사람들에게 신생 국가도 아니고, 갑자기 1948년 8월 15일을 건국절로 삼자는 주장은 실로 어이가 없기도 한 것이었다. 오히려 이런 주장의 배경이 의심스럽기까지 하였다.

그러나 벌써 10년 전부터 나름대로 유수한 학자들이 건국절을 제정하자고 주장하고 있고, 한나라당(이후 새누리당) 국회의원들이 2007년(18대 국회)과 2014년(19대 국회), 2016년(20대 국회)에 국경일에 관한 법률 일부 개정안을 발의하기도 하고, 심지어 건국절을 모르면 자기 역사를 낮추어 보는 자학사관이고, 건국절을 알아야 자기 역사를 높여 보는 자랑사관이라는 주장을, 행정부가 받아들여 교육부 권력을 동원하여 2015교육과정과 2016편찬기준까지 바꾸면서 자유발행제로 가야 할 역사 검정교과서를 국정교과서로 바꾸면서까지 건국절 사관을 국민들에게 주입시키려 하는 것을 보면서, 건국절 주장을 단순한 표현의 자유로만 인정할 수 없는 문제라고 생각하게 되었다. 건국절 주장의 내용과 위험성, 그리고 원래 대한민국의 국경일이 어떻게 만들어졌는지를 정리해서 학생들과 보다 깊은 토론을 할 수 있게 해야겠다는 것이다. 교육부 발표대로 2018년 국정 및 검정교과서를 함께 쓴다고 하더라도, '대한민국 수립'이라는 건국절 사관을 강요한 2015교육과정과 2016편찬기준을 바꾸지 않는 한, 새로 만들어질 검정교과서 역시, 같은 기준에 따라 집필해야 하는 상황이기 때문에 더욱 더 건국절 주장을 검토할 필요성이 높아졌다.

II. 대한민국 '자랑사관'과 '건국절'

1. 식민지시혜론

일본어 사전을 찾아보면 ほうひ라고 발음하는 법비法匪라는 말이 있다. 법률法律 비적匪賊이라는 말을 줄인 말로 법률을 절대시하여 다른 사람에게 손해를 끼치는 관리나 법률가, 혹은 법률을 궤변적으로 해석하여 자신에게 유리한 결과를 얻고자 하는 사람에 대한 멸칭이라고 한다. 재미있는 것은 용례인데, "법의 파수꾼이라 하는 내각 법제국도 이전에는 법비라 불렸다(法の番人と言われる内閣法制局も、かつては法匪と呼ばれた)."는 역사적 사례를 용례로 들고 있다. 군국주의 시절 일본 정부가 스스로 좋다는 법을 만들어 이른바 '법치法治'라는 이름으로 힘없고 약한 일본사람들과 식민지, 점령지 사람들을 어떻게 괴롭혔는지를 잘 보여주는 단어이다. 물론 비중을 보면, 그 피해 당사자가 일본인이 아니라 식민범죄 피해를 당하는 사람이나 점령지 사람이었을 경우가 더 많았을 것이다. 법비의 비자가 비적이라는 뜻이니, 그들이 말하는 식민지 조선 사람이나 점령지 중국 사람에겐 법비法匪라는 단어가 더 치 떨리는 단어일 수도 있겠다.

과거 수세기 동안 서구 제국이 "물질적, 지적, 정신적으로 활발함"을 유지한 결과, '미개발지역'에 대한 차관이 주어져 "철도, 항만, 관개 사업, 기타의 형태로 거대한 투자"가 이루어졌다. 그렇지만, 그것이 순조롭게 이루어지기 위해서는 "정치적 안정이나 통화通貨의 교환성"에 관해 충분한 방법을 강구해야만 했다. 그리하여 서구 여러 나라들은 "무역이나 투자에 필요한 정치적 안정에 아직 도달하지 않은 세계의 사람들을 위해 통치를 행하게 되었다." 델레스(John Foster Dulles), 1950 『War or Peace』

법비法匪의 용례와 뜻이 똑 같은 조약비條約匪라는 말은 없지만, 비적匪賊보다 더한 조약을 이용하여 그 당시 식민범죄를 저질러 식민범죄 피해국을 만들어 낸 이른바 국제조약들도 많다. 1947년 2월 10일 연합국 20개국과 맺은 이탈리아 강화조약에서 당시 연합국들은 전쟁범죄에 대해서는 죄를 물었지만, 식민범죄에 대해서는 죄를 묻지 않았다.[3] 이탈리아가 연합군에게 무조건 항복한 1943년 7월 25일에서 2년 조금 넘은 1945년 9월 미국조차도 이탈리아의 옛 식민지가 UN의 신탁통치 아래 이탈리아의 통치로 복귀되어야 한다고 생각하고 있었다. 서구 여러 나라가 무역이나 투자에 필요한 정치적 안정에 도달하지 않은 국가의 사람들을 위해서 식민통치를 했다고 믿는 한 식민범죄의 부정은 당연한 일일 수 있다.

그러니 식민통치가 식민범죄라는 인식이 있을 수 없었다. 그런 의미에서 이탈리아건 연합군이건 식민범죄에 관한 한 공범이었다. 당연히 식민범죄 가해자들은 자신이 가한 식민범죄를 통해 1945년 8월 15일 일본의 패전이후 옛 식민범죄 피해 국가들이 자치와 독립을 성취한 것이기 때문에 식민지배의 책임을 따져서는 안 된다는 사고방식에 묶여 있었다. 식민범죄 공범자들의 이런 사고를 기반으로 이탈리아 강화조약이 맺어졌고, 대일본평화조약이라는 샌프란시스코 강화조약도 이런 기조가 유지될 것이라는 것을 간파하고 있는 일본이, 여전히 약소국이었고, 전쟁을 겪어 분단 고착이 눈에 보이는

---

3 오오타 오사무(太田修), 2012, 「식민지주의의 공범-두 개의 강화조약에서 초기 한일교섭으로」, 『아세아연구』 55(4).

대한민국을 여러 가지 방법으로 농락하지 않을 리 없었다. 농락의 최고 수준이 식민범죄의 결과 조선의 근대적 성장이 가능하게 되었다는 식민지시혜론으로 억지를 부린 것인데, 그 내용은 다음과 같다.

첫째, 조선은 일본이 국제법에 의해 '정당하게 취득'된 식민지였고, 식민지배 기간 분쟁이 없던 영토였으며, 당시까지 미, 영, 소 어느 나라도 이 한일병합조약에 대해 이의제기를 하지 않았다.

둘째, 일본의 식민통치는 '착취정치'가 아니라, '조선 각 지역의 경제적, 사회적, 문화적 향상과 근대화'에 기여한 '공헌정치'였다.

스즈키 다케오는 1) 일본의 조선 통치에 대한 근본방침인 '일시동인一視同仁' '내선일체內鮮一体' 가운데 한편으로 '황민화운동'은 '지나친 동화정책의 강행'으로 반성해야 마땅하지만, 다른 한편으론 일본인과 조선인을 완전히 평등하게 보고, 일본인의 우월적 차별대우 혹은 차별감정을 극복하여, 소위 식민지관계를 지양하고자 한 이상주의적 성격도 있었다고 주장하였고,[4] 2) 병합 이전의 낡은 조선 경제의 정지적靜止的 정체, 아니 축소재생산縮小再生産이라고도 말할 수 있는 '미제라블'한 상태에서, 병합 후 불과 삼십 몇 년 동안에 오늘날 보이는 바와 같은 일대발전을 이룩하기에 이른 것은 확실히 일본의 지도의 결과일 것이라고 단언하기도 하였다.[5]

---

4 스즈키 다케오(鈴木武雄), 1946, 「조선 통치에 대한 반성」『세카이(世界)』 5월호.
5 스즈키 다케오(鈴木武雄), 1947, 「부록·조선 통치의 성격과 실적—반성과 반비판(反批判)—」『일본인의 해외활동에 관한 역사적 조사』.

2. '건국절' 주장의 내용

건국절 주장이 사회 현안이 된 것은 2006년 8월 1일 서울대 경제학부 이영훈 교수가 "우리도 건국절을 만들자"라는 칼럼을 동아일보에 기고하면서부터이다. 당시 그가 쓴 칼럼의 주요 내용은 다음과 같다.

① 정부가 편찬한 중·고등학교 역사책을 보면 '대한민국의 건국'이란 표현이 아예 없다. 대한민국의 건국은 민족의 통일염원에도 불구하고 강행된 '남한만의 단독정부의 수립'이라는 불행한 사건으로 치부되어 있을 뿐이다. (중략) 광복절의 기념식에도 대한민국의 건국을 기리는 국민적 기억은 없다. 광복절은 어디까지나 일제로부터 해방된 그날로 기억될 뿐이다. 그러니까 대한민국은 모든 나라에 있는 건국절이 없는 나라이다. ② 1945년의 광복과 1948년의 제헌, 둘 중에 어느 쪽이 중요한가라고 물으면 단연코 후자이다. ②-1 : 제헌) 대한민국의 헌법은 우리 2000년의 국가역사에서 처음으로 '국민주권'을 선포했고, 국민 모두의 '신체의 자유'를 보장하였다. ②-2-1 : 광복) 광복은 우리의 힘으로 이루어지지 않았다. 광복은 일제가 무리하게 제국의 판도를 확장하다가 미국과 충돌하여 미국에 의해 (일본 : 필자 삽입) 제국이 깨어지는 통에 이루어진 것이다. ②-2-2 : 광복) 또한 광복을 맞았다고 하나 (대한국인은 : 필자 삽입) 어떠한 모양새의 근대국가를 세울지, 그에 대한 준비가 되어 있지 않았다. ②-2-3 : 광복) 내가 통설적인 의미의 광복절에 별로 신명이 나지 않은 또 한 가지 이유는 일제에 의해 병탄되기 이전에 이 땅에 마치 광명한 빛과도 같은 문명이 있었던 것처럼 그 말이 착각을 일으키기 때문이다. (중략) 그것은 역사적 진실이 아니다. 대다수의

민초에게 조선왕조는 행복을 약속하는 문명이 아니었다. ②-2-4 : 광복) 진정한 의미의 빛(광복 : 필자 삽입)은 1948년 8월 15일의 건국 그날에 찾아왔다. ③ (그러므로) 지난 60년간의 '광복절'을 미래지향적인 '건국절'로 바꾸자.

이상이 이영훈 교수가 주장했던 '건국절' 제정의 필요성이다. 주장의 핵심은 1945년 8월 15일을 기념하는 광복절을 없애고, 1948년 8월 15일 대한민국 정부 수립 기념일을 세계 모든 나라에 다 있다(?)는 건국절로 새로 만들어 광복절 대신 바꾸자는 것인데, 그 배경은 다음과 같다.

1) 일제 강점 이전의 조선시대는 '광명한 빛' 같은 문명이 있었던 사회도 아니었고, 대다수의 민초에게 행복을 약속하는 문명이 아니었다.

2) 일제 식민지 통치 시기는 한국인의 정치적 권리를 부정한 폭력적 억압체제이긴 했지만 일제 식민통치의 의도하지 않은 효과와 조선인의 노력에 의해 근대 문명을 학습하고 실천함으로써 근대국민국가를 세울 수 있는 사회적 능력이 두텁게 축적되는 시기였다.[6]

3) 1945년 8월 15일부터 1948년 8월 15일까지 3년간은 전승 국가들의 군대인 미군과 소련군의 군정軍政 하에 있었다. 이는 국제법상 적국 영토(한반도는 일본 영토의 연장으로 간주)에 대한 군사 점령권에 기한 조치, 곧 분할 점령 및 분할 통치의 결과였다. 그러므로 해방을 보았다지만, 실제상으로는 연합군의 점령지이고, 법 형식상으로는 여전히 일본의 영토로 관념되었다.[7]

---

6 교과서포럼, 2008, 『대안교과서 한국근·현대사』.
7 제성호, 2015, 「건국절제정의 타당성과 추진방안」 『법학논문집』 39-1, 194쪽.

4) 1948년 8월 15일은 영토와 인구를 갖춘 정부가 국가보다 앞서 나타나고 그 정부가 주권을 확보하여 건국이 이루어지는 것이며, 인구와 영토, 정부, 주권 등 국가구성의 4가지 필수 요소들이 완전히 갖추어진 날이기 때문에 광복절을 건국절로 바꾸는 것이 필요하다는 것이다.[8]

〈표 6〉 건국절 주장과 기왕의 정부 수립 입론의 차이

	건국절 주장	기왕의 정부 수립 입론
조선시대	정체	발전
일제강점기	식민지 하 조선인의 근대문명학습	일제의 식민지 수탈하의 항일
해방3년	점령군(국제법상 일본영토) 치하	해방 후 분단 저지 노력
1948. 8. 15	건국	정부 수립

어쩌면 건국절 논자들의 주장은 일제의 식민지 시혜론적 사고방식과 이렇게 유사한지 놀라지 않을 수 없다. 지금도 여전히 일제 식민범죄 가해자들은 자신의 식민통치(=자신이 가한 식민범죄)를 통해 식민지가 개발되었고, 1945년 8월 15일 일본의 패전이후에야 옛 식민범죄

한국의 국제법적 독립은 이를 확인한 샌프란시스코 대일평화조약이 발효한 일자인 1952년 4월 28일에 완전히 실현된 것으로 보는 입장이 있음도 소개하였다. 한편 양동안도 연합국의 점령 기간이라고 본다. 1945년 8월 15일의 해방은 남의 힘에 해방되어 독립을 동반하지 못한 주권 미확보 해방이다. 연합군은 점령군이 되고, 한국의 상태는 식민지에서 점령지로 바뀌게 된다. 가령 1945년 9월 12일 남조선주둔 미군최고사령관 하지 중장의 "연합군은 조선에 독립을 주기 위하여 왔다. (중략) 독립은 하루 이틀에 되는 것도 아니고 수 주일에 되는 것도 아니다."라는 연설을 보면, "1945년 8월 15일에 있었던 일본의 항복은 미국과 소련의 분할점령과 연결된 것이므로 일본의 우리 민족에 대한 지배가 소멸되었다는 의미이지 우리 민족의 독립은 아니었다." 양동안, 2016, 『앞책』, 137쪽.

8 양동안, 2016, 『앞책』, 19~20쪽.

피해 국가들이 자치와 독립(=건국)을 성취한 것이기 때문에 식민지배의 책임을 따져서는 안 된다고 주장하고 있다.

그러면서 뜬금없이 건국론 주장 학자들은, 자신들이 소위 건국의 아버지로 상징화하려는 이승만 초대 대통령의 업적을 다음과 같이 정리하였다. ① 일본 천황의 신민에서 해방 후 자유시민이 된 사람들과 함께 국가를 건국한 사람(김학은 연세대 명예교수), ② 해방 전부터 불기 시작한 공산주의자들의 기세에 눌려 자신의 생각을 표현하지 못했던 반공주의자들을 집결시켜 나라를 출범시킨 사람(이영훈 서울대 교수), ③ 한미동맹을 맺은 사람(권혁철 자유경제원 자유기업센터 소장), ④ 1948년 자유선거, 보통선거, 의회민주주의가 시작되고 제헌헌법이 만들어지고 미약하지만 삼권분립을 이룩한, 건국하면서 민주주의 혁명을 이뤄낸 사람(김광동 나라정책연구원 원장), ⑤ 쇄국정책에서 통상개방으로 전환한 사람(김용삼 동원대 특임교수), ⑥ 공산주의의 해악을 꿰뚫어보고 대한민국의 자유민주주의를 지켜낸 사람(유석춘 연세대 교수), ⑦ 반공을 중시하면서 공산주의에서 생각할 법한 토지의 공평한 분배를 자유민주주의 틀 안에서 실현시킨 사람(유석춘), ⑧ 농지개혁으로 국민들이 자기 소유의 토지를 갖게 되면서 비록 낮은 수준이지만 일종의 경영 수업을 받을 수 있었던 기회를 준 사람(이영훈) 등이라는 것이다.[9]

일부 학자들의 이러한 건국절 주장을 중심으로 2007년 9월 27일 한나라당 정갑윤 의원이 광복절을 건국절로 바꾸자는 내용의 '국경

---

9   강유화, 2016, 「이승만이 대한민국에 남긴 7가지 선물은?」, 『뉴데일리』 12. 20,
"자유경제원은 19일 자유경제원 리버티홀에서 우남 이승만 대통령의 업적을 담은 책 '시간을 달리는 남자' 출판기념 세미나를 열고, 이승만 대통령이 대한민국 역사에 남긴 功을 재조명하는 시간을 가졌다."

일에 관한 법률 일부개정안'을 발의한 바 있고,[10] 2008년 3월 26일 한나라당 안택수 의원(17대 국회의원)이 '건국유공자 예우에 관한 법률안'을 발의한 바 있으며, 2008년 12월 17일에는 한나라당 황우여 의원(18대 국회의원)이 '건국유공자 예우에 관한 법률안을 발의한 바 있다.[11]

당시 안택수 의원이 '건국유공자 예우에 관한 법률안'을 제안한 이유로는,[12] '1945년 8월 15일부터 1948년 8월 14일까지 신탁통치를 반대하거나 자유민주국가인 대한민국을 건국하기 위하여 활동한 건국유공자와 그 유족에 대하여 국가가 적정한 서훈과 응분의 예우를 함으로써 건국유공자와 그 유족들의 생활안정과 복지향상을 도모하

---

10 정갑윤 의원(18대 국회의원)이 2007년 9월 27일에 발의한 국경일에 관한 법률개정안은 2008년 9월 12일 철회되었다.

11 『내일신문』(2009. 02. 27).

12 http://blog.naver.com/tsahn43/100049076920 · 제안이유 : 1945년 8월 15일부터 1948년 8월 14일까지 신탁통치를 반대하거나 자유민주국가인 대한민국을 건국하기 위하여 활동한 건국유공자와 그 유족에 대하여 국가가 응분의 예우를 함으로써 건국유공자와 그 유족들의 생활안정과 복지향상을 도모하고 나아가 국민에게 애국정신을 함양시켜 민족정기를 선양하려는 것임. · 주요 골자 1. 건국유공자의 공헌과 희생이 숭고한 애국정신의 귀감으로서 항구적으로 존중되고, 건국유공자와 그 유족의 영예로운 생활이 보장되도록 실질적 지원을 행하여야 함을 이 법의 기본이념으로 천명함(안 제2조). 2. 국가가 건국유공자의 애국정신을 기리고 이를 계승·발전시키기 위한 시책을 강구하도록 함(안 제3조). 3. 이 법의 적용대상 건국유공자를 1945년 8월 15일부터 1948년 8월 14일까지 신탁통치를 반대하거나 자유민주국가인 대한민국을 건국하기 위하여 활동하고 그 공로로 건국훈장·건국포장 또는 대통령표창을 받은 건국순국지사와 건국지사로 함(안 제4조). 4. 건국유공자와 그 유족 또는 가족에 대하여 보상금·교육보호·취업보호·의료보호·양로보호 등의 지원을 실시하도록 함(안 제2장). 5. 건국유공자 등이 받은 보상금·학자금 또는 보조금을 환수하여야 하는 경우를 규정함(안 제27조). 6. 건국유공자가 이 법 또는 이 법에 따른 명령을 위반하거나 품위손상행위를 한 경우에는 3년의 범위 이내에서 보상을 정지할 수 있도록 함(안 제29조). 7. 거짓 그 밖의 부정한 방법으로 이 법에 따른 보상을 받거나 보상을 받게 한 자 등에 대한 벌칙을 규정함(안 제34조).

고 나아가 국민에게 건국애국정신을 함양시켜 민족정기를 선양하기 위함' 등이 있다.

항일이건 친일이건 묻지 않고 오로지 3년 동안의 반탁 및 이른바 '건국' 활동에 공이 있다는 사람들을, 독립유공자예우에 관한 법률(법률 제14257호) 4조에 따라 건국훈장 혹은 건국포장을 받는 순국선열과[13] 애국지사와[14] 같은 국가 유공자로 예우하겠다는 것이다. 아니 기왕의 건국 훈장과 건국 포장의 수여 자격은 이들이 주장하는 바와 같은 이른바 '건국' 활동이 아니므로, 이들의 주장에 따르면 기왕의 순국선열과 애국지사에게 수여한 건국훈장과 건국포장은 회수하고, 일제 강점기에 친일을 한 사람들이라도 이들의 주장에 맞는 이른바 '건국' 활동을 한 사람들에게 다시 훈장과 포장을 수여하겠다는 의도를 담은 것이기도 하다.

이러한 생각의 연장선상에서 2008년 5월 20일 이명박 대통령의 훈령으로[15] 제정된 국무총리 산하 기념사업회로서 '대한민국 건국60주년 기념사업위원회(위원장 : 한승수, 현승종, 김남조)'가 2008년 5월 22일에 발족된 후, 기념주화 발행 등 다양한 사업을 진행하였는데, 특히 문화관광부와 건국 60년 기념사업회가 함께 발간한『건국 60년 위대한 국민－새로운 꿈』(박효종 외 6인 공저)에서 대한민국을 건국한 공로는 1948년 8월 정부 수립에 참여한 사람들의 몫이라고

---

13 순국선열 : 일제의 국권침탈에 전후하여 1945년 8월 14일까지 일제의 국권 침탈을 반대하거나 독립운동을 하기 위하여 순국한 자.

14 애국지사 : 일제의 국권침탈에 전후하여 1945년 8월 14일까지 일제의 국권 침탈을 반대하거나 독립운동을 하기 위하여 항거한 자.

15 '대한민국건국60주년 기념사업위원회의 설치 및 운영에 관한 규정'은 2008년 12월 31일까지의 한시법으로 2008년 4월 16일 대통령훈령 214호로 제정되었다가, 2008년 8월 14일 대통령훈령 225호로 개정되었다.

하여 순국선열과 애국지사가 중심이 된 광복회 회원들을 비롯한 많은 분들의 훈장 반납 등 여러 사태를 불러일으키기도 하였다.[16]

그리고 2008년 8월 15일 경축사에서 이명박 대통령이 건국 활동자들이 중심이 되어 이룩한 대한민국 기적의 역사가 기록되고 새롭게 이어질 수 있도록 하는 취지의 현대사박물관(현 대한민국역사박물관) 건립을 공포한 후 2009년 국립대한민국관 건립위원회 규정(대통령령 제21320호)이 제정·시행되어 2012년 12월 26일 대한민국 역사박물관으로 개관되었다.

이상과 같은 건국절 주장은, 광복절을 건국절로 대체하자는 법안(대체론)이 국민 대다수의 반대로 실패하자 스스로 의미가 없다던 광복절과 진정한 의미가 있다는 건국절을 모두 국경일로 하자는 법안(병치론)으로 바꾸어 2014년 9월 2일 새누리당 62명의 19대 국회의원과 함께 윤상현 의원이 국경일에 관한 법률 일부 개정 법률안을 대표 발의한 바 있고,[17] 2016년 8월 29일 20대 국회의원 새누리당 전희경 의원이 공동발의 요청문을 돌린 바가 있다.[18]

그리고 2015년 11월 5일 역사 국정화 고시가 발표된 지 겨우 1년이

---

16 최초 배포본의 내용 : "물론 1919년 3·1운동 직후 수립된 대한민국 임시정부가 민주공화제를 기본 이념으로 설정했고, 이로써 자유민주주의 이념이 한국인의 정치의식으로 자라는 계기가 되었던 것도 사실이다. 그러나 임시정부는 자국의 영토를 확정하고 국민을 확보한 가운데 국제적 승인에 바탕을 둔 독립국가를 대표한 것은 아니었다. 실효적 지배를 통해 국가를 운영한 적도 없었다. 이런 점에서 민주주의의 실제 출발기점은 1948년 8월 대한민국 건국이라고 보아야 한다. 선언적·상징적 의미에서 임시정부는 대한민국이 보듬어야 할 소중한 자산이고, 또 우리가 앞으로 굳건히 이어가야 할 정신적 자산이지만, 현실 공간에서 대한민국을 건국한 공로는 1948년 8월 정부 수립에 참여했던 인물들의 몫으로 돌리는 것이 마땅하다. (하략)"(『오마이뉴스』 2014. 10. 24)
17 『노컷뉴스』(2014. 9. 2).
18 『한국일보』(2016. 8. 30).

지난 2016년 11월 28일 이준식 교육부 장관이 공개한 『2015년 개정 교육과정에 따른 역사과 교과용 도서 편찬기준(안)』에서는 건국절 주장 학자 및 정치인들의 의견이 반영되어, Ⅱ. 중학교 역사① ② 편찬기준, Ⅲ. 고등학교 한국사 편찬기준의 편찬 유의점에서 "유엔의 결의에 따른 5·10 총선거를 통해 대한민국이 수립되고, 유엔으로부터 한반도의 유일한 합법 정부로 승인을 받은 사실에 유의한다(사실을 서술한다)."는 '대한민국 수립'이 제시되었고, 당연히 국정교과서 현장 검토본에는 편찬유의점에 건국절 주장이 충실히 반영되어 서술되었다.

3. '건국절' 주장의 위험성

건국절 주장 학자들과 이에 동조하는 정치인들은 대한민국 정부 수립 이후의 대한민국의 성장을 자랑스럽게 보자는 것이 건국절 주장의 핵심 목표라고 설명하고 있지만, 건국절 주장의 위험성은 대한민국 정부 수립 이후가 아니라 대한민국 정부 수립 전후의 역사에 대한 그들의 주장이 위험하다는 데에서 찾을 수 있다.

건국절 주장 학자들에 따르면, 우리나라는 일제 강점기 일본 천황의 신민으로서 근대문명을 학습하고, 연합군 점령기(1945~1948)에 건국 준비 활동을 하다가, 1948년 8월 15일 유엔의 승인에 따라 건국하고, 1952년 4월 28일에 발효된 샌프란시스코 강화조약 2조에 따라 일본의 승인을 받는 그런 역사를 밟게 된다.

샌프란시스코 강화조약(=대일평화조약)은[19] 1951년 9월 8일 미국 샌프란시스코 전쟁기념공연예술센터에서 일본과 연합군 사이의 전쟁 상태가 종료되고, 일본 국민과 일본의 앞으로의 주권회복을 위해 일본과 연합국 48개국 사이에 맺은 평화조약이다. 대한민국과 조선민주주의인민공화국 모두, 평화협정에 서명을 하지 못했다. 그런데 이 조약 제2장 영토, 제2항 영토포기 또는 신탁통치이관이라는 조문에는 대한민국 사람이라면 누구라도 납득할 수 없는 내용이 실려 있다.

> 제2장 영토 제2항 : 영토 포기 또는 신탁 통치 이관 (a) 일본은 한국의 독립을 인정하고, 제주도, 거문도, 울릉도를 포함한 한반도와 그 부속도서에 대한 모든 권리, 자격, 영유권을 포기한다.
> 日本國は、朝鮮の獨立を承認して、濟洲島、巨文島及び鬱陵島を含む朝鮮に對するすべての權利、權原及び請求權を放棄する。
> Japan, recognizing the independence of Korea, renounces all right, title and claim to Korea, including the islands of Quelpart, Port Hamilton and Dagelet.

그 중의 하나가 일본이 한국도 아닌 조선의 독립을 승인한다는 것이다. 한국어로는 '일본은 한국의 독립을 인정'한다고 되어 있지만, 일본어로는 '조선의 독립을 승인(朝鮮の獨立を承認)'한다로 되어 있다. 건국론자들의 주장인지, 일본 제국주의자들의 주장인지 모를 정도로, 이들의 생각은 일치한다.

즉 일제 강점기 조선은 일본 통치를 통해 근대화 학습을 하고, 해방 3년간 연합군 점령 하에 있다가, 1948년 8월 15일 대한민국이

---

19 위키백과 한국어판(ko.wikipedia.org)에 들어가 샌프란시스코 강화조약을 치면 조문을 볼 수 있다.

회원국이 아닌 국제연합의 승인을 받아 건국하고, 1952년 4월 28일 식민범죄의 당사자인 일본이 조선의 독립을 승인했다는 것이다. 그리고 또 다른 하나는 독도를 제외하고, 제주도·거문도·울릉도를 포함한 한반도와 그 부속도서에 대한 모든 권리, 자격, 영유권을 포기한다는[20] 것이다.

이 샌프란시스코 강화조약 한국 관련 조항들을 보자면, 우리는 첫째, 식민범죄 가해국인 일본이 어떻게 식민범죄 피해국인 대한민국의 독립을 정부 수립 한참 후에 승인한다고 나선 것인지, 둘째, 1943년 카이로 회담의 결과 1894년 이후 일본의 침략지들에 대해서는 일체 권리를 포기시키기로 하고, 그 원칙에 따라 일본이 포기해야 할 영토 가운데 들어 있었던 독도가 어떻게 해서 다시 일본의 주장에 따르면 분쟁지가 되었는지, 셋째, 왜 한국이 연합국의 일원으로 조약 당사국이 되지 못했는지에 대한 궁금증이 생기는 것이 당연하다 하겠다.

① **몬테비데오협약과 샌프란시스코 강화조약**　샌프란시스코 강화조약에서 감히 식민범죄 가해국인 일본이 피해국인 한국의 국가 승인을 문서에 삽입할 수 있었던 것은 일본이 제국주의 시절 스스로가 직·간접으로 참여해 만들어 놓았던 그때까지의 국제협약이 가지고 있었던 식민범죄의 비인도성을 간파하고 있었기 때문이었다.

여전히 식민범죄 부인과 제국주의의 잔재가 남아있던 시절, 국가의 승인은 1948년 미주기구헌장, 그리고 1933년 12월 26일 우루과이의 몬테비데오에서 열린 제7회 미주국가회의에서 채택한 「국가의

20　濟洲島·巨文島及び鬱陵島を含む朝鮮に對する全ての權利·權原及び請求權の放棄第2條 (a).

권리와 의무에 관한 협약(Convention on Rights and Duties or States)」
제6조와 제7조에 수록되어 있는 국가승인의 의의와 방법에 따라
진행되었다.

제6조 승인의 의의 : 국가 승인이라는 것은 승인하는 국가가 국제법
에 따라 결정된 모든 권리와 의무를 포함한 그 나라의 법인격을
인정하는 것이다. 승인은 무조건의 것이어서, 취소할 수 없다.
ARTICLE 6 The recognition of a state merely signifies that the state
which recognizes it accepts the personality of the other with all
the rights and duties determined by international law. Recognition
is unconditional and irrevocable.
第6條 (承認の意義) 國家承認とは、承認する國家が國際法により決定された全て
の權利及び義務とともに他國の法人格を認めることを言うに過ぎないものである。承
認は、無條件のもので、取り消しえないものである。

제7조 승인의 방법 : 국가승인은 명시적으로나 묵시적으로 할 수
있다. 묵시적 합의란, 신생 국가를 승인한다는 의도를 암시하는
어떠한 표현도 인정하는 것이다.
ARTICLE 7 The recognition of a state may be express or tacit. The
latter results from any act which implies the intention of recognizing
the new state.
第7條 (承認の方法) 國家承認は、明示的又は默示的であることを問わない。默示
的合意は、新國家を承認する意思を暗示する行爲から生じる。[21]

---

[21] http://avalon.law.yale.edu/20th_century/intam03.asp#art7

이렇게 일본은 건국론자들이 신생국가의 건국과 같은 건국절이라고 주장하는, 그리고 유엔이 승인했다는 1948년 8월 15일에 수립된 대한민국 정부를 1952년 4월 28일에야 비로소 승인한다면서, 그 이유를 다음과 같이 설명한 바 있다. 한국이 비록 샌프란시스코 강화조약의 서명국으로 참가하기를 표명하고, 한 때 서명국 목록에 올라가기도 했지만, 당시 대한제국은 일본에 병합되고, 대한민국 임시정부를 승인한 나라도 없고, 다른 망명정부와 같이 대한민국 임시정부의 지휘를 받는 군대도 존재하지 않아 일본과 교전交戰하지 않았기 때문에 서명국에 들어가지 못했다는 것이다.[22]

제1조 국제법상 법인격으로서의 국가는 다음과 같은 요건을 갖추어야 한다. 1) 영구적 주민, 2) 명확한 영토, 3) 정부, 4) 외국과 관계를 맺을 수 있는 능력.
ARTICLE 1 : The state as a person of international law should possess the following qualifications : a) a permanent population; b) a defined territory; c) government; and d) capacity to enter into relations with the other states.[23]

일본이 몬테비데오협약의 국가승인 조건과 방법으로 샌프란시스

---

22 韓國は「署名國」としての參加を度々表明し、一時は署名國リストにも掲載されていたが、当時の大韓帝國は日本に併合され、大韓民國臨時政府を承認した國も存在せず、また他の亡命政府のような「大韓民國臨時政府」の指揮下にある軍も存在しておらず、日本と交戦していなかったため招請されなかった。
https://ja.wikipedia.org/wiki/%E6%97%A5%E6%9C%AC%E5%9B%BD%E3%81%A8 %E3%81%AE%E5%B9%B3%E5%92%8C%E6%9D%A1%E7%B4%84

23 http://avalon.law.yale.edu/20th_century/intam03.asp#art7

코 강화조약에서 한국을 '승인'한 것처럼, 건국론자들은 바로 그 몬테비데오협약의 국가승인조건을 인용하여 대한민국 임시정부를 인정할 수 없다고 주장하였다. 양자의 주장이 정확히 일치하는 지점이다. 1933년 12월 26일 우루과이의 몬테비데오에서 열린 제7회 미주국가회의에서 채택한 「국가의 권리와 의무에 관한 협약(Convention on Rights and Duties or States)」의 제1조, 국가승인에 관한 바로 그 조약이 규정한 "국제법상 국가는 영구적 주민, 명확한 영토, 정부, 외국과 관계를 맺을 수 있는 능력이 있어야 국가라고 할 수 있다."는 그 조문에 따라, 건국론자들은 대한민국 임시정부를 바로 이 요건에 입각해 볼 때 국가로 인정할 수 없다고 하였다. 어이없는 일이다.

건국론 주장 학자들과 정치인들은 자신들이 식민범죄 피해국 출신이 아니라 마치 식민범죄 가해국인 것처럼 사고하고, 학문하는 태도를 보여주고 있다. 앞서 인용한 바와 같이 이승만을 평가하면서 김학은 연세대 명예교수가 일제 강점으로 신음하던 대한민국 국민들을 일본 천황의 신민臣民이라고 공공연하게 주장하는 근거이기도 한 것인데,[24] 일제의 강제점령 하에서 처절한 저항을 하고 있었던 대한민국의 대한국인을 '천황의 신민'이라고 믿고 있다는 건국절 논자들의 주장은, 세계 어느 국가의 역사학자라도 믿을 수 없는 주장이다. 차라리 신념이라면, 이해해 줄 수도 있다.

단재 신채호가 설파했던 것처럼 강도 일본이 우리의 영토를 빼앗고, 일제의 압제에 우리 동포들이 신음했지만, 일제 강점기는 국토가 없었던 시대도 아니고, 한국인이 없었던 시대도 아니었다. 한국인들

---

24 강유화, 2016, 「이승만이 대한민국에 남긴 7가지 선물은?」(『뉴데일리』 12. 20).

이 하늘로 솟지도 않았고, 한국영토가 땅으로 가라앉지도 않았다. 일제 강점기는 한국을 강제점령한 일제가 한국인을 천황의 신민이라고 주장하고, 한국 땅을 일본 땅이라고 우긴 시기일 뿐이었다.

일본 제국주의의 식민범죄와 이에 동조했던 제국주의 열강들로 인해 피해를 받던 상황이었기 때문에 세계 여러 나라들의 인정을 골고루 받진 못했지만 세계 여러 나라들과 외교관계를 맺으려고 많은 노력을 경주해 마지않았던, 국권의 완전한 회복을 추구하던 대한민국 임시정부도 있었다. '임시' 헌법이라는 명칭 자체가 임시정부가 국가가 아니라는 점을 분명히 하고 있다고 주장하기도 하는데,[25] 대한민국 임시정부와 임시의정원이 임시라는 단어를 쓴 이유는, 대한민국 임시헌장 제10조 "임시정부는 국토 회복 후 만 1개월 안에 국회를 소집한다."에 명시한 바와 같이 국권회복의 필요조건인 국토 회복, 즉 광복이 되어 만 1개월 안에 국회를 소집한 다음까지만 '임시'라는 단어를 쓰겠다는 대한민국 임시정부와 대한국인의 의지를 담았을 뿐이지, 국가가 아니라고 생각해서 임시라는 단어를 쓴 것은 아니었다.

② 샌프란시스코 강화조약과, 광복 이후 일본이 독도가 일본 영토라고 다시 주장하게 된 사정　독도는 돌섬이라는 뜻으로, 돌의 남도 사투리인 '독'의 음이 되는 홀로 독자를 써서 독도獨島로 표기하였고, 뜻으로 표현하면 돌 석자를 사용하여 석도石島라 표기하였다. 독도獨島가 바로 석도石島인 것이다.

이 석도石島는 역사적으로도 한국 영토이지만, 근대법적으로도

25　양동안, 2016, 『앞책』, 54쪽.

대한제국 칙령 41호(1900. 10. 25)와 대한제국 관보 1716호(1900. 10. 27)를 통해 울릉본도와 죽도와 함께 울도군이 된 바로 그 섬이다. 그런데 난데없이 러일전쟁 와중에 있던 일본이 시마네현 고시 40호 (1905. 2. 22)로 시마네현 소속이라고 우기기 시작하다가, 1951년 9월 8일 샌프란시스코 조약이 조인되고, 발효도 되기 전인 1952년 1월 28일 일본은 독도가 일본령이라고 선언해 버렸다.[26]

카이로 선언과 포츠담 선언으로 독도가 한국 영토임이 세계적으로 인정되었음에도 불구하고, 1945년 패전 이후 꾸준히 독도 문제를 도발해 왔던 일본은, 미국의 협조로 샌프란시스코 강화조약의 영토 조항에 독도를 배제하는 데 성공하여 일본만의 갈등문제로 만들어버렸다. 사실보다는 외교적 역량을 동원하여 일본이 유발한 일본만의 독도 갈등은, 역사적 영유권(독도가 역사적으로 한국 땅이라는 증거)이나 무주지선점론無主地先占論(역사적으로 특정 국가의 소유가 아닌 무인도는 근대법에 따라 선점한 나라의 영토가 된다는 이론)과 같은 학문적인 문제가 아니라 주의, 주장만 난무하는 정치적인 문제가 되고 말았다.

세 연합군은 일본의 침략을 제지하고 응징하기 위해 이 전쟁을 치르고 있다. (중략) ⓐ 1914년 제1차 세계대전이 발발한 이래 일본 이 강탈했거나, 점령해 온 태평양의 모든 섬들을 몰수하는 데 있으며, 또한 ⓑ 일본이 중국으로부터 탈취한 모든 영토들, 예를 들면 만주, 타이완, 펑후제도 등을 중국에 반환하는 데 있다. ⓒ 일본은 또한 폭력과 탐욕에 의해 탈취한 모든 다른 영토들로부터도 추방당할 것이다. ⓓ 세 연합국은 한국민韓國民이 노예적 상태에 있음을

---

26 정병준, 2010, 『독도 1947』.

상기하면서, 한국을 적당한 시기에 자유롭고 독립적인 국가로 만들 것을 굳게 다짐한다. 이러한 목적을 실현하기 위하여 세 연합국은 일본과 싸우고 있는 다른 국가들과 보조를 맞추어 가면서 일본의 무조건 항복을 받아내는 데 필요한 진지하고도 장기적인 군사행동을 지속적으로 감행해 나갈 것이다. (카이로 선언, 발표일 1943. 12. 1, 전쟁기념관 소장유물)

사실 일본의 패전에 즈음하여 맺어진 카이로 선언(1943. 11. 27)에서, 연합국은, 일본이 ⓐ 1914년 제1차 세계대전이후 탈취한 모든 영토를 이전상태로 원상 복귀시키는 것을 원칙으로 하되, ⓑ (1895년 이후)[27] 청일전쟁 이후 탈취한 중국 영토의 반환, ⓒ 그 외 침략한 모든 나라로부터의 추방 ⓓ 노예화된 한국민의 독립 등을 위해 세계 모든 나라와 협조하여 일본의 항복을 받아내고자 하였다. 특히 한국민의 상태를 '노예화'로 표현한 것은, 후술할 뉘른베르크 제 원칙(1946년 12월 11일)과 극동국제군사재판소 조례(1946년 1월 19일)의 노예화 용례에서 알 수 있듯이, 당시 연합국은 한국이 본래 독립국인데 일본의 강제 점령으로 한국민의 상태가 노예화된 것으로 판단했다는 뜻이다. 이 원칙은 포츠담 선언(1945. 7. 26) 8조에서도 확인되었다. 카이로 선언의 각 항은 실행되어야 하고, 일본의 주권은 혼슈와 홋카이도, 규슈, 시코쿠 및 연합국이 결정한 작은 섬에 국한된다는 것이었다.

그리고 포츠담 선언으로 재확인된 이 결정은, 연합군 최고사령부[28]

---

27 시모노세키조약(1895. 4. 17) 제2조 3항 "청나라는 요동반도와 타이완, 펑후제도 등 여러 섬의 주권 및 그 지방에 있는 성루, 병기제조소 등을 영원히 일본 제국에 할양한다."

28 연합국 최고사령부(SCAP : Supreme Commander of the Allied Powers, GHQ : General Headquarters, 일본어 명칭 : 聯合國軍最高司令官總司令部) : 일본이 태평

지령(SCAPIN, Supreme Commander for the Allied Powers Instruction)에서도 여전히 유효한 결정이었다. 연합군 최고사령부 지령(SCAPIN) 677호 (1946. 1. 29)부터 샌프란시스코 강화조약 영토 초안(1949. 10. 13), 샌프란시스코 강화조약 영토 5차 초안(1949. 11. 14)까지 수많은 국제 문서에서 독도(리앙쿠르암)는 세계가 인정하는 한국 땅이었다.

연합군최고사령부 지령 제1778호(SCAPIN 1778, 1947. 9. 16)에 따라, 아마도 일본의 공작에 따라 독도가 폭격연습장으로 지정되고, 1948년 6월 8일 국적 불명이라던 비행기가 독도를 폭격한 사건이 발생하였을 때의 일이었다. 1948년 6월 17일 주일 극동사령부 제5공군 소속 미군기가 독도를 폭격한 사실을 인정하자, 주한 미군정사령부는 주일 극동공군사령부에 독도 폭격 중지를 요청했다. 주한 미군정사령부가 이렇게 할 수 있었던 것은 독도가 주일 미공군이 SCAPIN 1778호에 따라 폭격연습을 할 수 있는 곳이 아니라 이미 1948년 5월 10일 총선거를 거친 대한민국 정부가 관할해야 하는 곳임을 잘 알고 있었던 증거이기도 하다.

그런데 문제는 샌프란시스코 강화조약 5차 초안에 대해, 주일 미정치 고문실의 윌리암 시볼드가 검토의견(1949. 11. 29)을 내면서 불거지기 시작했다.[29] 독도에 대한 재고를 요청하면서, 독도에 관한 일본의 주장은 오래된 것이며, 유효한 것으로 보인다는 것이다. 안보적 관점에서 볼 때, 독도에 기상 및 레이더 기지를 설치하는 것 등은 미국의 이익에도 결부된 문제라는 점을 암시케 하는 전략도 포함시켰다.

양전쟁에서 패전한 이후 1945년 10월 2일부터 샌프란시스코 강화조약 발효 (1952. 4. 28) 때까지 6년 반 동안 일본에 있었던 연합국 사령부.

29 정병준, 2005, 「윌리암 시볼드와 독도 분쟁의 시발」 『역사비평』 71.

그러면서 윌리엄 시볼드가 제시한 증거 문건이라는 것이 1947년 6월 일본 외무성이 간행한 팸플릿, 『일본의 부속도서 Ⅳ. 태평양 소도서, 일본의 소도서』였다. 이를 근거로 샌프란시스코 강화조약 6차 초안(1949. 12. 8)에는 독도가 일본 땅으로 표시되고, 7차 초안(1949. 12. 19)에는 다시 한국 땅으로 변경되는 등 롤러코스터를 타기 시작했다. 12월 29일 윌리엄 시볼드가 다시 미 국무성에 전문을 보내, 8차 초안(1949. 12. 29)과 9차 초안(1950. 1)에는 일본 영토에 포함되었다가, 10차 초안(1950. 8. 7)과 11차 초안(1950. 9. 11) 등에서는 한국 영토로 표시하는 등 오락가락한 것이었다. 그러다가 1951년 5월 3일 영미합동 1차 초안부터는 독도에 관한 내용이 초안에서 아예 사라지기 시작하였다.

1951년 7월 19일 주미대사 양유찬이 "일본은 한국과 제주도, 거문도, 울릉도, 독도, 그리고 파랑도를 포함한, 일본의 합병이전, 한국의 영토였던 도서들에 대한 모든 권리, 권원, 그리고 청구권을, 1945년 8월 9일자로 포기했다(renounce)는 것에 동의했다."는 사실을 확인하는 서한을 미 국무성 델레스에게 보냈으나, 1951년 8월 10일 미 국무부 극동담당차관보였던 딘 러스크가 주미대사 양유찬에게 보낸 답변에서 "1) 미국정부는 일본이 1945년 8월 9일자로 포츠담 선언을 받아들였지만, 포츠담 선언에 포함된 지역에 대해 일본이 공식적이고 최종적으로 주권을 포기했다는 논리를 샌프란시스코 강화조약에 적용해야 한다고 생각하지 않으며, 2) 독도에 대한 미 국무부 정보에 따르면, 통상 사람이 거주하지 않는 이 바위덩어리는 한국의 일부로 취급된 적이 없으며, 1905년 이래 일본 시마네현 오키섬 관할 하에 놓여 있었고, 한국은 이전엔 결코 이 섬에 대한 권리를 주장하지 않았다."고 회신하였다.

그리고 마침내 1951년 9월 7일 샌프란시스코 강화조약의 해당 조문 최종안에는 독도가 아예 사라진 상태로, "일본은 한국의 독립을 승인하고, 제주도·거문도·울릉도를 포함한 한국에 대한 모든 권리, 권원, 그리고 청구권을 포기한다."는 조문으로 결정되고 말았다. 그리고 일본은 독도의 일본 영유권을 확보한다는 야욕으로 1948년 6월 8일에 한 차례 실패했던 미 공군의 폭격 연습장으로, 1952년 7월 26일 일본 외무성 고시 34호, 제12차 미일합동위원회 행정협정 2호로 독도를 다시 24시간 미 공군의 폭격 훈련구역으로 지정하는 만행을 저질렀다.

샌프란시스코 조약에는 일본의 영토 포기에 관해 울릉도와 제주도 2개의 섬만을 규정하고, 독도(다케시마)에 관해서는 규정이 없다. 이 사실은 독도(다케시마)는 일본이 승인한 한국에 포함되지 않을 뿐만 아니라, 일본이 모든 권리, 권원 및 청구권을 포기한 한국에도 포함되지 않는다는 것을 의미한다.

The Peace Treaty provides for the renunciation by Japan of only two islands of Ulueng Island and Cheju Island with no provision on Takeshima. This fact cannot but mean that Takeshima is not include in the "Korea" the independence of which recognized, nor is it include in the "Korea" to which Japan renounced all right, title and claim (Japanese Ministry of Foreign Affaires, Note of July 13, 1962)

그리고 마침내 1962년 7월 13일, 샌프란시스코 강화조약에서 일본 이 포기한 영토는 울릉도와 제주도만이고, 독도는 아니었으니, 독도 는 한국의 영토가 아니라는 주장을 공공연히 하게 되었던 것이다.

③ **대한민국이 샌프란시스코 강화조약 서명국에서 배제된 사정** 1947년 8월 4일 연합군최고사령부는 지령 제1757호(SCAPIN 1757, 1947. 8. 4)를 통해 대한민국을 연합군·중립국·적성국가 가운데 하나로 분류하지 않고, 오스트리아·이탈리아·타이와 함께 '특수지위국가'로 분류해 놓았다.[30] 대한민국이 과거에 일본의 식민지였으며, 1947년에는 연합국의 점령 하에 있는 비독립지역이었다는 것이다.

비록 1947년 2월 10일 이탈리아 강화조약으로, 파시스트 체제 하의 이탈리아가 세계를 대상으로 침략전쟁을 도모한 점을 인정했다고는 하지만, 제2차 세계대전을 일으킨 이탈리아와 식민범죄의 피해국인 대한민국을 함께 특수지위국가로 분류한 것은 용납할 수 없는 일이었다.

그러다 1949년 11월 23일 미 국무차관 웹이 훈령을 보내 샌프란시스코 강화조약 당사자(협상국과 자문국)로 한국의 참여 문제를 묻자, 1949년 12월 3일 주한 미대사 무초(John Muccio)는 ㉠ 임시정부가 있었고, ㉡ 한국군 부대가 중국군에 참가하고 있었으며, ㉢ 한국 게릴라들이 일본군과 교전하였다는 점을 근거로, 그리고 ㉣ 미군정이 한국에 인도된 한국 땅에 남아 있는 일본 재산을 일본의 전배상全賠償으로 받아들일 것을 조건으로 하여 대한민국이 강화조약의 서명국(자문국)으로 참여했으면 좋겠다는 의견을 내었다.

이런 결정에 대해 1949년 12월 29일 샌프란시스코 강화조약 초안부터 한국은 서명국에 들어갔으며, 미 국무부 역시 초안에 부속된 논평을 통해, "대한민국이 ㉠ 극동위원회 회원국이 아니고 ㉡ 소련의 승인을 받지는 못했지만, ㉢ 중국 국민당 군대와 함께 일본에 대항한

---

30 정병준, 2006, 「독도영유권 분쟁으로 보는 한미일 3국의 시각」 『사림』 26 ; 오오타 오사무(太田修), 2012, 「앞글」.

전쟁에서 수십 년간 지속된 저항운동과 전투기록을 가지고 있으며, ㉣ 샌프란시스코 강화조약에 중요한 이해관계를 가지고 있는 해방된 지역(a liberated territory)이었으므로 조약의 당사자(자문국)로 참가할 자격이 있고, 이에 대해 무초 대사를 통해 한국 정부를 설득할 수 있을 것”이라고 코멘트하기도 하였다. 델레스(John Foster Dulles) 조차 1948년 12월 파리 유엔총회에서 한국 정부가 유엔의 승인을 받도록 노력한 미국 대표단 단장이었다는 인연으로 한국이 연합군의 일원이 될 수 없다는 영국정부의 반대를 막아내기도 하였다.

그렇게 한국이 서명국으로 참여하게 되고 16개월이 지난 1951년 4월 27일 대한민국 정부는 샌프란시스코 강화조약 초안 작성자들에게 1) 2차 대전 당시, 대일對日 선전포고를 하고, 중국과 만주에서 항일전을 전개한 한국에 연합국 지위를 부여했으니, 2) 일본의 유엔 가입도 한국의 지위와 동일하게 제한해 줄 것이며, 3) 70만 재일 한국인들과 일본 거류 한인들에게 연합국 지위를 부여하고, 4) 대마도의 한국반환을 요구하기도 하였다. 며칠 후인 1951년 5월 3일 영미합동초안이 만들어지기 전까지 대한민국 정부 당사자들은 대한민국의 서명국(자문국) 참여는 긍정적으로 검토되는 것으로 알았다. 한국이 배제될 줄 까맣게 모르고 있었던 것이다.

그러나 1951년 5월 3일 영미합동초안이 만들어진 이후에 입장이 바뀌었다. 특히 재일한국인 100만 명이 공산주의자 범죄자이며, 한국을 연합국으로 인정하는 순간 재일한국인이 일본경제를 파탄에 이르게 할 것이라는 요시다 시게루의 모함에 흔들려, 마침내 1951년 7월 9일 델레스는 주미대사 양유찬에게 한국은 교전국이 아니므로 조약 서명국이 될 수 없다는 최종 통고를 해 버렸다. 영국을 동원한 일본의 집요한 모함을, 미국이 수긍한 것이다. 그 결과 마침내 대한민국은 조약 서명국에서 배제되고 말았다.

④ **국제조약의 신뢰성**　이상과 같이 샌프란시스코 강화조약에서 일본의 모함으로 한국이 조약 서명국에서 배제되고 곧 이어 일본이 한국의 독립을 승인한다는 망발을 하며, 영토 조항에 독도가 빠지는 과정에서 살펴보았듯이, 국제관계는 영원한 적도 없고, 동지도 없다.

당시 최강대국 미국조차 참가국 자격 문제나 독도 문제에 관한 카이로 선언, 포츠담 선언이라는 국제협약을 샌프란시스코 강화조약이라는 또 다른 국제협약에 그대로 반영하지 않았다는 것도 우리가 눈여겨보아야 할 사항이고, 1950년 9월 샌프란시스코 강화조약에 대해 침략전쟁에 대한 반성과 전쟁책임이 있다고 용서를 구하는 코스프레를 한 다음 정작 조약 최종안에는 책임과 반성에 대한 문구를 배제해 버리는 일본의 국제협약을 대하는 입장, 그리고 자국의 입맛에 맞게 조문을 정리한 다음에도 샌프란시스코 강화조약에 따라 일본이 한국을 승인하였고, 그 이전 식민범죄 책임과 전쟁범죄 책임이 없다는 일본의 주장도 잘 검토해 보아야 한다.

국제협약의 이런 성격을 요모조모 검토하다 보면 건국절 주장 학자들이 몬테비데오협약과 같은 국제협약이 국제협약이기 때문에 무조건 믿고 신뢰하고 따라야 한다는 주장이 얼마나 위험한지에 대해 스스로 충분히 생각해 볼 시간을 가져야 할 것이다. 개인간 약속이 그렇듯이 국가간 약속도 당사자가 참여해 자신의 입장을 충분히 피력하고, 상대방도 그 피력을 인정해 줄 때 협약의 효력이 생긴다. 협력하지 않고, 배제하면서 맺은 협약은 협약으로 인정해 주어서는 안 된다.

4. 자학사관과 자랑사관

보통의 대한민국 국민이라면 20세기에 성취한 대한민국의 역사를 자랑스럽게 생각해야 한다는 주장에 반대할 사람이 별로 없을 것이다. 20세기 전반기 항일투쟁으로 일제의 강제점령을 극복하고, 20세기 후반기 엄청난 교육열을 바탕으로 한 민주화 투쟁을 통해 독재를 극복하며 경제적 성장을 이룩해 내는 전 역사를 살펴 보다보면, 대한민국의 유구한 역사의 힘을 자부하는 것은 당연한 일이었다.

그래서 그런지 주로 사회과학자들이 주축이 된 건국절 주장 학자들이 국민들 사이에 자신들의 입지를 확보하기 위한 전략으로 내세운 방안이, 자신들이 광복절을 건국절로 바꾸자고 주장하는 이유는, 자신들의 역사관은 대한민국의 역사를 긍정적으로 보는 자랑사관인데 반하여 역사학자들과 역사교사들이 쓴 기존의 역사교과서는 대한민국의 역사를 부정적으로 보는 자학사관이기 때문이라고 설명하였다. 그러나 이는 거짓과 독단으로 만든 프레임일 뿐이었다. 한국과 일본 모두, 양심적이고 학문에 입각하여 자국의 과거를 성찰하려는 사람들의 성찰적 역사관을, 자학사관이라 이름 붙여 매도한 사람들이 오히려 학문적이 아니라 정치적인 주장을 하는 사람들이었다.

제국주의와 독재를 비판하기 위해, 그래서 일본 제국주의, 군국주의 만행을 성찰하고자 하는 대다수 일본의 양심적인 시민들과 역사학자들의 역사서술을 비판하겠다는 생각에서 일본 극우파가 정치적으로 만들어낸 용어가 '자학사관'이다. 학문과 양심에 충실한 시민과 역사학자들을 자학사학자로 매도하겠다는 것이다. 경과는 다음과 같다.

1993년 8월, 자민당은 '역사·검토위원회'를 설치하여, 태평양전쟁은 아시아 해방을 위한 전쟁이었고, 난징대학살과 일본군'위안부'는 허구라고 주장하기 시작하였다. 극우 정치인들은 군국주의 일본의 침략과 가해를 기술하고 있는 역사 교과서와의 '싸움'이 필요하며, 이를 위해 극우적 정치관에 동조하는 학자들을 동원한 국민운동이 필요하다고 생각하였다. 그리하여 1996년 6월에 '밝은 일본·국회의원 연맹', 1997년 2월에는 '일본의 앞날과 역사교육을 생각하는 젊은 의원모임'을 결성하여 "우리나라(일본)의 역사를 침략국가로 죄악시하는 자학적 역사인식과 비굴한 사죄외교에 결코 동조할 수 없다."고 주장하면서 교과서에 기술되어 있는 일본군 '위안부'에 대한 내용을 삭제할 것을 요구하였다.

1998년 6월 5일 국회에서는 마치무라 노부다카町村信孝 문부대신이 역사교과서가 특히 메이지 이후 부정적인 요소를 너무 많이 열거하는 등 편향되어 있다고 주장했다. 이러한 정치권의 움직임과 맞물려 1996년 12월 니시오 간지西尾幹二를 중심으로 한 '새로운 역사교과서를 만드는 모임'(이하, '새역모')이 결성되었다. '새역모'는 결성 초기부터 기존의 역사교과서가 일본군'위안부'를 기술한 것은 '자학사관'에 따른 것이라고 비판하는 데 주안점을 두었다.[31] 역시 학문적이기보다는 정치적이고 이념적이다.

한국의 건국절 주장 논자들이 20세기 전·후반의 제국주의자와 독재자, 그리고 제국주의자(친일세력)와 독재자(반헌법세력)를 중심으로 맺어진 정경유착, 권언유착을 비판하는 한국의 양심적인 역사학자들의 역사서술을 자학사관으로 매도하는 것을 보면, 일본 극우파의 역사인식과 한국 건국절 주장론자들의 역사인식의 유사성을 지적

---

31 남상구, 2016, 「일본교과서 문제의 역사적 경위와 실태—국제주의와 애국주의 길항」 『한일관계사연구』 54.

하지 않을 수 없다,

한국의 보수·우익 세력의 역사인식을 보면, ① 국가관 측면에서 자유민주주의의 수호라는 기치아래 국민결집을 강요하고 애국심이라는 이름으로 국가에 대한 봉사와 희생을 강요하며, ② 정치관 측면에서 엘리트중심주의에 서서 민주주의에 대하여 회의적인 입장을 견지하였으며, 과거 강력한 지도자를 중심으로 한 폭압적 엘리트주의를 옹호하고 미화하는 등 이에 동조하는 모습을 보이고, ③ 경제적인 측면에서 발전지상주의에 매몰되어 경제만 살리면 무엇이든 용서된다는 논리를 추구하며, ④ 인간관의 측면에서 계몽주의적 모습을 견지한다.

이들은 ⑤ 자유주의와 자유 시장경제를 옹호한다면서 스스로를 자유세력으로 규정하지만 과거 권위주의 군사정부 시절을 옹호하는 것이며, 민족주의를 경계한다고 하였지만 결국 스스로를 애국세력으로 자처하며 국가에 대한 애국심을 강요하는 등 결국 국가에 대한 충성으로 귀결되는 모습을 견지하면서 민족주의 성향을 보였으며, 자본주의 논리에 따른 자유 시장경제를 주장하면서 과거 국가주도하의 국가자본주의를 옹호하는 등 이중적인 모습을 보이며 ⑥ 강력한 국가건설을 위한 국민의 결집 요구, 군국주의 미화와 정당화, 민중탄압에 대한 축소기술 및 함구 그리고 정당화, 하나가 된 사회를 위한 사회적 이해 대립에 대한 불용납, 반대세력에 대한 탄압과 폄하 그리고 그에 대한 미화와 정당화 등 결국 파시즘으로 귀결되는 유사한 모습을 보였다.[32]

한·일의 양심적인 역사학자들이 비판한 것은 제국주의자, 독재자,

---

32 강순범, 2014, 『일본의 '새역모'와 한국의 뉴라이트의 역사인식 비교연구』, 서강대 공공정책대학원 학위논문.

제국주의 권력, 독재 권력 등 특권층과 기득권의 역사이지, 그 시대를 살아낸 보통의 한국인과 일본인을 비판하는 것이 아니다. 오히려 한·일의 양심적인 역사학자들이 자랑으로 삼는 것은 일본의 제국주의와 군국주의, 20세기 전·후반 한국의 식민지 치하, 독재 치하라는 엄혹한 현실에서도 역사의 발전을 이끌어낸 한일의 보통 사람들의 생각과 활동이었다. 하지만 한일의 양심적인 역사학자들은 수천 년 동안 이런 상황은 일상적이었으므로, 굳이 강조하지 않았을 뿐이었다. 그러므로 제국주의자들과 친일세력, 독재자와 독재부역세력들을 자랑하는 자랑사관이 아니라도, 유구한 역사와 20세기 한국인들이 성취한 역사적 성과에 대한 자부심은 세계 어느 나라 사람들과 같이 당당하다고 할 수 있겠다.

III. '국경일에 관한 법률'의 올바른 이해

1949년 10월 1일 국경일에 관한 법률(제53호)로 삼일절, 제헌절, 광복절, 개천절을 국경일로 정했다. 네 날이 국가의 경사로운 날이 된 것은 세계만방에 독립을 선언한 날(삼일절), 헌법이 공포된 날(제헌절, 헌법공포일), 국권이 회복되고 정부가 수립된 날(광복절, 국권회복일, 독립기념일, 정부수립일), 그리고 대한민국이 유구한 역사를 가지고 건국한 날(개천절, 건국기원절)이기 때문이었다. 그리고 2005년 12월 29일 법률 7771호로 한글날을 추가했다. 그래서 4대 국경일에서 5대 국경일이 되었다.

그런데 건국절 주장 논자들은 국권이 회복되고 정부가 수립된 광복절을 부정하고, 대한민국 건국기원일로서의 개천절도 인정하지 않는 그런 주장을 학계와 국민들에게 개진하고 있다. 그래서 광복절과 개천절이 왜 국경일이 되었는지에 대해 약술함으로써 국경일에 관한 법률을 무시하는 건국절 주장의 반법률적 태도를 지적해 보고자 한다.

1. 삼일절(독립선언일)과 제헌절(헌법공포일)

삼일절은 세계만방에 대한민국이 독립국이고 자주국임을 선포한 날이다. 독립선언일인 것이다. 1919년 3월 1일 "우리들은 이에 우리 조선이 독립한 나라임과, 조선 사람들이 자주적인 민족임을 선언(기미독립선언서)"하고,[33] 1919년 4월 11일 임시헌장과[34] 1919년 9월 11일 임시헌법[35] 전문前文부터 "이미 우리나라가 독립국임과 우리 민족이

---

33 오등(吾等)은 자(慈)에 아(我) 조선(朝鮮)의 독립국(獨立國)임과 조선인(朝鮮人)의 자주민(自主民)임을 선언(宣言)하노라. 차(此)로써 세계만방(世界萬邦)에 고(告)하야 인류(人類) 평등(平等)의 대의(大義)를 극명(克明)하며, 차(此)로써 자손만대(子孫萬代)에 고(誥)하야 민족자존(民族自存)의 정권(正權)을 영유(永有)케 하노라.

34 "신인일치(神人一致)로 중외(中外) 협응(協應)하야 한성(漢城)에서 기의(起義)한 지 30유여 일에 평화적 독립을 3백여 주에 광복하고, 국민의 신임으로 완전히 다시 조직한 임시정부는 항구(恒久) 완전한 자주 독립의 복리로 아 자손 여민(黎民)에게 세전(世傳)키 위하여 임시의정원의 결의로 임시헌장을 선포하노라."

35 "아 대한 인민은 아국이 독립국인 것과 아 민족이 자주민인 것을 선언하였다. 차(此)로써 세계만방에 고하여 인류 평등의 대의를 극명(克明)하며, 차로써 자손만대에 고하여 민족자존의 정권(正權)을 영유케 하였도다. 반만년 역사의 권위를 대(代)하여 2천만 민족의 성의를 합하여 민족의 항구여일한 자유 발전을 위하여 조직된 대한민국의 인민을 대표한 임시의정원은 민의(民意)를 체(體)하여 원년(1919) 4월 11일 발포한 10개조의 임시헌장을 기본삼아 본 임시헌법을 제정하여 공리(公理)를 창명(昌明)하며 공익을 증진하며, 국방(國防) 급(及) 내치(內治)를 주비(籌備)하며 정부의 기본을 공고히 하는 보장이 되게 하노라." 『독립』

자주민임을 선언"하여 1987년 대한민국 헌법까지 이어지기 때문에 일제 강제점령기에 우리 대한민국이 독립국임과 대한민국 사람들이 자주민임을 세계에 알리는 날을 국가의 경사스러운 날로 삼는 것은 누구라도 인정하는 너무나 당연한 일이다.

그리고 대한민국 임시정부는 이미 대한민국 인민을 대표한 임시의정원이 제정한 임시헌장, 임시헌법 등을 제정해 왔고, 광복 이후 대한민국은, 국민을 대표한 국회가 제정한 대한민국 헌법으로 운영해 왔으니, 헌법 공포일을 국경일로 기념하는 것도 누구나 인정하는 그런 국경일임에 틀림없다.[36]

2. 광복절(국권회복일과 정부수립기념일)

광복이란 이름으로 제국주의에 저항한 조직으로는, 상해에서 1904년 10월 장병린, 채원배 등이 조직한 중국의 광복회가 있고,[37] 1911년 9월경 신민회가 사실상 해체되기 바로 직전 연해주에 망명한 신민회 간부들이 조직한 한국의 광복회가 있다.[38]

대한민국 원년 9월 16일자, 3면.

36 http://likms.assembly.go.kr/record/mhs-60-010.do#none

37 중국 광복회 : 1904년 10월에 조직된 광복회(光復會)는 1905년 8월 손문(孫文)의 흥중회(興中會)(1894. 11. 하와이)와, 황흥의 화흥회(1904.2. 호남 장사) 등과 합하여 중국동맹회(中國同盟會)(도쿄)가 되었다.

38 국내에서 일제가 데라우치총독 암살음모사건이라는 것을 조작하여 신민회(新民會) 회원들을 일제 점거함으로써 1911년 9월경 신민회가 사실상 해체되어 기능이 마비되자, 그에 앞서 연해주에 망명한 신민회간부들이 광복회를 조직하였다. 신채호는 광복회의 부회장으로서 활동하였다.(신용하, 1983, 「신채호의 광복회 통고문과 고시문」 『한국학보』 9-3).

단재가 부회장을 맡은 한국의 광복회는 창립 이래 ① 독립사상과 신지식의 교육을 위한 학교의 설립과 운영, ② 독립군 운동준비와 독립전쟁을 준비하기 위한 무관학교의 설립과 군사교육의 실시, ③ 독립운동자금(이른바 군자금)의 모집과 공급 등의 일을 하였다. 당시 광복회가 독립운동 자금 공급 방법으로 개발한 것은, 우선 해당 지역에 만들어 놓은 광복회 지회에서 해당 지방의 한국인 부호들에게 독립운동자금을 배정하여 통고문 혹은 고시문과 함께 미리 통고한 다음, 광복회 회원이 비밀리에 찾아가서 징수하는 그런 방법이었다.[39]

이러한 광복이 헌법적 용어로 격상하게 된 것은 역시 1919년 4월 11일의 임시헌장 전문에 등장하고 난 이후부터이다. 즉 삼일운동이 일어난 지 30여 일만에 "평화적 독립을 3백여 주에 광복光復하고, 국민의 신임으로 완전히 다시 조직한 임시정부"라고 하면서 '임시'라는 단어로 제한한 '광복'이라는 용어를 사용하였는데, 이후 광복이라는 단어는 헌법상의 광복과 광복군으로 사용되어, 이후 임시정부, 임시의정원, 광복군의 활동 가운데 어느 한 활동이라도, 대한민국 임시정부의 활동으로 이해해도 인정되는 그런 활동이 되었다.

임시정부의 '임시'를 떼기 위해 1920년을 '독립전쟁의 원년'으로 정한 대한민국 임시정부의 광복군 활동은 다음과 같다. 먼저 대한민국 임시정부는 1919년 9월 11일 공포한 임시헌법과 1919년 11월 5일 공포된 법률 제2호 '대한민국 임시 관제 중 군사에 관한 내용'을 토대로 군사참의회軍事參議會와 군무부軍務部를 두었다.

1919년 12월 18일 군무부령 제1호로 공포된 대한민국 육군 임시

---

39 신용하, 1983, 「앞글」.

군제의 핵심 내용은 국민개병제와 초급장교 양성이었는데, 병역은 상비병과 국민병으로 구분하되, 상비병은 18세에서 40세 사이의 남자의 징병으로 구성되며, 국민병은 남녀 모두의 지원병으로 하는 국민개병제였으며, 독립전쟁에 대비해 육군 초급장교 양성을 위한 육군무관학교를 설치해야 한다는 것이었다. 이에 따라 1920년 2월 12일 군무부장 노백린의 이름으로 발표한 군무부 포고 1호를 보면, "혼있고 피있는 대한의 남녀는 하루바삐 대한민국 군인이 되어 조직적으로 통일적으로 광복군이 되기를 결심하자."고 권유하기도 하였다.

이러한 군무부 산하의 서간도 지방사령부로서 1920년 7월 1일 광복단光復團을 중심으로 민국독립단民國獨立團과 단체통합을 추진하여 만든 조직이 대한광복군 총영總營이었다. 그리고 1920년 7월 26일 광복군 편제안과 관련하여 '대한광복군 사령부司令部 규정'과 '대한광복군 참리부參理部 규정', '대한광복군영大韓光復軍營 규정'을 공포한 후, 1920년 8월 상해에서 임시정부가 대한청년단연합회, 민국독립단民國獨立團, 그리고 국내에서 조직한 의용단義勇團을 통합하여 서간도에 설치한 또 다른 군무부 산하의 지방사령부가 대한광복군 사령부였다. 대한광복군 총영과 대한광복군 총사령부는 모두 서간도에 설치된 대한민국 임시정부 군무부 산하의 지방사령부이지만, 설립주체에 따라 명칭이 달라졌을 뿐이다.[40]

건국절 주장 학자 양동안 한국학중앙연구원 명예교수는 자신의 저서에서 1945년 8월 15일부터 진행된 미군정 3년간은, 우리나라가 외국 군대의 점령 하에 있기는 하지만 영토와 인구가 확보된 조건에

---

40 윤대원, 2006, 「서간도 대한광복군 사령부와 대한광복군 총영에 대한 재검토」 『한국사연구』 133.

서 국가를 건립하는 것이기 때문에 우리 민족의 손으로 정부를 구성하고, 그 정부가 외국 점령군(미군)으로부터 통치권을 인수하면 건국이 이루어지는 것이라고 주장한 바 있다.[41]

같은 논리라면 일제 강제점령기 36년간은, 우리나라가 외국 군대, 즉 일본군의 점령 하에 있기는 하지만 영토와 인구가 확보된 조건에서 국가를 광복하는 것이기 때문에, 우리 민족의 손으로 정부를 구성하고, 그 정부가 외국 점령군(일본군)으로부터 통치권을 인수하면 광복이 이루어지는 것이라고 주장해야 마땅하다. 그러나 양동안 교수를 비롯한 건국론 주장 학자들은 그렇게 보지 않았다. 뿐만 아니라 건국절 주장 학자들이 애써 외면한 것이, 바로 대한민국 임시헌법 곳곳에 등장하는 광복운동과 광복운동자의 권리이다.

〈표 7〉 대한민국 임시약헌의 '광복운동, 광복운동자 권리' 조항

대한민국 임시약헌 (1927.04.11.)	제1조 대한민국은 민주공화국이라 국권은 인민에게 있음. 광복 완수 전에는 국권이 광복운동자 전체에 있음. 제4조 대한민국의 인민은 조국을 광복하며, 사회를 개혁하며, 약헌과 법령을 수(守)하며, 병역에 복(服)하며, 조세를 납하는 일체 의무를 짐
대한민국 임시약헌 (1940.10.09.)	제1조 대한민국의 주권은 인민에게 있음. 광복 완수 전에는 주권이 광복운동자 전체에 있음. 제3조 대한민국의 인민은 조국을 광복하고, 사회를 개혁하며, 약헌과 법령을 준수하며, 병역에 복무하며, 조세를 납부하는 일체 의무를 짐

다시 한 번 강조하지만, 일제 36년 동안 우리나라는 국토가 땅에 가라앉은 것도 아니고, 사람들이 하늘로 솟은 것도 아니었다. 단지

---

41 양동안, 2016, 『앞책』, 24쪽.

우리 땅과 우리나라 사람들이 일제라는 외국 점령군에 점령당한 결과 우리가 마땅히 행사해야 할 주권을 전적으로 행사하지 못했을 뿐이다.

제한적이고 주로 내면화된 주권행사였지만, 3·1운동과 3·1독립선언을 통해 세계만방에 우리나라 사람 스스로 우리나라가 독립국인 것과 우리 민족이 자주민인 것을 선언하였고, 그것이 바로 인류평등의 큰 뜻임을 세계 모든 나라에 알리며, 우리 후손들에게도 대한민국이 독립국이고 대한국인이 자주민을 선언한 것이 우리 민족 자존의 정당한 권리(정권正權)임을 공유했던 것이다. 그리고 이러한 노력은 단지 선언에 그친 것이 아니라, 임시의정원을 구성하여 헌법을 제정하고 임시정부를 세우고 광복군 활동을 하면서, 위 표와 같이 광복운동에 꾸준히 나섰다. 광복절이 광복절인 이유는, 이러한 광복운동의 오랜 역사와 전통을 대한민국 국민이라면 모두가 알고 있었기 때문이었다.

가령 1940년 9월 중국 중경重慶에서 만들어진 한국광복군은 한국인들의 대일 군사항전의 교두보였다.[42] 한국광복군은 창군 초기 중국 장개석 정부의 영향을 받으면서 활동하다가 1943년 11월 카이로 회담이후 대한민국 임시정부 지휘를 받고 활동하게 되고, 장개석 정부의 경제적 지원도 차관 형식을 취할 수 있게 되었다. 한국광복군이 군국주의 일본과 맞서 싸우는 연합군의 지위를 확보하기 위하여 1943년 8월 영국군의 요청으로 인도 뉴델리로 파견되어 교육을 받은 후 1944년 1월 미얀마 공로 작전에 투입되기도 하고, 1945년 1월부터는 미국 전략첩보국(OSS)과의 협의를 통해 국제적 지위를 높이고

---

42 배경한, 2013, 「1941년의 꿈 - 한국광복군의 국제정세 인식」『중국근현대사연구』 59.

있었다.

대한민국 임시정부 김구 주석은 1942년 1월 신년사에서, "태평양 전쟁 발발 이후 국제정세의 변화는 한국의 독립에 유리한 상황으로 전개되고 있지만, 이러한 객관적 조건에 앞서서 더욱 중요한 것은 주관적 조건으로, 혁명은 반드시 우리 자신의 피와 살로 쟁취해야 하지, 그렇지 못할 경우 진정한 자유와 독립은 얻을 수 없다."고 하였다. 그 결과 1945년 8월 15일 대한민국의 국권회복에 성공할 수 있었다.

이렇듯 광복光復이란 어휘의 뜻은, 원래 가지고 있던 영토를 회복하는 일(복국復國)을 말하고, 또한 잃었던 나라(망국亡國)의 오롯한 주권을 되찾는 일(복국復國)을 말한다.[43] 그러므로 잃었던 나라를 되찾아(복국)과 새로운 나라를 세우는 일(정부 수립)이 합해져야 옛 영토를 되찾고 옛 일을 다시 회복한다는 회복구업恢復舊業, 즉 진정한 의미의 광복이 된다. 우리가 광복절을 국권회복(복국)과 정부 수립을 모두 기념하는 국경일로 삼은 것은 두 사건이 일어난 시간의 차이는 있지만, 하나의 사건이나 다름없기 때문이다. 건국절 주장 학자들이 1945년 8월 15일, 국권회복일이자 실질적인 독립 쟁취를 기념할 만한 날인 광복절을 그렇게 쉽게 평가 절하해서는 안 되는 일이었다. 그리고 국토회복으로 국권회복의 필요충분요건인 정부 수립을 완성해야 진정한 광복이라고 해서, 국권회복일과 정부수립일을 하나의 국경일로 삼아 광복절을 제정했던 선조들의 업적도 그렇게 쉽게 폄하해서도 안 되는 일이다.

---

43 복국(復國) : 광복고국야(光復故國也). 옛 나라를 다시 찾는 일.

3. 개천절(건국기원절)

칭제건원稱帝建元이라는 말이 있다. 황제임을 칭하고(칭제稱帝),[44] 황제가 즉위한 첫 해(원년)나 첫 날(원일)을 시간의 기준으로 세운다(건원建元)는 말이다. 황제를 칭한다는 것은 천하, 곧 우주 공간의 중심이 바로 황제 본인이라는 것이고, 첫 날 혹은 첫 해를 세운다는 것은 황제가 시간의 중심이 된다는 것을 의미한다.

우리나라에서도 고려시대까지 스스로를 해동천자라고 하기도 하고, 독자적인 연호를 사용하곤 하였다. 그러다 고려말 조선초에 이르러 점차 중국 연호를 공용으로 사용하게 되었다. 조선왕조가 중국연호를 사용한 것에 대해서 모화사상과 사대주의의 영향이라고 말할 수도 있으나, 꼭 그렇게 보지 않아도 된다. 가령 1948년 9월 25일 대한민국의 공용연호를 단군기원으로 했다가,[45] 1962년 1월 1일 단군기원(단기檀紀)을 폐지하고 서력기원을 공용연호로 사용한 이유로[46] 국제기구와 선진 제국이 서기西紀연호를 공통으로 사용하고 있고, 실제 대한민국의 외교문서는 서기로, 국내문서는 단기로 연호가 이중 사용되는 애로가 있어 서기로 통일하였다는 사정을 연상해 보면,[47] 고려말 조선초 이후 중국 연호의 사용 역시, 같은 맥락에서 이해해도 좋을 것이다.

그러다 19세기말이후 중국 연호와 일본 연호, 그리고 조선에서의 개국기원과 단군기원, 그리고 서력기원 등 다양한 연호를 병행 사용

---

44 稱帝 坤靈圖云, 德配天地, 在正不在私 稱之曰帝(『漢書』「郊祀志」)

45 연호에 관한 법률(법률 제4호, 1948. 9. 25. 제정).

46 연호에 관한 법률(법률 제775호, 1961. 12. 1 폐지제정).

47 양승태, 2002, 「연호와 국가정체성－단기연호(檀紀年號) 문제의 해명을 위한 정치철학적 논구」『한국정치학회보 35(4)』 주1) 참조.

하거나 단독 사용하기도 하였다. 이미 국제질서가 중국 중심에서 유럽 중심으로 바뀌어 나가고, 동아시아에서도 중국 중심에서 일본 중심, 혹은 조선 중심이라는 연호에 관한 다양한 사고가 생겼던 결과였을 것이다.

가령 1894년(개국 503년) 7월 1일, 국내에서 주고받는 문건에 조선왕조의 개국일자인 7월 16일을 시작으로 하는 개국기원을 쓰기로 한 것도[48] 이런 과정의 일환이었다. 실제 궁중에서는 1년 후인 1895년 7월 16일 경복궁 경회루에서 각국 공사를 초대한 개국기원절開國紀元節 기념행사를 진행하였으며,[49] 민간에서도 이런 조선 황실의 개국기원을 존중하여 1897년과 1898년 제1, 2차 독립협회 주관의 개국기념절 기념행사를 진행하기도 하였다.[50]

황성신문은 1905년 4월 1일자부터 단군개국, 기자원년, 대한개국, 광무, 서기, 음력, 일본 명치 연호, 중국 광서 연호를 함께 적어 두었다.[51] 그런데 이렇게 여러 연호를 함께 쓰는 것보다 단군기원을 단독으로 쓰는 것이 타당할 것이라는 철학은 단재 신채호가 제시하였다. 즉 그가 연구한 바에 따르면 각국의 건국기원으로 어떤 나라는 나라를 처음 세운 건국 시조를 기준으로 삼기도 하고, 어떤 나라는 종교의 시작인 시조를 기준으로 삼아 달력을 만들어 사용하는데, 가령 일본은 신무 천황을 기원으로 하고 중국은 황제 혹은 공자를 기원으로

---

48 『고종실록』 권32 고종 31년(1894년) 7월 1일(을해). 군국기무처에서 올린 의안. "경각사(京各司)와 각도(各道), 각읍(各邑)에서 주고받는 문서에 개국기년을 쓰도록 한다. (중략) 하니 모두 윤허하였다."

49 『매천야록』 권3하 고종32년(1895년) 을미 7월. "開國紀元節(十六日) 賜宴于慶會樓 各國公使 幷帶妻進見 各部勅任官 亦帶妻赴宴 從歐美俗也 十六日 爲太祖開國月日 自上年 始定新紀念 以爲名日 亦西法也."

50 이정희, 2012, 「대한제국기 개국기원절 기념행사와 음악」 『공연문화연구』 25.

51 김병기, 2012, 「단기 연호와 대한민국 임시정부」 『선도문화』 12.

하자고 주장하는 이들이 있으니, 앞으로 우리나라도 지금까지 사용
하여 왔던 군주마다 새로 시작했던 달력을 버리고, 단국檀國의 성조聖
祖이신 단군을 기준으로 하여 해당 일자를 단군 후 몇 년이라고
쓰면, 사람들도 편히 사용할 수 있고, 더불어 우리 모두 한 조상과
한 집안(동조동족同祖同族)이라는 생각이 저절로 들어 많이 편할 것이라
고 하였다.[52]

연호로 볼 때 대한제국이 대한민국으로 전환을 시작한 것은 1909년
부터라고 할 수 있다. 일본의 메이지 천황은 "적당한 시기에 한국
병합을 단행하기 위해 일본인 관리의 권한을 확대한다."는 등의
「한국병합에 관한 건(1909. 3. 30)」을 7월 6일 각의에서 통과된 직후
바로 결재하였고, 1909년 9월 1일부터 10월 30일까지 일본 정규군과
한국 의병들이 맞붙어 결국 국내 의병세력들이 중국 만주나 러시아
연해주로 이동하는 일제의 「남한대토벌」이 진행되는 등,[53] 대한제국

----

52 ① 現今 각국의 紀年을 觀하건대 혹 건국시조로 紀元하며, 혹 國敎시조로 기년하여
其 기원이전의 事를 記함에 曰 紀年前 第幾年이라 하며, 其 기원이후의 事를
記함에 曰 紀元後 第幾年이라하여 讀史者의 기억에 便易할뿐더러 抑亦 국민정신을
통일하는 壹 法門이니 今에 我史도 此를 效則하여 複雜 繁多한 역대 군주의 기년을
去하고 我 檀國聖祖 檀君으로 記하여 某年은 檀君後 第幾十年이라 書하며 某年은
단군후 第幾百幾年이라 書하면 일반 독자의 腦際에 煩悶도 除하며 且 歷史를
대함에 同祖同族의 관념이 油然自生하여 애국심을 환기함에 大裨益이 有하리라
하노라. (독립기념관 한국독립운동사연구소, 『단재 신채호 전집』 (6), 2008,
421쪽.) ② … 紀元法이 乃生하여 고대에 희랍인은 올림피아 山上 제우스신의
祭日로 기원하며, 羅馬人은 羅馬市 건설로 기원하며, 현세 耶蘇敎國은 耶蘇 탄생으
로 기원하며, 面面敎國은 摩詞末의 避難으로 기원하며, 본인은 그 시조 神武로
기원하며, 支那人은 黃帝 혹 孔子로 기원을 주장하는 자가 有함이라. 동양 고대에
는 君主의 卽位 紀元法으로 기원하니 此는 最不便의 방법이라 군주가 一更함에
기원이 一變하여 數千年史를 기억하려면, 數百紀元을 기억하여야 可할지니 人의
腦를 煩함이 當何如오. 故로 本書에는 神祖建國의 紀元을 用하노라. …5) (독립기념
관 한국독립운동사연구소, 『단재 신채호 전집』 (3), 2008, 349쪽.)
53 홍순권, 1998, 「의병학살의 참상과 남한대토벌」 『역사비평』 45.

의 운명은 국치國恥로 향하고 있었다.

그렇게 되면 대한제국이 써오던 개국기원 연호와 광무, 융희 등 여러 연호의 사용이 중지되어야 하고, 1872년 일본 신무神武천황의 건국을 기념하여 제정한 기원절로 연호가 대체될 것임이 명약관화한 시점이었다. 그런 의미에서 최초의 개천절 행사가 1909년 10월 3일 서울시 종로구 원동에 있었던 대종교 교주 나철(1863~1916)의 집에서 거행되고, 당시 황성신문 사설을 통해, 앞으로도 매년 기념식을 거행하여 시조의 공덕을 기념하고 민족의 국성國性을 영원히 유지하며, 민족의 단결을 도모하자고 한 것은 매우 의미심장한 사건이었다.

주지하다시피 지금은 1949년 10월 1일에 제정된 국경일에 관한 법률(제53호)에 따라 양력으로 개천절을 지내고 있지만, 원래 음력 10월 3일이, 단군이 세상에 출현한 날(=탄생, B.C. 2457년)이면서 단군이 고조선의 임금으로 즉위한 날(=건국, B.C. 2333년)이다. 단군이 세상에 출현한 날인 '하늘이 열린 날'이자, 단군이 임금으로 즉위한 날인 '새로운 나라가 열린 날'이다.

개천절의 개천開天은 이렇게 '세상이 열린 날'과 '나라가 열린 날'이라는 두 가지 뜻을 갖고 있지만, 우리가 국경일로 기념하는 날은 단군이 임금으로 즉위한, 바로 '새로운 나라가 열린 날'이다. 당시 개천절의 다른 이름으로 '단군절'(『소년』 2년 10권, 단군절 1909), '개극절開極節'(『황성신문』 1909년 11월 21일 논설), '건국기원절'(『동아일보』 1924년 11월 9일), '개국기원절'(『국민보』 1937년 11월 3일), 기원절 등을 병용한 것도 개천절이 새로운 나라가 열린 날을 기념하는 날이었기 때문이다.[54]

---

54 서영대, 2010, 「개천절과 강화도 참성단」 『동아시아 고대학』 23.

정부 수립 후 대한민국 임시정부에서도 개천절 행사를 대대적으로 벌었다. 1919년 11월 24일(음력 10월 3일) 임시정부 국무원 주최로 4백여 명의 참가자가 모인 가운데 '대황조성탄大皇祖聖誕 및 건국기원 절建國紀元節 축하식祝賀式'이 성대하게 열렸다고 한다. 당시 행사는 국무총리 이동휘의 사회로 국가國歌를 제창하고, 사회의 식사式辭가 있은 후 조완구의 '대황조大皇祖의 역사歷史' 연설과 이화숙 여사의 독창, 인성소학교 학생들이 창가로 환희와 감회를 소회하였다고 한다. 또한 이동녕을 비롯한 임시정부 인사들의 축사와 강연이 있은 후 만세 삼창으로 경축식을 폐하였다고 한다.[55]

이러한 개천절 행사는 1945년 8월 15일 해방된 이후에도 임시정부의 이념을 계승하여 해마다 진행되었고, 1948년 8월 15일 정부 수립 직후인 1948년 11월 3일(음력 10월 3일)에는 서울시 주최로 서울운동장에서 내무장관과 법무장관을 비롯한 정부 요인들이 참석한 가운데 성대하게 진행되었으며, 1949년 10월 1일부터 국경일로 승격된 후에는 대한민국 건국기원절로서 국무총리를 비롯하여 내무부 장관, 문교부 장관 등이 참가하도록 결정하였다.

실제 그 해 10월 3일 행사는 강화도 전등사 대웅보전 앞 광장에서 당시 안호상 문교부 장관이 점화한 성화를 가지고, 강화농업중학생들이 강화의 주요 부락을 순례한 후 참성단에 봉안한 다음, 11시부터 정부요인을 비롯한 다수의 사람들이 참석한 가운데, 개식 선언→ 주악(구 왕궁아악부) → 국기에 대한 경례 → 애국가 봉창(육군 군악대 반주) → 선열에 대한 묵념 → 식사(총무처장) → 경축사(문교부 장관) → 경축사(국회의장) → 경축사(국무총리) → 개천가 합창 → 만세 삼창

---

55 『독립신문』(1919. 11. 27).

순으로 진행되어 11시 30분에 끝났다고 한다.

4. 민국 연호 옹호로 본 임시정부 계승성

1948년 정부 수립 당시 대통령과 제헌국회 의원들도 대한민국 임시정부의 중요성과 대한민국 정부 수립의 계승성을 중요하게 생각하고 있었다. 가령 제헌국회 회의록을 보면,[56] 단기 연호를 쓸 것인지, 아니면 대한민국 연호(이하 민국 연호)를 쓸 것인지에 대해 1948년 8월 5일부터 9월 11일까지 기록한 모두 5건의 회의록(연호 결정에 관한 건)이 있다.

1948년 8월 5일 조헌영(1900~1988) 의원은, 제헌 입법부(제헌국회)는 개회할 때부터 단기 연호를 사용해 온 데 반하여, 행정부(국무원)에서는 민국 연호를 사용해 오고 있어, 통일할 필요성이 있으니 연호 결정에 관해 논의해 달라는 제안을 하였다. 수차례 회의를 거쳐 연호는 단기로 통일하게 되었으나, 그 토론 과정에서 왜 민국 연호를 써야 하는지에 대한 설명을 정리하면 다음과 같다.

> 1-1) 이 국회에서 건설되는 정부는 즉 기미년에 서울에서 수립된 민국 임시정부의 계승이니, 이 날이 29년 만에 민국의 부활일임을 우리는 이에 공포하며, 민국 연호는 기미년에서 기산할 것이오, 이 국회는 전 민족을 대표한 국회이며, 이 국회에서 탄생되는 민국 정부는 완전한 한국 전체를 대표하는 중앙 정부임을 또한

---

56 http://likms.assembly.go.kr/record/mhs-60-010.do#none

공포하는 바입니다.(이승만, 제헌국회 개원사, 1948. 5. 31)

1-2) 이번 국회에서 대한민국의 공용 연호를 단군기원으로 하는 법률안이 통과되었으므로, 본 대통령은 국회의 의사를 존중하여 이에 서명 공포하는바, 정부는 지금까지 공용 연호로 대한민국 기원을 사용하여 온 관계상 이에 관한 나의 의견을 발표해 두려 한다. 내가 지금까지 대한민국 기원을 사용하기로 주장해 온 것은 두 가지 이유가 있으니, ① 첫째는 민국이라는 명칭에서 표시되는 민주 정치제도를 우리는 이제 와서 남의 조력으로 수립한 것이 아니라, 벌써 30년 전에 기미독립운동으로 민국정부를 수립하여 세계에 선포하였다는 위대한 민주주의를 자유로 수립한 정신을 숭상하기 때문이요, ② 또 한 가지 이유는 우리나라 건국의 역사가 유구하여 외국에 자랑할 만한 전통을 이룬 것은 사실이지만, 4~5천년 전의 신화시대까지 소급하여 연대를 계산하는 것은 근대에 와서 우리가 광영될 사적이 없다는 것을 인정하는 것으로 알게 되는 까닭이다. 우리가 기미년 독립을 선언한 것이 미국이 1776년에 독립을 선언한 것보다도 영광스러운 역사인 만큼, 이것을 삭제하고 상고적 역사만을 주장한다는 것은 나로서는 충분한 각오가 못 되는 바이다.(이승만, 1948. 9. 25)

이승만 대통령은 1948년 8월 15일 수립한 제헌정부는 대한민국 임시정부의 계승이고, 1948년 5월 31일 제헌국회가 개원한 날이 대한민국의 부활일로 보았다. 또한 이승만은 단군기원보다는 민국기원을 쓰자면서, 우리나라 건국기원이 신화시대까지 소급하지만, 만약 우리가 단군기원을 쓰면 이는 오히려 근대에 빛나는 역사적 사건이 없었다는 오해를 받을 수 있으나, 사실 근대에 들어와서 1919년 3월 1일에 독립선언을 한 것이 미국의 독립선언보다 영광스러운 역사이므로 민국 연호를 써야 한다고 주장하였다. 기미독립선언이 미국독립선언보다 위대한 이유는, 강제점령하에 있던 대한국인이 독립선언과 정부 수립을 통해 위대한 민주주의를 자유를 기본으로 하여 수립했던 정신을 숭상했기 때문이라는 것이다.

> 2) 우리가 대한민국 30년을 쓰게 된 원인은 헌법 전문에 정신도 있고 대개 대내 대외에서 우리가 일정 36년간에 완전히 일본 놈 세력 하에 있는 것이 아니고 우리가 엄연히 독립의 회생回生이 있었다는 것을 표시하는 유일의 방법으로 생각합니다.(제1회 국회속기록 제59차, 1948. 9. 7, 신성균 의원)

신성균 의원도 우리가 민국 연호를 쓰는 것은 우리가 일제 강제점령기에 있었지만, 완전히 일본 놈 세력 밑에 있었던 것이 아니고, 엄연히 독립의 회생回生, 즉 국권회복 의지가 있었다는 것을 표시하는 유일의 방법이기 때문이라고 하였다.

> 3-1) 우선 첫째로 사실문제입니다. 이 사실문제라고 하는 그것은, 즉 지금부터 기미년 3월 1일 날 이 나라의 우리 민족의 국권을 박탈당해 가지고서 우리나라 3천만이 33인의 민족대표로서 독립선언서를 내며 따라서 독립정부를 세웠던 것입니다. 그때의 독립선언서의 말이 「우리 조국이 독립국임과 우리 민족이 자주 민족임을 선언하노라. 이로서 세계만방에 고하여 인류평등의 대의를 극명克明하며 이로서 자손만대에 고하여 민주 자주 정권

을 옹호한다」고 하는 것이 독립선언서에 있으며, 동시에 그로 말미암아 3·1헌장이 그 발동 연호로서 그 동년 4월 12일에 조선 13도 대표가 대한민국을 세워 가지고 임시정부와 임시헌장 10개 조를 발포하였던 것이올시다. 그래 가지고서 소위 상해에 있어서 가정부假政府와 임시정부라 해서 중경重慶과 한구漢口에 세우고서 8·15 당시까지 우리나라 정부가 우리나라 영토와 우리나라 국민을 직접으로 정권을 행사하게 하지는 않았지만 역시 세계 각국에 대해서는 임시정부로 독립운동을 일으킨 뒤로서 대한민국 정부인 것을 선포하는 동시에 대동아전쟁에 있어서는 일본 제국주의에서의 해방에 대해서 선전포고를 하고 동시에 연합국과 동일하게 이 전쟁에서 승리한 것은 엄연한 것이올시다.(제1회 국회속기록 제60차. 1948. 9. 8. 최운교 의원)

3-2) 또 한 가지 법적으로 볼 때에 대한민국 헌법의 전장前章에 있어 가지고서 「우리들 대한민국은 기미 3·1운동으로 대한민국을 건립하여 세계에 선포한 위대한 독립정신을 계승하여 이제 민주 독립국가를 재건한다」고 되어 가지고 있음으로서 우리는 왜정의 정치가 우리나라에 시행되므로 우리는 민주주의적 총선거를 시행하지 못하고 여러 가지 우리는 착취와 압탄壓彈을 받아 내려 왔던 것입니다. 그리하여 3·1운동으로 독립국임을 선언한 것이 우리 헌법 전문에 명백히 선언되어 가지고서 있을 것이올시다. 그러므로 해서 단기 연호를 쓰고 또 대한민국 연호도 쓰자고 하는 것을 결정한다고 하면 반드시 헌법 전문에 기재되어 가지고서 이 공포된 헌법과 대단히 혼란한 입장에 있게 되지 않을까 하는 것을 생각해서 이런 법적으로 헌법 전문에 있는 이 문제가 과거에 헌법 발포식이나 대통령의 취임식 때도 썼으며 한편으로

과거에 임시정부 법통을 밟아 가지고서 우리나라 민주주의 국가
건설하였다고 하는 말도 역시 이것은 씻을 수가 없는 사실이올
시다.(제1회 국회속기록 제60차. 1948. 9. 8. 최운교 의원)

3-3) 또 한 가지 셋째로 우리는 정치적인 면에 있어 가지고서 이
문제가 대단히 중요한 것입니다. 왜 그러냐고 할 것 같으면
우리 자신은 물론 역사적으로 고찰할 것이고, 학자는 학구적으
로 이런 문제를 해결할 것이고 혹은 다른 나라 역사라든지 과거
우리나라 역사를 참고해서 물론 여지가 있겠읍니다마는 우리는
지금부터 3·1운동은 과거 3천만이 혈투해서 독립을 전취하여
과도정부라든지 임시정부라든지를 모두 우리가 이것을 인정하
였던 것이요, 또 듣는 바에 의하면 「카이로」선언 때에 중국
원수 「장개석」 씨가 우리나라 임시정부의 각원 명칭을 미국
대통령 「루즈벨트」 씨와 영국 수상, 소련 수상 세 분 앞에서
중국에 있든 대한민국의 정부가 엄연히 있으므로서 우리가 그들
의 독립을 적극적으로 협력하여야겠다고 하는 것을 나는 「장개
석」 씨에게 실지 듣지는 못했지만 전해서 듣는 바가 있습니다.
이런 의미로서 우리 대한민국 정부는 실질적으로 우리나라 국내
에서 통치하지는 못하였던 것은 사실입니다마는 역시 이 중국
방면에 정권이 있었던 것만은 부인할 수가 없는 사실입니다.
또 그때에 우리 국내에 있어서는 민족진영에 있어서 대한민국
임시정부를 환국시켜 가지고서 이 환국시킨 정부를 중앙정부로
서 추대해 가지고서 우리나라의 역사적인 민주주의적 국가를
만들자고 하는 것이 과거 3년 동안 허다한 우리의 민족주의를
가지고서 주장하였던 그런 사실인 것입니다.(제1회 국회속기록 제
60차. 1948. 9. 8. 최운교 의원)

최운교 의원 역시, 1) 우리나라 정부가 우리나라 영토와 우리나라 국민을 직접으로 정권을 행사하게 하지는 않았지만 역시 세계 각국에 대해서는 임시정부로 독립운동을 일으킨 뒤로서 대한민국 정부인 것을 선포하는 동시에 대동아전쟁에 있어서는 일본 제국주의에서의 해방에 대해서 선전포고를 하고 동시에 연합국과 동일하게 이 전쟁에서 승리한 것은 엄연한 사실이며, 2) 왜정의 정치가 우리나라에 시행되므로 우리는 민주주의적 총선거를 시행하지 못하고 여러 가지 착취와 압탄壓彈을 받아 내려왔으나, 3·1운동으로 독립국임을 선언한 것이 우리 헌법 전문에 명백히 선언되어 있었기 때문이며, 3) 3·1운동은 과거 3천만이 혈투해서 독립을 전취하여 과도정부라든지 임시정부라든지를 우리 모두가 이것을 인정하였고, 4) 「카이로」선언 때에 중국 원수 「장개석」 씨가 우리나라 임시정부의 각원 명칭을 미국 대통령 「루즈벨트」 씨와 영국 수상, 소련 수상 세 분 앞에서 중국에 대한민국의 정부가 엄연히 있었으므로서 우리(중국, 미국, 영국, 소련)가 그들(대한민국)의 독립을 적극적으로 협력하여야겠다고 하는 것을 전해 들었기 때문에 민국 연호를 사용해야 한다고 주장하였다.

> 4) 소위 우리가 대한민국을 받들고 일본 제국주의와 항쟁할 때에 대한민국을 쓰지 않으면 반역으로 몰아왔던 것입니다. 나는 대한민국 백성으로 30년간 생활을 하고 대한민국은 일본 제국주의와 싸웠던 까닭에 이것은 도저히 고칠 수가 없읍니다.(제1회 국회속기록 제60차. 1948. 9. 8. 연병호 의원)

마지막으로 연병호 의원은, 우리가 일본 제국주의와 항쟁할 때 대한민국을 쓰지 않으면 반역으로 몰아갔던 전통이 있었고, 대한국인들은 대한민국 임시정부 수립 후 대한민국 백성으로 생활하였으며, 대한민국은 일본 제국주의와 싸운 주체였기 때문에 민국 연호를 도저히 고칠 수 없다고 주장하였다.

5장

전쟁 성범죄와 소녀상

I. 한·일 두 정부의 전쟁 성범죄 대처의 문제점

2015년 12월 28일 한일 양국 외무장관이 주도한 이른바 위안부[1] 합의가 부당하다고 해서 미래세대들이 시민들의 성금을 모아 만든 부산 평화의 소녀상이 2016년 12월 30일 부산 일본 영사관 앞에 세워졌다.

그리고 이에 반발해 2017년 1월 7일 니카이 도시히로二階俊博 자민당 간사장이 「일본 정부가 출연한 10억엔을 받아 놓고, 한국 정부가 소녀상 설치를 묵인하는 것은 이상한 나라」라고 하였고, 1월 8일 일본의 아베 신조 총리는 「2015년 12월 28일 합의를 근거로 10억엔까지 주었으니, 이젠 한국이 성의를 보여야 한다.」고 대대적인 공세를 펼치는 한편, 1월 8일 기시다 후미오 일본 외무상도 「일본은 합의를 이행하고 있으니, 한국 측에 소녀상 문제를 포함, 합의의 착실한 이행을 요구한다.」고 하였으며, 1월 9일 일본 정부는 자국 대사와 부산 총영사를 일시 귀국하는 조치를 하기까지 하였다.[2]

---

1 http://fightforjustice.info/?lang=ko
2 이재호, 2017, 「日 간사장 "한국, 성가신 나라…10억엔 받고 이러면 재미없다"」

21세기 세계 선진국의 하나로 자부하고 있을 일본 정부의 태도라고는 도저히 이해할 수 없는 문화 후진적 행태였다. 일찍이 토지의 작가 박경리가 한국의 젊은이에게 "일본인에게는 예禮를 차리지 말라. 아첨하는 자로 오해받기 쉽고. 그러면 밟아 버리려 든다. 일본인에게는 곰배상(상다리 부러지게 차리는 상)을 차리지 말라. 그들에게는 곰배상이 없고, 마음의 여유가 없고, 상대의 성의를 받아들이기보다 자신의 힘을 상차림에서 저울질한다."고 충고한 적이 있다.[3] 하여간 소녀상을 철거하라고 눈을 부라리면서 일본이 자신들은 이행하고 있다고 하는 그 합의문이라는 것은, 2015년 12월 28일 한일 외교장관(윤병세, 기시다 후미오)의 공동 기자 발표를 말하는 것으로, 그 내용은 다음과 같다.[4]

(1) 위안부 문제는 당시 ⊙ 군의 관여 하에 다수의 여성의 명예와 존엄에 깊은 상처를 입힌 문제로서, 이러한 관점에서 ⓒ 일본 정부는 책임을 통감함. 아베 내각총리대신은, 일본국 내각총리대신으로서 다시 한 번 위안부로서 많은 고통을 겪고 심신에 걸쳐 치유하기 어려운 상처를 입은 모든 분들에 대해 마음으로부터 ⓒ 사죄와 반성의 마음을 표명함.

(2) 일본 정부는 지금까지도 본 문제에 진지하게 임해 왔으며, 그러한 경험에 기초하여 이번에 일본 정부의 예산에 의해 모든 전前 위안부 분들의 마음의 상처를 치유하는 조치를 강구함. 구체적으로는, 한국 정부가 전前 위안부 분들의 지원을 목적으로 하는

『프레시안』(01. 19).

3 박경리, 2004, 『생명의 아픔』, 193쪽.

4 www.kr.emb-japan.go.jp/20151228.pdf(일한 양외상 공동기자 발표).

재단을 설립하고, 이에 ⓒ 일본 정부 예산으로 자금을 일괄 거출하고, 일한 양국 정부가 협력하여 모든 전前 위안부 분들의 명예와 존엄의 회복 및 마음의 상처 치유를 위한 사업을 행하기로 함.

(3) 일본 정부는 상기를 표명함과 함께, 상기 (2)의 조치를 착실히 실시한다는 것을 전제로, 이번 발표를 통해 동 문제가 ⓓ 최종적 및 불가역적으로 해결될 것임을 확인함. 또한, 일본 정부는 한국 정부와 함께 향후 유엔 등 국제사회에서 동 문제에 대해 상호 비난·비판하는 것을 자제함.

(1) 한국 정부는 일본 정부의 표명과 이번 발표에 이르기까지의 조치를 평가하고, 일본 정부가 상기 (2)에서 표명한 조치를 착실히 실시한다는 것을 전제로 이번 발표를 통해 일본 정부와 함께 이 문제가 최종적 및 불가역적으로 해결될 것임을 확인함. 한국 정부는 일본 정부가 실시하는 조치에 협력함.

(2) 한국 정부는 일본 정부가 주한 일본대사관 앞의 소녀상에 대해 공관의 안녕·위엄의 유지라는 관점에서 우려하고 있는 점을 인지하고, 가능한 대응방향에 대해 관련단체와의 협의 등을 통해 적절히 해결되도록 노력함.

(3) 한국 정부는 이번에 일본 정부가 표명한 조치가 착실히 실시된다는 것을 전제로 일본 정부와 함께 향후 유엔 등 국제사회에서 동 문제에 대해 상호 비난·비판을 자제함.

일본이 패전하고 한국이 광복된 지 70여 년이 지난 2015년 12월 28일, 대한민국 박근혜 정부의 외교부 장관과 일본국 아베 신조 내각의 외무대신이, 군국주의 시절 일본의 식민범죄 하에 저지른 전쟁 성범죄 문제의 해결 방안이라고 해서 내놓은 것이 위와 같이 모두 726자로 되어 있는 합의문인데, 그 내용의 부실함은 이루 말할 수 없다.

무엇보다도 황당한 것은 박근혜 정부의 윤병세 외교부 장관이 저 정도의 내용에 합의를 해 주었다는 것이다. 합의안에 "한국 정부는 일본 정부의 표명과 이번 발표에 이르기까지의 조치를 평가한다. (중략) 이 문제가 최종적 및 불가역적으로 해결될 것임을 확인함"이라고 했는데, 대한민국 외교부 장관이 평가한 것이 무엇을 평가한 것인지, 최종적 및 불가역적 해결이 어떤 것인지 알고 했는지 문제삼지 않을 수 없다.

20세기 전·후반 한일조약의 역사를 연구하고 합의에 임했더라면, 아니 적어도 1993년 일본국 고노 관방장관의 담화에 담은 진상규명부터 사료관과 위령탑, 그리고 역사교과서에 수록해야 한다는 내용이라도 연구해야 했다. 아무런 준비 없이 합의에 임한 한국 외교부의 조치는 비난받아 마땅하다. 정작 전쟁 성범죄 피해 당사자와 전문학자, 시민활동가들의 의견도 배제한 채, 전쟁 성범죄 피해국이 최소한의 진상규명에 대한 내용조차도 합의문에 서술하지 못하고, 가해국과 함께 이런 합의문을 만들어 세상에 제시할 생각을 어떻게 하였을까?

합의문에 내포되어 있는 협상 과정과 결과의 참담함이 이루 말할 수 없지만 더욱 끔찍한 것은 "한국 정부는 일본 정부가 주한 일본대사관 앞의 소녀상에 대해 공관의 안녕·위엄의 유지라는 관점에서 우려하고 있는 점을 인지하고, 가능한 대응방향에 대해 관련단체와의 협의 등을 통해 적절히 해결되도록 노력"한다는 합의 내용이다.

일본 아베 내각은 외교관계에 관한 비엔나 협약(1961) 제22조 2항[5]에 입각해서 서울 소녀상 철거를 요구해 왔는데, 양국 외교 장관 합의문에 대한민국 외교부 장관이 이 '우려'를 인지한다고 쓴 것이다. 그리고 마침내 2017년 1월 13일 윤병세 외교부 장관은 국회 외교통일위원회에 나와 "국제사회에서는 외교공관이나 영사공관 앞에 어떤 시설물이나 조형물을 설치하는 것이 바람직하지 않다는 게 일반적 입장"이라면서, "부산 소녀상 문제는 관련 당사자들과 함께 가능한 해결 방안을 찾도록 노력하겠다."는 망언을 하였다.[6] 그에 따라 부산 소녀상 설치에 대해서 일본에게, 외교에 관한 비엔나 협약과 이른바 한일 위안부 합의에 반하니 철거되어야 한다는 주장을 할 수 있게 한 빌미를 주었다.

군국주의 일본 시절 저지른 전쟁 성범죄를 축소하거나 부인하려는 아베 내각의 처지라도 소녀상에 대해 고마운 마음을 가져야지 불편한 생각을 가져서는 안 된다. 그런데 전쟁 성범죄 피해국의 외교부 장관이, 민족과 여성과 인류를 위해 전쟁 성범죄 재발을 막고자 천 번의 수요집회 역사와 성과를 담아 조형해 낸 전쟁과 인권, 평화의 소녀상을 두고[7] 가해국의 우려를 이해한다는 것이 말이나 되는 것인지, 심각하게 반문하지 않을 수 없다.

이렇듯 대한민국 외교부 장관이 보여준, 이른바 위안부 피해 전쟁

---

5 "접수국은 어떠한 침입이나 손해에 대하여도 공관지역을 보호하며, 공관의 안녕을 교란시키거나 품위의 손상을 방지하기 위하여 모든 적절한 조치를 취할 특별한 의무를 가진다."

6 『한겨레신문』(2017. 01. 13).

7 서울 평화의 소녀상을 비롯해, 이미 건립된 소녀상이 전국에 37곳, 앞으로 건립될 소녀상까지 합하여 60여곳, 해외에도 중국과 캐나다, 호주에 1곳, 미국에 2곳 등 모두 5곳에 소녀상이 있다고 한다. 전지혜 등, 2017, 「日 반발해도 '소녀상' 건립 멈추지 않는다…"인권·평화의 문제"」『연합뉴스』(2017. 01. 09).

성범죄에 대한 이해와 합의 수준에 대한 비판은 아무리 해도 지나치지 않지만, 더욱 더 심각한 것은, 전쟁 성범죄 가해국인 일본 정부가 21세기에 들어와서 취하고 있는, 정작 자신들이 저지른 전쟁 성범죄를 축소하고 왜곡하고 부인하려는 그 자세이다.

우선 합의문에서 일본 아베 정부가 진술한 이른바 위안부 문제의 네 가지 핵심은 다음과 같다. "위안부 문제는 당시 군의 관여 하에 다수의 여성의 명예와 존엄에 깊은 상처를 입힌 문제"라는 위안부 문제의 ㉠ 진상규명 문제와 "일본 정부는 책임을 통감하고, 일본국 내각총리대신으로서 위안부로서 고통을 겪고 상처를 입은 모든 분들에 대해 마음으로부터 사죄와 반성의 마음을 표명"하는 ㉡ 사죄의 주체와 수준과 "일본 정부 예산으로 자금을 일괄 거출하고, 일한 양국 정부가 협력하여 모든 전前 위안부 분들의 명예와 존엄의 회복 및 마음의 상처 치유를 위한 사업을 행하기로 한다."고 할 때의 ㉢ 배상 자금 출처와 배상 행위의 성격, 그리고 마지막으로 "최종적 및 불가역적으로 해결"되었다고 할 때의 ㉣ 사후 대처 방안에 대한 것들이다. 그리고 이는 1993년 8월 4일에 행한 위안부 관계 조사 결과에 관한 일본국 내각 관방장관 고노 요헤이의 담화와 비교해도 그 내용이 얼마나 후퇴했는지 충분히 지적할 수 있다. 고노 담화의 내용은 다음과 같다.[8]

이른바 종군위안부 문제에 관해서 정부는 재작년(1991년) 12월부터 조사를 진행해 왔으며, 이번에 그 결과가 정리되었으므로 발표하기로 했다. 이번 조사 결과 장기간, 그리고 광범위한 지역에 걸쳐

---

8 우에무라 다카시, 2016, 『나는 날조기자가 아니다』(길윤형 옮김), 278쪽에서 재인용.

위안소가 설치되어 수많은 위안부가 존재했다는 것이 인정되었다. ㉮ 위안소는 당시 군 당국의 요청에 따라 설영된 것이며, ㉯ 위안소의 설치, ㉰ 관리 및 ㉱ 위안부의 이송에 관해서는 구 일본군이 직접 또는 간접적으로 관여했다. ㉲ 위안부의 모집에 관해서는 군의 요청을 받은 업자가 주로 이것을 맡았으나, 그런 경우에도 감언, 강압에 의하는 등 본인들의 의사에 반해 모집된 사례가 많았으며, 더욱이 관헌 등이 직접 이에 가담한 경우도 있었다는 것이 밝혀졌다. 또한 ㉳ 위안소에서의 생활은 강제적인 상황 속에서의 참혹한 것이었다.

아울러 전투지에 이송된 위안부의 출신지에 관해서는 일본을 별도로 하면, 한반도가 큰 비중을 차지하고 있었으나, 당시의 한반도는 우리나라의 통치 아래에 있었고, 그 모집, 이송, 관리 등도 감언, 강압에 의하는 등 대체로 본인들의 의사에 반해 행해졌다.

어쨌든 본 건은 당시 ㉠ 군의 관여 아래 다수 여성의 명예와 존엄에 깊은 상처를 입힌 문제이다. 정부는 이번 기회에 다시 한 번 그 출신지에 상관없이 이른바 종군 위안부로서 많은 고통을 겪으시고, 몸과 마음에 치유하기 어려운 상처를 입으신 모든 분에 대해 진심으로 ㉡ 사과와 반성의 마음을 전해 올린다. 또 그런 마음을 ㉢ 우리나라가 어떻게 나타낼 것인지에 관해서는 전문가들의 의견 등도 구하면서 앞으로도 진지하게 검토해야 한다고 생각한다.

우리는 이러한 역사의 진실을 회피하지 않고 오히려 이를 역사의 교훈으로 직시해 가고자 한다. 우리는 ㉣ 역사연구, 역사교육을 통해 이런 문제를 오래도록 기억하고 같은 잘못을 결코 반복하지 않겠다는 굳은 결의를 다시 한 번 표명한다. 아울러 이 문제에 관해서는 우리나라에서 소송이 제기되어 있고, 또한 국제적으로도 관심이 집중되어 있어, 정부로서도 앞으로도 민간의 연구를 포함해 충분히 관심을 기울이고자 한다.

이상과 같은 1993년 고노 담화와, 그 후 22년이 지난 2015년 기시다 합의문을 보면, 다음과 같은 공통점과 차이점이 있다. 우선 ㉠ 위안부 문제는 군의 관여 아래 다수 여성의 명예와 존엄에 깊은 상처를 입힌 문제라는 것과, ㉡ 총리대신 혹은 관방장관으로서 일본 내각을 대표하여 사죄한다는 점은 담화와 합의문에 공통된다.

그러나 ㉠에서는 여전히 누가 다수의 여성의 명예와 존엄을 훼손했는지 알 수가 없다. 대한민국의 외교부 장관은 ㉡ 부분의 "이러한 관점에서 일본 정부는 책임을 통감함."이라는 문장에서 "일본 정부는 책임을 통감함"이라는 문장의 뒷부분에 강조점을 두자고 하지만, '이러한 관점에서'라는 문장 앞부분의 제약문이 있기 때문에 문장 뒷부분은 그다지 의미가 없다. 고노 담화와 기시다 합의문 해당 부분의 차이를 피해국인 대한민국의 외교 장관이 굳이 확대해석까지 하면서 이해해 줄 필요는 없다. 고노 역시 일본 내각의 관방장관이었기 때문에 고노 담화의 '사과와 반성의 마음을 전해 올린' 사과의 주체, 책임의 주체, 역시, 일본 정부라고 받아들였기 때문이다.

㉢ 고노 담화에서는 전쟁 성범죄에 대한 법적 배상인지, 단지 도의적 책임에 따른 개개인의 사안별 위로금인지 모르겠지만, 앞으로 적절한 사죄 방법을 모색하겠다고 한 것에 반하여, 아베를 대신한 기시다는 자금의 출처는 일본 정부 예산에서 갹출하고, 자금의 성격은 배상금이 아니라 치유금으로 하되, 전달은 한국 정부가 재단을 만들어서 전달하는 방법으로 시행한다고 한 것은 분명한 차이이다. 그리고 ㉣ 고노담화에서는 역사연구, 역사교육을 통해 이런 문제를

오래도록 기억하고 같은 잘못을 결코 반복하지 않겠다는 굳은 결의를 다시 한 번 표명한다고 한 것에 반해서, 아베를 대신한 기시다는 다시는 이런 논의를 하지 않겠다는 최종적 및 불가역적이라고 주장한 것도 또 다른 차이이다.

특히 ⓒ에서 민간기금이 아니라 일본 정부 예산에서 기금을 각출한다는 점이 이전보다 한 걸음 나아간 조치여서, 합의문을 작성한 윤병세 외교부 장관은 평가하고 싶다고 강조했으나, 보통 사람들이 보기에는 전쟁 성범죄라는 사안의 본질(=진상규명)에 눈을 감았고 더구나 배상금이 아니라 각출금, 치유금이라고 억지를 부리는데도 전쟁 성범죄 피해국 외교부 장관이 나서서 굳이 평가해 주겠다고 나서는 그 염치가 오히려 놀라울 뿐이었다.

서독은 전쟁 중에 단 하루라도 나치독일군복을 억지로 입은 적이 있는 오스트리아인에게 일생동안 연금을 지급했고, 미국은 1941년 일본의 진주만 공격 이후 강제 수용했던 일본계 미국인 12만 명에 대한 사죄와 함께 배상조치로서 1986년 「시민적 자유법」을 제정하여 생존자 6만 명에게 1인당 2만 달러씩 지급하고 재산몰수자에게는 추가로 1만2천 달러를 지불하는 조치를 시행하였으며, 캐나다 역시 1988년 9월 2차대전 중 스파이 활동 방지 명목으로 강제 수용했던 일본계 주민 2만2천 명에게 개인배상 및 각종 시설 제공을 하였다. 일본 역시 1987년 대만주민 유족조위금 지급법이 제정된 이후 대만출신 사상자 3만 명에게 1인당 2백만 엔씩 지급한 전례도 있다.[9]

이렇게 고노 담화와 기시다 합의문 사이에는 진상규명, 사죄의 주체와 수준, 배상금이 아닌 치유금, 사후 조처 등에서 각각 공통점과

---

9 『동아일보』(1990. 3. 3).

차이점이 있지만, 양자의 가장 큰 차이는, 고노 담화에서 일본 정부가 인정한 최소한의 역사적 실체조차, 아베를 대신한 기시다 합의문에서는 거론조차 안하거나 부인하는 태도로 바뀌었다는 것이다.

가령 고노 담화에서는 "㉮ **설영**[10] : 위안소는 당시 군 당국의 요청에 따라 설영된 것이고, ㉯ **설치** : 위안소의 설치는 구 일본군이 직접 또는 간접적으로 관여했으며, ㉰ **모집** : 위안부의 모집에 관해서는 군의 요청을 받은 업자가 주로 이것을 맡았으나, 그런 경우에도 감언, 강압에 의하는 등 본인들의 의사에 반해 모집된 사례가 많았으며, 더욱이 관헌 등이 직접 이에 가담한 경우도 있었고, ㉱ **이송** : 위안부의 이송도 구 일본군이 직접 또는 간접적으로 관여했으며, ㉲ **관리** : 위안소의 관리도 구 일본군이 직접 또는 간접적으로 관여했다고 했다. ㉳ **생활** : 이렇게 해서 모집되고 이송되어 일본군의 관리 하에 생활하는 위안부의 위안소에서의 생활은 강제적인 상황 속에서의 참혹한 것이었다."고 서술하였다.

요컨대 한국인이나 세계인들이 보기에 여전히 부족하지만, 2015년 기시다 합의문과는 달리 1993년 고노 관방장관이 대표하는 일본국 내각은 위안소의 설영, 설치, 위안부의 이송, 관리, 생활이 모두 군 당국의 요청에 따라 일본군이 직접, 혹은 간접 관여했고, 위안부의 모집은 군의 요청을 받은 업자들이 주로 하긴 했으나, 관헌이 직접 가담한 경우도 있었다고 인정하였다. 이런 자세는 높이 평가할 만하였다. 당시 일본 내의 양심적인 시민, 학자, 기자, 정치인들이 군국주의 일본이 저지른 전쟁 성범죄를 적극적으로 규명하고, 소통하고, 홍보하고자 하는 의지가 있었기 때문에 가능한 일이었겠다.

---

10 설영(設營) : 군대가 머물 진영을 설치함.

그러나 2007년과 2016년 아베 내각은 강제동원의 직접적 증거가 없다는 것으로 전쟁 성범죄를 또 다시 부인하기 시작했다. 2007년 3월 5일 일본의 아베 총리가 참의원 예산위원회에서 '관헌官憲이 집에 침입해' 연행했다는 '좁은 의미의 강제성'은 없었던 것은 아닌가하는 발언을 한 적이 있었다.

보통 '좁은 의미'라는 단어는, 범죄자들이 자신의 범죄를 부인하고자 할 때 구사하는 용어이다. 자신의 범죄(강제연행)를 부인하거나 왜곡하려고 할 때, 항상 접할 수 있는 가해자들의 일반적인 자세라는 것이다. 이런 태도는 범죄를 의도한 군이나 정부 당국이 자신의 불법성을 남겨둔 공문서나 물증을 철저히 없앴을 것이라는 믿음에서 나오는 것이고, 있더라도 자신들이 그 의미를 철저히 속일 수 있을 것이라는 믿음에서 나오는 태도이다. 더구나 범죄를 부인하려는 가해자들은, 자신이 범죄를 저질렀다는 공문서나 물증 없이, 피해자가 제시하는 증거나 진술 따위는 믿을 수 없다는 입장을 견지한다. 피해자들의 기술이나 진술에 일관성이 없다고 강조하면서 말이다.

아베 총리 역시, 국가 수준에서 위안소 설치 법령을 마련하고, 외무성과 내무성, 육군성, 군사령부, 영사관, 파견 부대장 등 국가기관이 법령에 따라 위안소를 설치하고, 위안부를 모집했으며, 군속과 군속 대우 업자가 모집 대상지역의 헌병과 경찰의 협조를 얻어 진행했다는 강제 모집의 증거에 대해서는 모두 외면하고, 이른바 '좁은 의미'에서 일본 관헌이 피해자 집에 침범해 직접 연행하는 사진 자료나 문서 자료가 있지 않아서 강제연행을 믿을 수 없다고 큰소리를 친다. 물론 이런 큰소리치는 아베의 변명을 믿을 사람들은 세상 그 어디에도 없다.

그러므로 2015년 12월 28일 합의를 전해들은, 특히 합의문 가운데

"군의 관여 하에 다수의 여성의 명예와 존엄에 깊은 상처를 입힌 문제"라는 문장의 진의를 파악하기 위해, 유엔 여성차별철폐위원회는 일본 정부에 "최근 위안부의 「강제적인 이송(forcible removal)」을 입증하는 증거가 없다는 공적인 발언들을 접했는데, 그 진위에 대해 언급해 달라."는 질의를 하였다.

이에 대해 아베 총리로 대표되는 일본 정부는 2016년 2월 16일 제네바 유엔본부에서 열렸던 위원회에서 "일본 정부의 관련 부처와 기관이 가진 유관 문서의 연구와 조사, 미국 국립문서 기록관리청(NARA)에서의 서류 검색, 전직 군부 측과 위안소 관리자를 포함한 관계자에 대한 청취 조사, 한국정신대문제대책협의회(정대협)에 의해 수집된 증언 분석 등 전면적인 진상 조사를 실시했다."면서 "이런 조사에서 일본 정부가 확인할 수 있는 서류 어디에도 군과 관헌에 의한 위안부 「강제 연행(forceful taking away)」은 확인되지 않았다."는 회신을 했다고 한다.[11]

물론 2016년 3월 7일 열린 유엔 여성차별철폐위원회(CEDAW)는, 일본군 '위안부' 피해자 문제 관련 한·일 양국 정부의 12·28 합의가 "위안부 이슈를 최종적이고 불가역적으로 해결했다는 접근은 피해자 중심적인 접근을 충분히 취하지 않은 것으로 피해자들에게 다시 한 번 심적 고통을 주고 있다."며 「위안부 문제는 아직 해결되지 않은 문제」라는 최종 견해를 밝혔지만,[12] 이 질의와 답변 사건을 통해 우리는, 12·28 위안부 합의에 임했던 일본 측 자세를 너무 잘 알 수 있게 되었다.

---

11 「日 정부 "위안부 강제연행 증거 없다" 입장 유엔에 제출」 『연합뉴스』(2016. 1. 31).
12 『한겨레신문』(2016. 12. 23).

과연 합의의 당사자인 일본의 기시다 외상은 2016년 1월 15일 참의원 예산위원회에서 "성노예라는 말은 사실에 반하는 것으로 사용해서는 안 된다."라고 답변했고, 아베 총리는 2016년 1월 18일 참의원 예산위원회에서 "이번 합의로 예를 들면 전쟁범죄에 해당되는 것을 인정한 것은 아니다." "정부 발견 자료에 군이나 관헌에 의한 소위 강제연행을 직접 드러내는 기술은 없었다."라며 종전의 주장을 되풀이했다.

요컨대 2016년 일본국 아베 내각의 위안부 합의의 기본자세는, 1993년 고노 담화에서 인정했던 위안소의 설영, 설치, 위안부의 이송, 관리, 생활은 언급하지 않고, 여전히 오직 위안부의 모집에서만 자신들이 정해 놓은 정의에 따른 일본의 강제 모집이 없었다고 억지를 부림으로써 전쟁 성범죄, 국가범죄로서의 위안부 피해 문제를 축소하거나 가능하면 부인하려는 태도를 잘 견지하는 데 있다고 할 수 있다.

다음 인용문은 지난 25년간 이른바 위안부 문제 연구에 매진해 온 일본 주오대 요시미 요시아키 교수와 한겨레 길윤형 기자가 대담한 내용이다.[13]

Q 12·28 합의에 대해선 이전보다 진전된 것이라는 지적도 있다.
A "그런 주장이 있지만 이번 합의는 이전 고노 담화에서 더 후퇴한 것이다. 고노 담화는 역사교육 등 재발방지 조처를 약속했지만 이번 합의엔 이게 완전히 빠져 있다. 고노 담화는 또 '사실 인식' 부분에서 모호한 부분도 있지만 '여성들이 강제적으로 고통스런

---

13 『한겨레신문』(2017. 01. 09).

상황에 있었다'는 점을 인정하고 있다. 이 점도 이번 합의에선 좀 더 모호해졌다. 돈의 문제에 대해선 '배상금'이 아니라는 점을 (일본 정부가) 분명히 하고 있으니, 진전이라고는 할 수 없다. 가장 큰 문제는 위안부 문제를 봉인하려는 것이다. 이는 분명한 후퇴. 위안부 문제는 두 번 다시 화제로 삼지 않는다, 이것으로 끝이라는 것이다. (한국 정부가) 합의를 너무 서둘렀다는 점이 화근이다. 박근혜 정권이 너무 양보를 했다. 거의 아무런 성과도 없는데 합의를 했다."

Q 한국 정부의 향후 대응에 대해 일본이 우려의 눈으로 보고 있는데.

A "실제적인 정치 과정에서 한국이 이 합의를 파기하면 분명 냉엄한 상황이 펼쳐질 것이다. 그러나 중대한 인권침해 사건이 발생할 경우 이를 해결하려면 어떻게 해야 하는지 국제적인 표준이 확립돼 있다. 한국 정부가 이 합의는 여기서 이렇게 거리가 있다는 점을 주장하면 어떨까 한다.

즉, 사실 인정을 분명히 해야 하고, 그에 기초한 명확한 사죄를 해야 한다. 사죄는 (아베 총리처럼) 한국의 대통령에게 전화로 하는 게 아니라 피해자에게 하는 것이다. 그리고 이에 기초해 좀 어렵긴 하지만 위로금이 아닌 '배상'을 받아내야 한다. 그리고 재발방지 조처를 해야 한다. 재발방지 조처에는 교육을 통해 제대로 가르치는 게 포함된다.

그리고 가능하다면 소녀상을 철거하는 게 아니라 추도를 할 수 있는 기념물을 만들어야 한다. (소녀상 철거를 주장하는) 일본 주류의 생각은 완전히 거꾸로 뒤집혀 있다. 물론, 가장 중요한 것은 피해 당사자의 의사다. 이번 합의를 수용해서 일본

정부의 돈을 받는다는 분들이 있으면 이를 존중해야 한다. 누구
도 그들을 비난할 수 없다."

Q 아베 정권 아래선 힘들지 않을까.

A "아베 정권 아래선 아무 것도 바뀌지 않을 것이다. 이 문제를
근본적으로 해결하는 것은 일본 정부와 일본 사회의 문제이다.
일본이 앞으로 어떻게 자기 점검을 하는지에 달려 있다."

위 인용문의 요시미 요시아키 교수의 발언 가운데 가장 주목해야
할 언급이 "위안부 피해 전쟁 성범죄 문제 해결은 일본이 스스로
자기 점검을 어떻게 해야 하는지에 달려 있다."는 발언이다. 군국주
의 일본이 식민지 한국과 아시아에 가한 전쟁 성범죄에 대한 성찰이
야말로 한국을 위하는 것이 아니라 일본을 위하는 것이라는 지적인
것이다. 인도주의적 입장에 선 양심적인 학자가 취하는 태도가 어떤
것인지, 잘 보여주는 구절이기도 하다.

20세기 전반기 일본은 제국주의 국가이면서, 세계 선진국 가운데
하나였다. 당연히 경제적으로도 문화적으로도 자부심이 대단하였을
것이다. 이들 역시, 근대 시장경제가 강제하는 경쟁을 자유주의라
이름 짓고, 제국주의 블록경제의 성장을 도모하여 자국은 선진국이
되었다고 자부했겠지만, 그 이면에서 인도주의를 저버리는 셀 수
없는 식민범죄와 전쟁범죄를 저지르는 역사적 후퇴도 자행하고 있었
다. 자부심의 내면에 존재했을 수치심이었겠다. 일부 극우 정치인들
은 자부심만 드러내고 수치심을 감추려 하면서 식민범죄와 전쟁
성범죄를 부정하고 왜곡하려고까지 하고 있고, 일부 한국 정부와
관련자들도 방조하고 있지만, 한국과 일본의 양심적인 시민들과
학자들은 20세기 전반기 아시아 지역에서 벌어졌던 수많은 자부심과

수치심을 모두 드러내어 자신과 자국의 '인간다움'을 성찰해 내는 능력을 키우고자 노력해 오고 있다.

특히 위안부 피해라는 일본의 전쟁 성범죄에 대해 잘 정리해 놓은 일본 교토대학의 나가이 가즈永井和 교수와 일본 주오대학의 요시미 요시아키吉見義明 교수의 자료들을 공부하다 보면,[14] 우리들도 두 학자가 추구해 온 양심적이고 인도주의적인 태도를 잘 배워나갈 수 있을 것이라는 희망이 보인다. 자부심과 수치심의 양면을 살필 수 있는 능력이 우리가 갖추어야 할 능력이다.

전쟁 성범죄는 여성에 대한 차별, 이민족에 대한 차별, 가난한 사람들에 대한 차별이 겹쳐서 나타난다. 유엔 안전보장이사회 제1325결의(2000. 10. 31)에서는 "집단 학살, 인류에 대한 범죄, 여성과 소녀들에 대한 성性적, 그리고 또 다른 형태의 폭력을 포함한 전쟁범죄가 처벌받지 않고 빠져 나가는 상황을 종식하며, 이런 전쟁범죄에 대한 기소 책임은 모든 국가에게 있다. 사면 조항에 해당하더라도 이러한 범죄들은 그 대상에서 제외된다."고 하였다.[15]

그러니 현실로 존재했던 전쟁 성범죄를 부인한 12·28합의도 마땅히 폐기될 수순을 밟을 것이다. 이를 위해 우리가 보다 집중해서 해명해야 할 사항은 고노 담화와 기시다 합의문에 공통되는 "위안부 문제는 군의 관여 아래 다수 여성의 명예와 존엄에 깊은 상처를 입힌 문제"라는 여전히 부족한 진상 규명에 관한 부분이다. 그러므로 다음 장에서는 위안부 피해 문제는 단순히 군軍의 관여로 생긴 문제가

---

14 다음 II장은 요시미 요시아키(吉見義明) 주오대 교수의 『자료집 종군위안부』(1993, 서문당)와 『일본군 위안부, 그 역사적 진실』(2013, 역사공간)과 나가이 가즈(永井和) 교토대 교수의 「일본군의 위안소 정책에 대하여」(2012, http://nagaikazu.la. coocan.jp/works/guniansyo.html)를 정리한 것이다.

15 『미디어오늘』(2016. 10. 19).

아니라 당시 군국주의를 추구했던 일본군軍과 군국주의를 절대시하던 일본 정부政府가 주도하여 주체적으로 집행한 전쟁 성범죄라는 점을 보다 명백하게 확인하는 작업을 진행해야 할 것이다.

II. 일본군 위안소 운영규정과 '위안부' 피해

1. 위안소 운영의 법적 근거

고노 담화에서 일본은 위안소가 군 당국의 요청에 따라 설영된 것이라고 하였다. 설영設營은 군부대가 머무를 진영을 설치한다는 뜻이므로, 고노 담화에서 설영이라는 단어를 선택한 것은 군부대와 위안소의 관계를 설명하는 데 매우 적절한 단어 선택이었다.

위안소가 군부대 부속시설이라는 것인데, 교토대학 나가이 가즈永井和 교수가 발견한 자료에 따르면 1937년 9월 29일 일본 육군성은[16] 야전부대 영내 매점(=야전주보野戰酒保, 이하 모두 영내 매점으로 번역함) 운영 규칙에 대한 개정을 했는데,[17] 개정 사유가 바로 영내 매점 이용자의 범위를 명확히 하고, 위안시설을 설치하는 것을 인정할

---

16 일본의 행정 관청 각성 중의 하나로, 육군대신이 수장을 맡는 일본 제국 육군의 군정 기관이었다.

17 1937年9月29日 制定の 陸達第48号 「野戰酒保規程改正」 1937년 9월 29일 제정된 육달 제48호 「야전주보 규정 개정」. https://www.jacar.archives.go.jp/aj/meta/Met Search. cgi?IS_KEY_S1=%E9%87%8E%E6%88%B0%E9%85%92%E4%BF%9D&SUM _KIND=detail&IS_KIND=detail&IS_SCH=META&IS_STYLE=default&DB_ID=G000 0101EXTERNAL&GRP_ID=G0000101&IS_START=10&IS_EXTSCH=&DEF_XSL=def ault&IS_SORT_KND=ASC&IS_SORT_FLD=&IS_TAG_S1=InD&IS_NUMBER=1&SU M_NUMBER=20&SUM_START=4&IS_LYD_DIV=&LIST_VIEW=&_SHOW_EAD_ID =M2006090102260430026&ON_LYD=on

「야전주보 규정 개정」

필요가 있었기 때문이었다고 하였다.[18] 위안소 설치를 일본 육군성 차관이 결재한 영내 매점 운영규칙 개정안에 밝혀 놓은 것은 위안소 설치가 육군의 요청이 아니라 일본 내각 육군성이 주도한 국가정책이었기 때문이다. 당시 개정된 영내 매점 운영 규칙을 살펴보면 다음과 같다.

> 제1조 영내 매점(야전주보野戰酒保)은 전쟁터 또는 사변이 발생한 곳에서 군인, 군속軍屬, 그 외 특히 종군從軍을 허가받은 자에게 필요한 일용품, 음식물 등을 정확하고 싼 값에 판매함을 목적으로 한다. 영내 매점에는 전항前項 이외에 필요한 위안시설을 (설치)할 수 있다.[19]
>
> 제3조 영내 매점은 요구되는 바(소요所要)에 응하여 고등사령부,

---

18 「野戦酒保規程改正説明書」(経理局衣糧課作成で昭和12年9月15日の日付をもつ) 「改正理由 野戦酒保利用者ノ範囲ヲ明瞭ナラシメ且對陣間ニ於テ慰安施設ヲ爲シ得ルコトモ認ムルヲ要スルニ依ル」.

19 第一條 野戦酒保ハ戦地又ハ事変地ニ於テ軍人軍属其ノ他特ニ従軍ヲ許サレタル者ニ必要ナル日用品飲食物等ヲ正確且廉価ニ販賣スルヲ目的トス 野戦酒保ニ於テ前項ノ外必要ナル慰安施設ヲナスコトヲ得.

연대, 대대, 병원 및 편제정원 500명 이상의 부대에 설치한다. 전항前項 이외의 부대에 있어서는 가장 가까운 부대(최기부대最寄部隊)의 영내 매점으로부터 필요한 물품을 공급 받는 것을 원칙으로 한다. 단 필요할 때는 소관 장관의 허가를 얻어 당해 부대에 영내 매점을 설치할 수 있다. (생략) 영내 매점은 이를 설치한 부대장이 관리한다.[20]

제6조 영내 매점의 운영은 부대마다 자체 부담(필자 주 : 직영)으로 한다. 단 부득이 할 수 없을 경우(일부 음식물 등의 판매를 제외함)에는 소관 장관의 허가를 얻어 외부 업자에게 운영(필자 주 : 위탁 운영)을 맡길 수 있다. 부대 위수지역에서 활동하는 매점 위탁업자는 군속軍屬으로 대우하며, (이들=군속 대우 업자들은) 정해진 복장을 착용해야 한다.[21]

이상이 21세기 세계 인류가 강간소라고 비난하는 위안소를, 20세기 전반기 군국주의 일본이 '합법적'으로 만들었다는 것을 증명하는 법적 근거이다. 영내 매점 운영규칙은 1904년에 처음 제정되었는데, 제정 목적은 전쟁터에서 군인, 군속에 필요한 여러 가지 물품들을 싼 값에 판매하는 것이었다.[22]

---

20 第三條 野戰酒保ハ所要ニ応ジ高等司令部、聯隊, 大隊, 病院及編制定員五百名以上ノ部隊ニ之ヲ設置ス 前項以外ノ部隊ニ在リテハ最寄部隊ノ野戰酒保ヨリ酒保品ノ供給ヲ受クルヲ本則トス 但シ必要アルトキハ所管長官ノ認可ヲ受ケ当該部隊ニ野戰酒保ヲ設置スルコトヲ得 (略) 野戰酒保ハ之ヲ設置シタル部隊長之ヲ管理ス (略)。

21 第六條 野戰酒保ノ経營ハ自弁ニ依ルモノトス但シ已ム得ザル場合(一部ノ飲食物等ノ販賣ヲ除ク)ハ所管長官ノ認可ヲ受ケ請負ニ依ルコトヲ得 平時ノ衛戍地ヨリ伴行スル酒保請負人ハ軍屬トシテ取扱ヒ一定ノ服裝ヲ爲サシムルモノトス但シ其ノ人員ハ歩兵、野砲兵及山砲兵聯隊ニ在リテハ三名以內、其ノ他ノ部隊ニ在リテハ二名以內トス。

22 改正以前の野戰酒保規程(1904年に制定)の第一條 개정 이전의 야전주보 규정(1904

군속軍屬은 군군을 구성하고 있는 특정직 국가공무원을 말한다. 그런데 개정 운영 규칙 1조를 보면, 영내 매점 운영 수혜자 가운데에 군인과 군속뿐만 아니라 종군從軍을 허가받은 자가 더해져 있다. 이들 종군從軍을 허가받은 자의 범주에 군속軍屬 대우 업자들도 포함되어 있었을 것이다.

그런데 이 개정 규칙에서 더 주의 깊게 보아야 할 사항이 바로, 개정 제1조에서 보는 바와 같이 일본 육군성은 위안시설도 일용품, 음식물과 함께 스포츠 시설, 영화관람 장소와 같이, 일본 군인들의 복지시설의 하나로 설치할 수 있게 조치했다는 것이었다. 당연히 위안부는 복지용품과 같은 물품으로 취급될 수밖에 없게 되는데, 인간적 대우를 원천적으로 배제시킨 이 조항이 위안부를 일본군성노예(Japanese Military Sexual Slavery)라고 부르는 근거가 될 것이다.

제6조에서 영내 매점에는 직영과 위탁이 있다고 하는데, 직영은 당연히 군인과 군속이 운용하는 것이고, 위탁운영자는, 자체 복장을 갖추어야 하는 복장 제한도 받으면서, 군속으로 대우받는, 말하자면 군속 대우 업자인 위탁 업자들이었으므로, 위탁운영 역시 군軍과 관계없는 순수한 민간 운영이라고 할 수는 없다. 지원과 심사, 허가와 등록, 그리고 군사령부가 보장해 준 위탁경영인 것이다. 뿐만 아니라, 직영이건 위탁이건 제3조에서처럼 모든 매점은 부대장이 관할해야 하므로, 위안시설 관리 최고 책임자도 당연히 부대장이 된다.

그런데 당시 육해군 수는 300만으로 추정되고, 병사 29명당, 혹은 45명당 1인의 위안부가 있었다고 하므로, 300만/29×2(교체율)=

년에 제정) 第一條 野戰酒保ハ戰地ニ於テ軍人軍屬ニ必要ノ需用ヲ正確且廉価ニ販賣スルヲ目的トス 제1조 야전주보는 전쟁터[戰地]에서 군인, 군속(軍屬)에 필요한 수용(需用)(필자 주 : 필요한 물품)을 정확하고 싼 값에 판매함을 목적으로 한다.

206,897명, 혹은 300만/45×1.5(교체율)=100,000명으로 계산되어, 당시 위안부 피해를 당한 여성들이 최소 10만서 최대 20만이었고, 그 대부분은 조선인이었다고 추정하고 있다.[23] 이렇게 많은 위안부 피해 여성들을 운영하기 위한 위안소 설치가 합법과 불법을 막론하고 엄청난 규모로 진행되고 있었음은 상상하기 어렵지 않다.

2. 위안소의 설치

군 위안소는 영내 매점 개정 운영규칙에 따라 육·해군이 직영하는 직영위안소, 군속 대우 업자가 위탁 운영하되 군이 전용하는 전용위안소, 민간의 유곽 등을 이용하는 지정위안소 등 세 종류가 있었다.[24]

(6) 군 이외에도 이용하는 매점(=주보) 소속 위안소의 문제 : 육·해군에 전속된 매점 및 위안소는 육군과 해군이 직접 운영의 감독과 단속을 해야 되지만, 일반인도 이용할 수 있는 매점과 위안소는 업자에 대한 일반 단속은 영사관에서 하고, 매점과 위안소에 출입하는 군인과 군속의 단속은 헌병대에서 하되, 헌병대는 필요한 경우 수시로 임검, 그 밖의 단속 조치를 할 수 있다.(주 상해 총영사 발신 주 남경 총영사 앞 통보요지, 1938년 7월 5일, 요시미 요시아키, 1993, 『앞책』, 182쪽)

(2) 위안소의 상황 : ① 위안소는 소관 경비대장 및 헌병대 감독 하에 경비지역 내의 장교 이하를 위하여 개업시키고 있다. ②

---

23 요시미 요시아키, 1993, 『앞책』, 118쪽.
24 앞으로 보게 될 인용문 앞의 번호는 해당 문서 내의 번호이다.

근래 각종 위안 설비(식당, 카페, 요리점 기타)의 증가에 따라 군 위안소는 점차 쇠퇴의 조짐이 있다. ③ 현재 종업부녀의 수는 대략 1천명 안팎이며, 군에서 통제하고 있는 것이 약 8백 50명, 각 부대가 현지에서 불러들인 것, 약 150명으로 추정함. 위 이외에 제일선에서 위안소의 설치가 곤란하여 현지에 있는 자를 이용하는 경우도 약간 있다.(제21군 사령부 전시순보(1939년 4월 11일~20일), 요시미 요시아키, 1993, 『앞책』, 201쪽)

첫 번째 인용문은 육·해군에 전속한 남경의 위안소는, 이용자 모두가 군인과 군속이기 때문에 운영은 육·해군 부대장이 감독하고, 이용자 단속도 당연히 육·해군 헌병대가 해야 하지만, 군속 대우 업자가 운영하여 일반인도 이용하는 매점과 위안소의 경우, 업자와 일반인 이용자는 영사관에서 단속하고, 군인과 군속의 경우에만 헌병대가 단속해 왔다는 것을 상해 총영사가 남경 총영사에게 통지한 내용이다.

두 번째 인용문에서도 위안소의 운영은 부대장인 경비대장이 하고, 이용자 단속은 헌병대가 맡는다는 설치 원칙을 재확인해 주고 있다. 영내 매점 개정 운영규칙에 따라 위안소가 설치되고, 운영되고 있음을 보여주는 사례라 할 수 있다. 이에 더해 주의 깊게 보아야 할 사항은 식당, 카페, 요리점의 증가로 군 위안소 경기가 위축되고 있다는 것인데, 그런 상황에서도 군 위안소에 종사한 사람이 천여 명이라는 것이다. 그 가운데 850명은 군사령부에 정식 보고 절차를 거쳐 일하는 사람들이고, 150명은 군사령부에 정식 보고를 하지 않고 해당 부대 자체적으로 조달한 사람들이었다고 한다.

최근 병사가 여자를 구하려고 거리를 방황하고 있으며, 추잡한 이야기도 많이 들린다. 이것이 군이 (전시戰時가 아니라) 평시平時 상태에 있을수록 불가피하므로, 적극적으로 (위안) 시설을 설치함이 좋다고 생각한다. 병사의 성 문제 해결책에 관해 여러 가지 배려해서 그 실현에 착수한다. (상해파견군 고급 참모의 일기, 1932년 3월 14일 경, 오카베 나오자부로岡部直三郎. 요시미 요시아키, 1993, 『앞책』, 54쪽)

각지에서 빈번히 일어나는 강간은 (중략) 치안을 혼란하게 하여 군 전반의 작전 행동을 저해함으로써 (중략) 군인 개인의 행위를 엄격히 단속함과 동시에 가능한 한 조속히 성적 위안의 설비를 정비하여 설비가 없음으로 해서 본의 아니게 금령禁令을 범하는 자가 없도록 함이 긴요하다 할 것이다.(군인 군대의 대주민 행위에 관한 주의 건 통첩, 1938년 6월 27일, 북중국방면군 참모장 오카베 나오자부로岡部直三郎, 요시미 요시아키, 1993, 『앞책』, 198쪽)

1932년과 1938년 부대 내 위안소 설치의 필요성에 대한, 오카베 나오자부로의 글에 따르면, 영내 매점 개정 운영규칙으로 정비된 시기만 1937년이지, 1930년대 전반기에도 이미 위안소 설치의 필요성과 실질적인 운영에 대해 육·해군 고급 장교 사이에 광범위한 공감대가 형성되었다고 평가하지 않을 수 없다. 그렇다면 영내 매점 개정 운영규칙 이전과 이후 모두 영내 매점 운영규칙 개정 정신과 실제에 따라 파견군 부대장의 책임과 명령에 따라 위안소가 설치되고 운영되었다고 할 수 있겠다.

3. 강제모집과 이송

영내 매점에 부설되어 있는 군 위안소에 '물품'으로 제공될 '위안부'를 군인들이 직접 모집했는지, 아니면 영내매점 개정 운영 규칙 6조에 따라 군속 대우를 받은 '업자'들이 하였는지에 대한 사례 역시, 충분히 검토되어야 한다. 상식적인 수준에서 생각하면, 위안소를 운영할 전방부대 군인이나 군속들에게 대상이 없거나 매우 적은 수만 있었을 자신들의 위수지역에서 '위안부' 모집에 나서게 하기는 매우 어려웠을 것이다. 오히려 대부분은 모집 대상이 많은 후방에서 진행되었을 것이다. 세계 유래 없는 위안소 설치라는 매우 부끄러운 조치를, 지역단위의 전방 군사령부가 아니라, 국가 단위의 육군성이 직접 나선 것도 바로 위안부 모집과 이용이 전방부대, 후방부대 모두의 협조가 필요했다고 판단했기 때문이었을 것이다.

이 경우 후방부대 군인이나 군속이 직접 모집하였을 수도 있고, 관련 법규에 따라 군속 대우 '업자'들이 모집에 나설 때, 군인이나 군속, 경찰이나 관헌들이 이들의 업무를 지원하는 형태로 모집과 이송에 참여했을 가능성도 많았을 것이다. 행정책임을 맡아 본 경험 있는 사람들이 비용과 효율성을 생각해 보면, 이 가운데 후자가 일반적이었을 것이다. 아베 총리가 좁은 의미의 강제연행이 없다고 주장하는 것은, 보통 사람들이 업자가 군속 대우라는 점에 유의하지 않고 쉽게 넘어갈 수 있을 것이라는 요행수를 생각했기 때문이었겠다.

군속이건 군속 대우 업자이건 '위안부' 모집책이 여러 형태의 광고, 직업소개소의 알선 등을 통해 해당 모집 대상자와 접촉했을 때, 자신들이 일본군 성노예를 모집한다고 설명하지는 않았을 것이다. 본인들은 군대 관련 공장 직공이나 병원 간호 계통, 혹은 매점 판매

등 서비스 계통의 일 등 여러 형태의 일자리를 마련해서 제공하는 그런 일을 한다면서 모집했을 가능성이 크다. 사기 모집인 것이다. 보통의 경우 모집책이 아무리 유려하게 설명해도 군인들을 위한 강제적인 성性 관련 일을 위해 여성들을 모집한다고 하면, 당사자건 보호자건 제 정신으로 그 모집에 응했을 사람이 있을 리 만무하다.

이러한 사기 모집이 대부분이었을 것이기 때문에, 모집책의 일자리 소개와 모집된 사람이 실제 종사해야 할 일자리 사이에는 많은 차이가 있었을 것이고, 거부하고 저항하며 반대하는 목소리를 잠재우려면, 일자리 광고건, 직업소개소 알선이건, 주변 소개건, 최종 단계에서는 모집대상 지역 헌병과 경찰을 동원하여 공적인 분위기로 강압하거나, 군속 대우 업자들이 동원할 수 있는 직접적이고 사적인 폭력을 이용하여 유괴와 납치, 인신매매와 같은 강압이 동원되었을 것이다. 사안의 성격상 어찌 보면 위안부 사기모집과 강제동원은 동전의 양면일 수밖에 없다.

사실 위안부 모집에, 모집 대상 지역 소재 군이나 경찰, 관헌 등이 협조하지 않을 수 없었던 사유는 위안소 설치가 내각 육군성이 제시한 영내매점 개정 운영규칙에 따라 진행되고, 위안부 모집도 외무성, 내무성, 위안소 소재 영사관, 군사령부의 결재를 받고 진행되는 국가 업무이기 때문이었다. 아래 인용문은 중국 한커우의 위안소 설치 및 위안부 모집 상황에 대해 요시미 요시아키 교수가 1993년 본인의 책에서 제공한 자료들인데, 특히 위안부 모집이 국가조직을 동원한 국가범죄라는 점을 잘 보여주는 사례들이다. 괄호와 밑줄은 필자가 이해의 편의를 위해 첨가한 내용들이다.

한커우A) 3. 거류민 이외의 진출은 복귀 희망 거류민의 수송에 여유가

생긴 다음, 진출 후 신속히 영업을 시작할 수 있는 자부터 우선적
으로 이를 인정함. 단 군대 위안소 개설을 위해 진출하는 자는
제한이 없음. (한커우 공략 후 일본인 진출에 대한 응급처리 요강, 1938년
9월 28일, 『앞책』, 139쪽)

한커우B) 중국 한커우에 거류하는 일본인(=내지인)들 중에는 (중략)
군인 상대의 영업으로 한탕 치려고 기도하는 경향도 적지 않다.
현재 음식점 214, 카페 19, 다방 17, 요리집 8, 잡화상 220 외에
군 위안소 20곳(상기는 병참, 헌병대, 상해 영사관이 허가한
숫자로서 미개업 상태인 곳도 있다)이 있다.(한커우에의 도항자
단속에 관한 건, 1939년 2월 3일, 『앞책』, 140쪽)

중국 한커우

1938년 9월 28일 일본군이 중국
후베이성 우한시에 있던 한커우를
공략한 직후에 상해영사관 고토後藤
총영사대리가 혼란을 최소화하기
위해 일본인들의 한커우 진출 원칙
에 대한 긴급 사항을 발령(한커우A)
하였다. 원래 한커우에 거주하지 않던 일본인들이 한커우에 신규
진출할 경우에는 영업을 할 수 있는 사람들부터 인정해야 한다는
원칙을 정한 내용인데, 여기서 군 위안소 개설을 위한 사람들은
예외로 한다고 했다. 영업능력을 따지지 않고, 위안소 개설의지가
있는 사람들에게 우선 진출허가를 내 준다는 것이다.

한커우 총영사 하나와花輪에 따르면(한커우B), 당시 한커우에 군인
들을 상대로 하는 가게들이 음식점은 214곳, 카페는 19곳, 다방은
17곳, 요리집은 8곳, 잡화상은 220곳 외에 군 위안소가 20곳이 있었다

고 한다. 원래 병참부대나, 헌병대, 상해 영사관이 각각 허가하는 것이 원칙인 군 위안소 20개소 가운데에는 아직 개업하지 못한 곳도 있었다고 한다.

한커우C) 노무라野村 외무대신이 하나와花輪 한커우 총영사에게 보낸 글 : 한커우漢口 향천현香川縣에 주둔한 해당 부대에서 군 위안소 개설을 위해 부녀 50명을 모집한다고 해서 이들의 중국 항해(도중渡中) 허가를 현청縣廳에 신청하였고, 같은 현에 있으면서 (해당 부대와) 관계가 있는 (인접) 부대에서도 알선을 의뢰한 바 (내무성에서는) 부득이한 사정을 인정하여 내락을 했다는 요지를 내무성으로부터 통보해 온바, 이러한 사항이 한커우 영사관에서도 양해가 된 것인지, 일행들은 연내에 출발하기로 했다는데, 어찌된 일인지 의견을 회신해 주기 바람(한커우 육군 아마야天谷 부대 위안소 부녀 중국 항해 허가에 관한 건, 1939년 12월 23일, 『앞책』, 142쪽)

한커우D) 하나와花輪 총영사가 노무라野村 외무대신에게 보낸 답신 : 관련 사안에 대해 군 사령부에 연락하였던바, (군 사령부의 답변이) 위안부의 본토로부터의 초치는 허가제를 취하고 있어 이번 해당 부대의 위안부 초치에 대해서는 (허가 범위가 넘어) 군에 대해서 정식 수속을 받지 않았으나, 이미 해당 부대에서 초치 준비를 하고 있다는 사실을 감안하여 이를 추인하려 한다는 취지인 바 양지하기 바람. 더구나 본 사안과 관련해서 해당 부대에서는 (위안부 초치 사업을 진행하는 동안) 영사관에 아무런 연락도 없었고, (해당 부대를 관할하는) 군 사령부 생각으로는 초치한 위안부들을 영사관 감독 하에 취업시키고 싶다는 취지를 통보해 왔으니, 인솔자가 중국에 오면 (해당 부대나 군사령부로 가지 말고) 영사관에 출두하도록 전달하여 주시기 바람(한커우 육군 아마야天谷 부대 위안소 부녀 중국 항해 허가에 관한 건, 1939년 12월 23일, 『앞책』, 143쪽, 괄호 안의 내용은 이해의 편의를 위해 필자가 삽입함)

한커우 C)는 일본 <u>외무성 외무대신</u> 명의의 공문이다. 원래 '위안부' 모집 허가는 직영인 경우에는 병참부대나 헌병대, 그리고 위탁인 경우에는 영사관에 허가를 얻어 진행하는 것이 원칙인데, 자체 부대장의 책임으로 위안소 개설을 결정한 해당 부대에서 직접 혹은 현청 인접 부대의 부탁을 병행하면서, 원칙과 달리 현청에 신고하여 실제 업무를 진행하였음에도 불구하고 (현청의 상급 부서인) 내무성에서 재량으로 허가를 내 주었다는 통보가 (외무성으로) 왔다는 것이다. 사정이 그러하니 외무대신 명의로 원래 위안소 개설 허가 책임이 있는 한커우 영사관에 그런 사정을 알고는 있었는지, 진행해도 되는 것인지 물은 것이다.

한커우 D)는, 외무성의 상기 질문에 대해 한커우 주재 <u>영사관의 총영사</u>의 회신내용이다. ⓐ 영사관에서 사실 여부를 군 사령부에 문의하니, ⓑ (군 사령부는), 해당부대가 위안부 모집에 대해 군사령부에 정식 허가를 얻는 절차를 받지 못했으나, 이미 해당부대에서 자체적으로 위안부 모집을 진행하고 있으니 군 사령부는 추인하겠다고 답변하였고, ⓒ 대신 문제를 최소화하기 위하여 해당 부대가 모집코자 한 위안부의 취업은 군사령부 감독 하에 진행하기보다는 영사관의 감독 하에 진행시키길 원한다고 답변했다는 것이다. (사정이 이러하니 외무성에서도 해당) 인솔자에게 군 사령부나 해당 부대로 가지 말고 영사관으로 와 달라고 통지해 주길 바란다는 것이다.

한커우 사례에서 보듯이 당시 위안소 설치는 합법, 혹은 불법으로 진행되고 있었으며, 불법으로 진행한 사례조차 예하 파견부대장이 의지를 가지고 진행하는 경우 군사령부에서 추인할 정도로 추인을 예상한 불법 개설조차 일반화되어 있었다. 더구나 이용처의 '위안부' 모집 상황에 대해서도 내무성, 외무성, 영사관, 군 사령부, 해당 부대, 해당 현청까지 모두 관여하여 확인하고, 인정하는 방법으로 진행되었으니, 모집처의 '위안부' 모집 역시. 국가사업으로서의 자부심이 없을 수 없었다.

경성에서 식당을 경영하던 기타무라 부부는, 조선군 사령부의 제안을 받아 응모해서 허가를 받았고, (중략) 기타무라는 22명의 조선여성을 300원에서 1000원의 전도금으로 매수했고, 여성들의 나이는 모집 당시 19세에서 29세였다. (중략) 조선군 사령부는 기타무라에게 모든 일본군 부대가 수송, 식량 지급, 의료 등의 필요한 원조를 제공하도록 하는 서한을 주었다. 1942년 7월 10일, 기타무라 부부와 조선인 22명은, 다른 703명의 조선 여성과 90명 정도의 일본인 포주와 함께 부산을 출항했다. 중간에 대만臺灣에 들러 싱가포르로 향하는 22명의 여성을 태웠고, 싱가포르에서 다른 배로 갈아타고 8월 20일 랑군에 도착했다.[25]

위안부 이용처인 중국 한커우의 경우와 같이 위안부 모집처인 조선 경성에서도 조선 군사령부가 군속 대우 업자 선정과, 업자가

---

25 女性のためのアジア平和國民基金 編, 1997, 『從軍慰安婦關係資料集成』 5권, 151쪽.

조달한 위안부의 이송을 책임지고 있었다. 가령 기타무라 부부는 경성(지금의 서울)에서 식당을 운영하다가, 조선 군사령부에서 군속 대우 업자를 선정한다는 말을 듣고, 응모하여 허가를 받은 다음, 19세에서 29세 사이의 조선 여성 22명을 300원에서 1000원의 전도금으로 매수하여, 또 다른 군속 대우 업자들이 모은 703명의 조선 여성들과 함께 동남아로 이송했다고 한다. 이송의 편의를 위해 조선 군사령부가 기타무라에게, 이송하면서 접촉할 모든 일본군 부대가 위안부의 수송, 식량 지급, 의료 등의 필요한 원조를 제공하도록 하는 서한을 써 주었다는 것이다.

열다섯 되던 해인 1941년이었다, (중략) 어느 날 우리 동네의 구장과 반장이 계급장이 없는 누런 옷을 입은 일본사람과 함께 우리 집에 왔다. (중략) 이 사람들은 우리 어머니에게 "데이신타이에 딸을 보내야 하니 내놓으세요."라고 했다. 어머니가 "데이신타이가 뭐예요?"라고 물으니, 그 사람들은 "군복 만드는 공장에 가서 일하는 것이요." (중략) 나는 안갈 수가 없었요.(김복동, 1926년생의 증언)[26] 일찍이 어머니를 잃고 계모의 슬하에서 자라다가 14살 때 남포시 후포동에 있는 양복점에 팔려가 식모로 일하였다. 그러던 1938년 3월경 나는 일제의 처녀공출에 걸려들었다. 검은 제복에 별을 두 개 달고 긴 칼을 찬 일본순사 놈이 내가 일하던 후포동에서, 나와 함께 22살난 처녀(도미코)를 평양으로 강제 압송하였다.(박영심, 1921년생의 증언)[27]

26 한국정신대문제대책협의회.한국정신대연구소, 1997, 『강제로 끌려간 조선인 군위안부들 2』, 한울, 84~99쪽.
27 『종군위안부』 및 태평양전쟁피해자보상대책위원회, 『짓밟힌 인생의 웨침』,

조선군사령부로부터 허가받은 기타무라와 같은 군속 대우 업자들은 말이 좋아 전도금으로 매수했다고 했지만, 모집 현장에서는 김복동과 박영심에게 그렇게 했던 것처럼, 모집책이 동네 구장과 반장, 일본 순사를 동반하여 처녀공출, 정신대라는 명목으로 사기모집과 강압모집을 동원하여, 위안부로 끌어갔을 것이다. 이런 것이 강제모집이 아니면 어떤 것이 강제모집이었을까?

이상의 내용을 보면, 일본 육군성이 마련한 영내매점 개정규칙에 따라 위안소가 설치되고, 병참부대, 헌병대, 영사관의 허가를 받아 위안부를 모집하는 것이 원칙이었는데, 군속 대우 위탁업자가 현청과 내무성을 통하여 위안부 모집을 진행했을 경우라면 내무성과 현청, 위안소 소재 영사관, 군사령부, 해당 부대가 모두 협조하여 진행해야 하는 국가 업무였다. 이렇게 위안부 모집 업무가 국가 업무이긴 했지만, 모집 대상 지역, 즉 현장에서는 군국주의 하의 법이긴 하지만 그들이 원하는 합법적인 방법으로 절대 진행될 수 있는 업무가 아니었다. 군인에게 성性을 제공하는 일을 아무리 분식해도 보통 사람이라면 받아들이기 어려운 일이었기 때문이었다. 그래서 실제 모집 현장에서는 자격자나 무자격자 모집책 모두, 사기모집, 심지어 약취, 유괴, 인신매매를 동원하는 일이 비일비재할 수밖에 없는 일이었다.

중국 사변 지역에서의 위안소 설치를 위해 본토에서 이들 종업부 등을 모집함에 있어, (ㄷ) 고의로 군부 양해 등의 명의를 이용하여, (ㄷ)-1) 군의 위신을 손상시키고, 더욱이 (ㄹ) 일반 국민의 오해를

1995, 조선 : 평양, 78~81쪽.

초래할 우려가 있는 자, 혹은 (ㅁ) 종군기자 위문자 등을 끼고 (ㅁ)-1) 무질서하게 모집하여 사회 문제를 야기할 우려가 있는 자, 또는 모집을 담당하는 사람의 인선이 적절치 못하여 (ㅂ) 모집의 방법이 유괴와 비슷해서 경찰 당국의 피검 취조를 받는 자가 있는 등 주의를 요하지 않으면 안 될 것이므로, 장차 이들의 모집에 있어서는 (ㄱ) 파견군에서 통제하여 이것을 담당하는 인물의 선정을 주도적절하게 하여 그 실시에 있어서는 (ㄴ) 관계 지역의 헌병 및 경찰당국과의 연계를 면밀히 함으로써 군의 위신 유지 및 사회문제상 소홀함이 없도록 배려하기를 명에 따라 통첩한다. (육군성 병무국 병무과 기안, 군 위안소 종업부 등 모집에 관한 건(1938. 3. 4), 육군성 부관이 육군성 차관의 결재를 받아 북부 및 중부 파견군 참모장에게 보낸 통첩, 육지밀 제745호, 요시미 요시아키, 1993, 『앞책』, 134~135쪽)

이 자료는 일본 육군성 병무국 병무과에서 기안하여 육군대신 스기야마 하지메杉山元의 위임을 받은 육군차관 우메즈 요시지로梅津 美治朗의 결재를 받아 육군성 부관이 북부 중국 방면군 및 중부 중국 파견군 참모장에게 보낸 통첩이다. 위 통첩을 영내 매점 개정 운영규칙 6조와 연관시켜 보면 다음과 같이 정리된다. 우선 (ㄱ)과 (ㄴ)을 보면 자격 있는 위안부 모집책 선발과, 모집 대상 지역 헌병 및 경찰과의 협조는 모두 파견군 부대장이 담당하도록 되어 있다. 자격증을 가진 위안부 모집책인 '업자'라면 군속 대우이기 때문에 파견군 부대장 명의로 선발하는 것은 당연한 것이고, 모집 대상 지역 헌병과 경찰과의 협조 요청도 파견군 부대장이 해야 하는 일이었다.

그럼에도 불구하고 (ㄷ)을 보면 파견 부대장의 선발을 거치지 않은 무자격 모집책들이 군의 허락을 받았다고 사칭하면서 곳곳에서 활동하고 있었음을 알 수 있다. (ㄹ)과 (ㅁ)을 보면 이들이 감행한 사기 모집에 대해 일반 국민들의 오해를 초래하는 일이라고 완곡히 표현하고 있지만 그렇게 넘어갈 일이 아니었다. 가령 군과 관련되어 있는 공장에서 일을 한다던가, 아니면 의료계에서 일을 한다던가, 그도 아니면 돈에 눈이 먼 종군기자들을 끼고 위문공연으로 활동한다던가, 어떻게 설명해도 사기모집은 사기모집인 것이다. 사기 모집의 최종 단계는 (ㅂ)에서와 같이 유괴 등이 일반적이었을 것이다. 사기 모집을 하려면 언젠가 진실을 알게 될 여성들에게 폭력성과 강제성을 동반하지 않으면 안 되는 것이 일상사였을 것이다.

1942년 5월 초순, 일본군이 새로 정복한 동남아시아 여러 지역에서 '위안 일자리'에 종사할 조선인 여성들을 징집魏集하기 위해 일본의 알선업자들이 조선에 도착했다. 무슨 일자리인지 확실하지 않았지만, 조선인들은 병원에 있는 부상병 위문이나 붕대를 감는 일, 일반적으로 말하면 장병을 기쁘게 하는 일이라고 여겼다. 이들 알선업자들은 조선인 여성들을 꾀기 위해 많은 금전과 가족의 부채를 갚을 수 있다는 좋은 기회, 현지에서의 일이 편하다는 것, 신천지 싱가폴에서의 새로운 생활이라는 장래성을 내세웠다. 이러한 거짓 설명을 믿고, 많은 여성들이 해외 근무에 응모하여 200~300엔의 선금을 받았다.(일본인 포로 심문 보고 제49호, 1944년 10월 1일, 요시미 요시아키, 1993, 『앞책』, 336쪽)
제226조(국외이송유괴. 인신매매) ① 국외에 이송할 목적으로 사람을 약취 또는 유괴한 자는 2년 이상의 유기징역에 처한다. ② 국외에 이송할 목적으로 사람을 매매하거나 또는 피괴치자 혹은 피매자를 국외로 이송한 자도 또한 같다.(『일본형법』)

약취란 협박이나 폭행을 수단으로 하여 타인을 자신의 지배하에 두는 것이고, 유괴란 종래의 생활환경에서 이탈시켜 자신 혹은 제3자의 지배하에 두는 것을 말하며, 국외 이송의 목적으로 약취하거나 유괴하거나 인신매매하는 자나 이송에 참여하는 자, 모두 군국주의 일본 형법 226조에 따라 처벌 대상이 되었다. 실제 1932년 3월부터 5월까지 상해 군 위안소의 위안부를 모집하기 위해 모집인들이 나가사키에 와서, 일자리는 군인 상대 식당이나 카페의 여종업원, 영내 매점에서의 물품 판매이고, 급료는 싸지만 팁이 많아 1년 수입이 일본에서보다 2~3배는 많을 것이라고 사기 모집을 했다는 것으로 1937년 3월 5일 최종심에서 주범 3명은 징역 2년 6개월 등 처벌을 받은 일이 있었다. 그렇다면 1942년 5월 조선인 여성들을 모집한 알선 업자들도 약취와 유괴, 인신매매에 해당되기 때문에 강제모집이었다고 할 수 있다. 그러나 그 이상의 사례는 발견될 수 없었다. 업자들이 군속 대우를 받기 때문에 일반인 법정에까지 갈 수 없었기 때문이었을 것이다.

그래서 1938년 3월 4일 육군성 부관이 육군성 차관의 결재를 받아 파견군 참모장에게 통첩한 내용이 바로 영내 매점 개정 운영규칙대로 하라는 것이었다. 위안소 운영에 책임이 있는 파견 부대장들이 부자격자는 걸러내고, 사기 모집이나 유괴가 사회 현안이 되지 않도록 파견 부대장이 직접 나서서 모집 대상지역 헌병과 경찰 당국과 긴밀히 협조하라는 것이었다. 군속이건 군속 대우 업자건 이들이 받은 협조란, 말할 것도 없이 사기모집에 걸린 여성들이 반발할 때 해당 지역 헌병과 경찰의 위세로 강압하는 것일 것이다.

그러므로 이 인용문은 당시 일본 육군성과 파견 부대장들이 '위안부'를 직접 모집했다는 사실을 증명하는 자료라 할 수 있겠다. 육군성

주도로 영내 매점 개정 운영규칙을 만들어 위안소를 설치하였으니, 위안소 운영의 첫 번째 단계엔 모집도 사회 현안이 되지 않도록 모집대상지역 헌병과 경찰과 협조하여 조심스럽게 운영하라는 조치를 내리는 것은 어쩌면 이들 입장에서는 당연히 조치일 수 있겠다. 그럼에도 불구하고 강제모집의 하나인 유괴를 하기도 하였으니, 도대체 얼마나 많은 '위안부'를 모집했으면, 군의 허락을 사칭하는 무자격 모집책들이 사회 현안이 되었을까 생각하면, 당시 이런 현실에 눈을 감고 군인이나 관헌이 직접 모집한 사례가 없다고 우기는 것이 오히려 안타깝기까지 하다.

4. 위안소와 위안부의 운영 및 관리

위안소 설치와 위안부 모집이 그러하였던 것처럼, 위안소 및 위안부의 운영 및 관리도 군정감부나 병참사령부가 담당하고 있었다. 군정감부軍政監部는 일본군의 점령하에 있던 지역의 군정軍政을 관할하던 일본군 조직이고, 병참사령부는 급식·물자·유류 등의 지원을 통해 전투부대를 뒷받침해 주는 역할을 하는 부대이다. 아래 두 위안소 규정은 군정감부와 병참사령부가 직접 운영하던 위안소의 운영 규정이다.

첫 번째 사례는 필리핀 군정감부가 마련했던 관련규정(필리핀 군정감부 비사야 지부 이로이로 출장소 위안소 규정 송부의 건, 요시미 요시아키, 1993, 『앞책』, 263쪽)이고, 두 번째 사례는 1938년 초에 설치된 일본 화중방면군 파견군 동東 병참사령부가 직접 마련했던 상하이 양자자이楊家宅 위안소 관련규정(요시미 요시아키, 1993, 『앞책』)이다.

Ⅰ. 필리핀 군정감부 비사야 지부 이로이로 출장소 위안소 규정
  1. 본 규정은 필리핀 군정감부 비사야 지부 일로일로 출장소 관리
     지구 내의 위안소 실시에 관한 사항을 규정한다.
  2. 위안소의 감독 지도는 군정감부가 이를 관장한다.
  3. 경비대 의관醫官은 위상에 관한 감독 지도를 담당하는 것으로
     한다. 접객부의 성병 검진은 매주 화요일 15시에 행한다.
  4. 본 위안소를 이용할 수 있는 자는 제복을 착용한 군인·군속에
     한정한다.
  5. 위안소 경영자는 다음 사항을 엄수해야 한다.
     (1) 가구침구의 청결 및 일광소독
     (2) 세척소독시설의 완비
     (3) 콘돔 사용하지 않는 자의 유흥 거부
     (4) 환부患婦의 접객 금지
     (5) 위안부 외출의 엄격 단속
     (6) 매일 목욕
     (7) 규정 이외의 휴흥 거부
     (8) 영업자는 매일 영업상태를 군정감부에 보고할 것
  6. 위안소를 이용하고자 하는 자는 다음 사항을 엄수해야 한다.
     (1) 방첩의 절대 엄수
     (2) 위안부 및 유곽 주인에 대해 폭행, 협박 행위가 없도록
        할 것
     (3) 요금은 군표로서 선불할 것
     (4) 콘돔을 사용하고, 또 세척을 확실하게 실시하여 성병 예방
        에 만전을 기할 것.
     (5) 필리핀 군정감부 비사야지부 이로이로 출장소장의 허가없

이 위안부를 데리고 나오는 것을 엄격히 금한다.

7. 위안부 산책은 매일 오전 8시부터 오전 10시까지로 하며, 그 외에는 필리핀 군정감부 비사야지부 일로일로 출장소장의 허가를 받아야 한다. 또한 산책 구역은 별표 1에 따른다.

II. 상하이 양자자이楊家宅 위안소 규정(동東 병참사령부, 번역문)

1. 본 위안소는 육군 군인·군속 외에 입장을 허가하지 않는다. 입장자는 위안소 외출증을 소지할 것
2. 입장자는 반드시 접수처에서 요금을 지불하고, 입장권 및 삿쿠 (콘돔) 한 개를 수령할 것
3. 입장권 요금은 하사관, 병, 군속 금 2원
4. 입장권의 효력은 당일에 한한다.
5. 입장권을 산 자는 지정된 번호가 적혀 있는 방으로 들어간다. 단 시간은 30분으로 한다.
6. 입실과 동시에 입장권을 작부에게 건넨다.
7. 실내에서 음주를 금한다.
8. 용무를 마치면 즉시 퇴실한다.
9. 규정을 지키지 않는 자 및 군기, 풍기를 문란케 한 자는 퇴장시킨다.

III. 12·28 '위안부' 합의의 국내법·국제법적 문제점

1. 전쟁 성범죄와 뉘른베르크 원칙과 로마규정

군국주의 시절 일본은 영내매점(=야전주보) 운영규칙 개정을 통해 위안소 설치의 법적 근거를 마련하였다. 이러한 법적 근거에 따라 위안소 설치 및 위안부 모집은 육군성과 군사령부, 외무성과 영사관, 내무성 등 일본 국가기관이 주도하고 협조하면서 위안소를 운영하였다. 전 세계적으로 유례를 찾아볼 수 없는 군국주의 일본 특유의 국가주도성 전쟁성범죄가 진행된 것이었다. 식민범죄에 대해서도, 전쟁범죄에 대해서도 조약체결과 배상문제에서 독일과 달리 일본은 죄의식을 찾아볼 수가 없다.

19세기 후반 후발국 일본이 '탈아입구'라는 슬로건 아래 자신들의 역사성과 정체성을 부정해 가면서 차지한 20세기 '제국주의 일본'이라는 '명예'를 식민범죄와 전쟁범죄를 인정하면서까지 부정할 문화적 여유를, 21세기 민주화된 일본의 아베 내각에서는 그 기미조차 없다.

오히려 인도주의적 입장에서 군국주의 일본의 죄상을 성찰하고 반성하려는 일본의 양심적인 시민과 학자들에게 '자학사관'이라는 딱지를 붙여 보통의 일본 사람들조차 스스로를 '자랑사관'에 동조하게 만들려고 여러 시도를 하고 있고, 옛 일본의 식민지 지역 지식인들과 경제, 정치 주도권자들에게도 같은 생각을 주입하려고 노력하여 어느 정도 성과를 거두기도 하였다. 그러나 군국주의 일본이 저지른 전쟁성범죄는 그렇게 간단하게 넘어갈 수 있는 문제가 아니었다.

제6원칙 아래의 범죄는 국제법상의 범죄로 처벌된다. (중략) (C) 인도에 반한 범죄－평화에 반한 범죄 또는 여타 전쟁범죄의 일환으로 또는 그와 연결되어 민간인에게 저질러진 살인, 절멸, 노예화, 강제 이주 및 여타 비인도적 행위 또는 정치적·인종적·종교적 이유에 기인한 박해 (뉘른베르크 제 원칙, 1946년 12월 11일)[28]

제2차 세계대전 이후 독일의 전쟁범죄를 처벌하기 위해 1945년 11월 19일부터 독일 뉘른베르크에서 평화에 대한 범죄, 전쟁범죄, 인도에 반한 죄 등으로 기소된 24명에 대한 재판이 열려 1946년 10월 1일에 판결이 언도된 뉘른베르크 1차 전범 재판 이후, 1946년 12월 11일 UN이 확인하고 정식화한「뉘른베르크 재판소 조례 및 당해 재판소의 판결에 의해 승인된 국제법의 제원칙」이 앞에서 인용한 뉘른베르크 원칙이다. 전쟁범죄를 평화에 반한 범죄, 전쟁범죄, 인도에 반한 범죄로 구분하였는데, 이 구분법은 최근까지 여전히 유효하다. 그 중 인도에 반한 범죄 가운데 노예화가, 위안소의 법적 장치 마련과 위안소 설치 및 위안부 모집, 관리라는 일본의 전쟁성범죄를 처벌할 수 있는 근거이다.

제5조 (C) 인도에 반한 죄. 전쟁 전戰前 혹은 전쟁 중戰爭中 민간인에게 가한 살육, 섬멸, 노예적 혹사, 국외 추방, 기타의 비인도적 행위, 비인도적 범죄를 저지른 지역의 국내법 위반 여부를 불문하고, 극동국제군사재판소의 관할에 속하는 범죄를 저질렀거나 범죄와 관련된 정치적 박해와 인도적 박해. 이와 같은 범죄

---

28 http://terms.naver.com/entry.nhn?docId=1078215&cid=40942&categoryId=31693

중 어느 것이라도 범하고자 하는 공동 계획, 공동 모의의 입안 또는 실행에 참가한 지도자나 조직자, 교사자, 공범자는, 그것이 실제 누가 행하였건 상관없이, 자신들의 계획과 모의를 수행하면서 하게 된 일체의 행위에 대하여 책임을 져야 한다.

(C) Crimes against Humanity : Namely, murder, extermination, enslavement, deportation, and other inhumane acts committed against any civilian population, before or during the war, or persecutions on political or racial grounds in execution or in connection with any crime within the jurisdiction of the Tribunal, whether or not in violation of the domestic law of the country where perpetrated. Leader, organizers, instigators and accomplices participating in the formulation or execution of a common plan or conspiracy any of the foregoing crimes are responsible for all acts performed by any person in execution of such plan.(극동국제군사재판소 조례, 1946년 1월 19일)[29]

실제 일본의 전쟁범죄는, 모스크바 삼상회의의 결과 발표된 1943년 11월 1일의 모스크바선언에서 "잔학행위를 한 사람들은 전후戰後에 그런 잔학행위를 한 지역으로 송환되어 그 나라의 법률에 의하여 재판에 회부되고 처벌당해야 한다."고 한 이래, 1945년 7월 26일 포츠담 선언에서 "우리는 일본민족을 노예화하거나 일본국민을 멸망시키려는 것은 아니지만, 일본의 포로 학대를 포함한 일체의 전쟁범죄를 저지른 사람들은 처벌되어야 한다."는 것으로 재확인되었

---

29 동북아의 평화를 위한 바른 역사 정립기획단, 2006, 「Charter of the international Military Tribunal for the Far East」『한일역사관련 국제법 논문선집』, 1021쪽.

다.[30]

극동국제군사재판(동경재판, 1946. 5. 3~1948. 12. 23)을 위해 1946년 1월 19일 일본의 항복 선언과 포츠담 선언에 입각하여 극동국제군사 재판소 조례를 마련한 바 있는데, 그 가운데 반인도적 범죄가 역시 일본의 전쟁 성범죄를 처벌할 수 있는 근거이다. 더구나 1946년 2월 4일 미국이 작성한 동경재판의 기소장 초안에는 '통상의 전쟁범죄'와 '인도에 관한 죄'가 발생한 지역에 한국이 포함되어 있으나, 영국과 영연방 국가들이 동경재판의 검찰진으로 합류하면서 내용이 수정·변경되었고, 그 과정에서 한국이 탈락당하는 아픔을 맛보기도 하였다.[31]

이 규정의 목적상 인도에 관한 죄라 함은 다음 각 호의 1에 해당하는 행위로서, 그러한 행위가 어떤 민간인에 대해서건 간에 그들에 대한 광범위하거나 조직적인 공격의 일부로서, 공격의 인식을 가지고 행해진 경우를 의미한다. (a) 살육 (b) 섬멸 (c) 노예적 혹사 (d) 주민의 추방 또는 강제 이전 (e) 국제법의 근본 규칙을 위반한, 구금 혹은 신체적 자유의 가혹한 박탈 (f) 고문 (g) 강간, 성적 노예화, 매춘 강요, 강제 임신, 강요된 단종, 혹은 기타 이와 동등한 수준의 중대한 일체의 다른 형태의 성폭력 (h) 이 항에서 언급된 어떠한 행위나 혹은 재판소의 재판권이 미치는 어떠한 범죄와 관련하여 국제법 하에서 허용될 수 없는 것으로 보편적으로 승인되고 있는,

---

30 we do not intend that the Japanese shall be enslaved as a race or destroyed as a nation, but stern justice shall be meted out to all war criminals, including those who have visited cruelties upon our prisoners.

31 이원덕, 1996, 「일본 정치지도자들의 망언과 일본 정계」 『한국사시민강좌』 19.

정치·인종·민족·종족·문화·종교·(제3항에서 정의되는 바의) 성 (gender) 혹은 다른 근거를 이유로 동일성을 증명할 수 있는 집단이나 단체에 대한 박해 (i) 강요된 실종 (j) 아파르트헤이트 범죄 (k) 신체에 대해 혹은 정신적 혹은 육체적 건강에 대해 큰 고통 내지는 중대한 침해를 고의적으로 야기하는 유사한 성격의 기타 비인간적 행위

For the purpose of this Statute, "crime against humanity" means any of the following acts when committed as part of a widespread or systematic attack directed against any civilian population, with knowledge of the attack : (a) Murder (b) Extermination (c) Enslavement (d) Deportation or forcible transfer of population. (e) Imprisonment or other severe deprivation of physical liberty in violation of fundamental rules of international law; (f) Torture (g) Rape, sexual slavery, enforced prostitution, forced pregnancy, enforced sterilization, or any other form of sexual violence comparable gravity (h) Persecution against any identifiable group or collectivity on political, racial, national, ethnic, cultural, religious, gender as defined in paragraph 3, or other grounds that are universally recognized as impermissible under international law, in connection with any act referred to in this paragraph or any crime within the jurisdiction of the Court; (i) Enforced disappearance of persons; (j) The crime of apartheid; (k) Other inhumane acts of a similar character intentionally causing great suffering, or serious injury to body or to mental or physical health.(국제형사재판소에 관한 로마규정, 1998년 7월 17일)[32]

당시 원칙과 조례의 관련 조문에는 위안소 설치와 위안부 모집 및 운영이, 노예적 혹사와 국외 추방, 정치적·인종적 박해 등으로 포괄 정리되어 있지만, 1998년 로마규정의 반인도적 범죄 조항에서 성적 노예화가 조문 구절로 제시되어 있는 것을 보면,[33] 뉘른베르크 원칙의 노예화와 극동국제군사재판소 조례의 노예적 혹사 조문의 범죄 행위에, 군국주의 시절 일본이 저지른 전쟁 성범죄도 포함하고 있는 것이 분명하므로, 그들이 아무리 범죄사실을 부정하더라도 그들이 저지른 전쟁 성범죄는 시효 없이 처벌받아야 할 범죄임이 분명하다.

더구나 극동국제군사재판소 조례에 입각하면, 위안소 규정을 만든 조직자organizers로서의 육군성은 물론이고, 교사자, 공범자인 외무성, 내무성, 군사령부, 리더로서의 천황 모두, 자신들의 계획과 모의를 수행하면서 하게 된 일체의 전쟁 성범죄 행위에 대하여 책임을 져야 하는 것이다. 실제 동경재판에서 인도에 반한 죄로 처벌받은

---

32 7조 (c)와 (g)가 참고됨.(김대순, 2000, 「국제형사재판소에 관한 소고-로마규정 전문 제1부 및 제2부를 중심으로-」『법학연구(연세대 법학연구원)』 10권의 원문 및 번역문 재인용).

33 로마규정을 이행하기 위한 대한민국 법률 제8719호 〈국제형사재판소 관할 범죄의 처벌 등에 관한 법률(2007.12.21)〉에서도 제2조(정의) 5에서 "'노예화'란 사람에 대한 소유권에 부속되는 일체의 권한의 행사를 말하며, 사람 특히 여성과 아동을 거래하는 과정에서 그러한 권한을 행사하는 것을 포함한다."고 했고, 제5조(적용범위) ④에서 "이 법은 대한민국 영역 밖에서 대한민국 또는 대한민국 국민에 대하여 이 법으로 정한 죄를 범한 외국인에게 적용한다."고 하였으며, 제2장 국제형사재판소 관할 범죄의 처벌 제9조(인도에 반한 죄) ② "민간인 주민에 대하여 공격을 행하려는 국가 또는 단체·기관의 정책과 관련하여 민간인 주민에 대한 광범위하거나 체계적인 공격으로 다음 각 호의 어느 하나에 해당하는 행위를 한 자는 무기 또는 5년 이상의 징역에 처한다."고 하면서 대상 죄목 6에서 "강간, 성적 노예화, 강제 매춘, 강제 임신, 강제 불임 또는 이와 유사한 중대한 성적 폭력 행위"를 거론하고 있다.

C급 전범은 없었지만, 지금이건 혹은 미래건 위안소 설치와 위안부 모집 및 운영에 관해 전쟁 성범죄를 저지른 인물들은 시효 없이 처벌받아야 했다.

극동국제군사재판소의 조례가 만들어지고 45년여가 지난 1992년 2월 일본군 위안부 문제가 제48차 유엔인권위원회에서 다루어지기 시작했다. 도쓰카 에쓰로戶塚悅郎 인권변호사가[34] 일본군 위안부 문제를 제기하고 국제적 필요성을 호소하였다.[35] 그리고 1992년 5월 4일에서 13일까지 열린 유엔인권 소위원회의 현대 노예제부회에서, 군대 위안부 문제에 관한 정보를 테오 반 보벤Theo Van Boven에게 제출하도록 했다. 그 결과 1993년 반 보벤 최종 보고서가 나왔는데, 이 보고서의 네 가지 원칙에 따라 일본 정부가 샌프란시스코 강화조약 및 한일기본조약으로 일본군 위안부 문제는 해결되었다는 주장은 법적 근거가 사라지게 되었다. 반 보벤 보고서의 요지는 다음과 같다.

첫째, 국가가 직접 행한 가해 행위에 대해서 국제법상 중대 인권 침해인 노예, 노예 유사 관행 등, 일정 범위의 피해자는 개인 자격으로 가해 국가에 직접 배상, 보상을 청구할 권리가 있다.

둘째, 국가가 직접 가해자로 책임을 지지 않고, 사인私人 등 제3자가 가해자인 경우에도(물론 국가 공무원이 가해자인 경우 포함) 국가가 국제법상 범죄책임자에게 국제법상의 처벌 의무를 이행하지 않았을 때, 피해자 개인은 국제법상 처벌하지 않은 책임이 있는

---

34 무관심한 한국 정부와 냉소적인 일본 정부와 대항하며 스스로의 입지를 확보한 정대협과 위안부 피해자들이 유엔에서 증언하여 국제적인 여론이 형성되고 보고서를 채택하는 과정에서 도쓰카 에쓰로(戶塚悅郎, 1942~) 인권변호사의 도움이 컸다. '성노예'라는 단어를 처음 사용하기도 했다.

35 김영희, 2002, 『군대 위안부에 관한 연구』, 한림대 국제대학원.

국가에게 보상을 청구할 수 있다.

셋째, 국가는 이러한 개인의 권리를 피해자와 협의 없이 포기해서는 안 되며, 중대 인권침해에 근거한 배상청구권에는 시효가 없다.

넷째, 처벌문제에서 원상회복, 보상, 사회복귀, 만족 및 재발방지 보장, 국제법상 범죄 소추와 처벌이 배상 의무에 포함되며, 범죄자를 처벌하지 않는 것은 원칙에 위배된다.

1994년 1월 31일부터 3월 11일까지 제네바 유엔 유럽본부에서 열린 유엔인권위원회 50차 회의에서는 「반 보벤 보고서」를 높이 평가하면서 전쟁 중 중대한 인권침해가 행해졌을 경우 해당 국가는 책임을 지고 피해자에 대한 보상을 해야 하며, 중대한 인권침해에는 시효가 결정되지 않는다고 하면서, 위안부 피해 문제와 관련된 군국주의 시절 일본군 책임자의 처벌문제를 의제로 다루기로 결의했다.[36]

이후 UN 인권소위원회 산하 차별방지·소수자보호 소위[37]에서는 일본군 위안부 피해에 관한 라디카 쿠마라스와미 보고서(Radhika Coomaraswamy Roport, 1996. 1. 4), 린다 차베스 보고서(Linda Chavez Report, 1996. 7. 16), 게이 맥두걸 보고서(Gay Mcdougall Report, 1998. 8. 12)를 작성하였다.

이 가운데 맥두겔 특별보고관은 군 위안부를 성적 노예(Sexual Slavery)로, 군 위안소를 강간소(Rape Center)로 규정하고, 일본 정부와 일본군이 1932년부터 1945년까지 20만 이상의 여성을 아시아 전역에 설치된 강간소로 강제 동원했다며, 일본 정부는 인권과 인도법의 심각한 침해에 책임이 있으니, 유엔 고등 판무관과 함께 피해자

---

36 『동아일보』(1994. 3. 6).

37 The Sub-commission on Prevention of Discrimination and Protection of Minorities

확인과 배상수준 등을 결정하기 위한 국제적 조사단을 설치하라고 권고하였다.[38] 1990년대 전반 이미 국제적으로 군국주의 시절 일본 정부와 일본군의 전쟁성범죄 가해 사실이 역사적 사실로 확인된 것이다.

2. 12·28 합의의 폐기와 새로운 조약의 필요성

12·28 합의는 다음과 같은 절차로 진행되었다. ⓐ 2014년 3월 25일 네덜란드 헤이그에서 한미일 정상회담이 개최된 후, 박근혜 대통령과 아베 총리의 결정에 따라 ⓑ 2014년 4월 16일 이상덕 외교부 동북아 국장과 이시카네 기미히로石兼公博 일본 외무성 국제협력국장(이하라 준이치 국장伊原純一의 후임)이 중심이 되어, 일본군 위안부 피해 문제 해결을 위한 한일국장급 회의를 시작한 후, ⓒ 박근혜 대통령이 일본 측에 2015년 한일수교 50주년 기념일까지 위안부 문제 해결을 요청하고, ⓓ 2015년 6월 22일 한일수교 50주년 기념행사 차 윤병세 외무부 장관이 방일하더니, ⓔ 무슨 일인지 2015년 11월 2일 박근혜 정부 최초로 한일 정상회담이 열리고, ⓕ 이후 겨우 8주가 지난 2015년 12월 28일, 이른바 한일외무부 장관 합의문이 발표되었다.
　　그리고 ⓖ 2016년 7월 28일 여성가족부(장관 강은희)에 등록한 위안부 피해자 지원을 위한 화해·치유재단(이사장 김태현)이 설립되고, ⓗ 2016년 8월 30일 화해·치유재단이 일본 거출금 10억엔을 받은 후, 생존자에게 1억원, 유족에겐 2000만원을 지급하겠다는 위안부

---

38 『한겨레신문』(1998. 8. 14).

피해자 현금지원 방침을 확정한 다음, ① 2016년 10월 14일 6차이사회 결정사항으로 수령의사를 밝힌 피해자들에게 지급 결정안을 의결하고 집행하였다. 이상이 12·28 합의 전후에 벌어졌던 일들이다.

대한민국 헌법 제6조 1항에 따르면 헌법에 의해 체결·공포된 조약과 일반적으로 승인된 국제 법규는 국내법과 같은 효력을 가진다. 그러나 12·28 '위안부' 합의는 서면형식도 결여되었고, 국회의 비준체결에 관한 동의권(헌법 제60조 1항)도 해당되지 않는, 일종의 신사협정서와 같은 것일 뿐이다. 조약처럼 보이게끔 한 이면합의에 다름이 아니다.[39] 그러므로 12·28합의는 조약으로서 인정받을 수 없다.

외교부로서는 자신들이 맺은 합의서도 양국 외교의 신뢰성 유지를 위해 지킬 필요가 있다고 주장하지만, 잘못된 사실에 근거한 합의는 합의로서의 가치도 인정할 필요가 없다. 일본이 전가의 보도처럼 믿고 있는 1965년 한일기본조약과 1951년 샌프란시스코 강화조약은 잘못된 전제에서 시작한 조약이다. 한국, 북한, 일본, 필리핀 등을 방문하여 현지 조사를 진행한 국제법률가협회(ICJ : international Commission of Jurists)는 1994년 11월 22일 보고서 제9장 법적 문제 및 권고 부분에서, 일본군 위안부에 대한 개인 배상 문제는 한일협정 등의 조약으로 해결할 수 없는 국제법 위반이기 때문에, 일본 정부에 배상의무가 있고, 전쟁범죄나 인도에 반한 죄는 시효가 없는데, 더구나 가해자를 처벌하지 않는 것도 배상의무가 존속할 수밖에 없다고 하였다.

제2조 1항 : 양 체약국은 양 체약국 및 그 국민(법인을 포함함)의

---

39 정재민, 2016, 「일본군 '위안부' 관련 2011년 헌법재판소 결정과 2015년 한일정부 간 합의의 관계-외교보호권의 관점에서」 『국제법학회논총』 61(3).

재산, 권리 및 이익과 양 체약국 및 그 국민간의 청구권에 관한 문제가 1951년 9월 8일에 샌프란시스코 시에서 서명된 일본국과의 평화조약 제4조(a)에 규정된 것을 포함하여 완전히 그리고 최종적으로 해결된 것이 된다는 것을 확인한다.(한일청구권협정 2조1항)

제3조 1항 : 본 협정의 해석 및 실시에 관한 양 체약국간의 분쟁은 우선 외교상의 경로를 통하여 해결한다.(한일청구권협정 3조 1항)

1965년 6월 22일 맺은 한일조약 2조 2항에는 한일 양국과 한일 두 나라의 국민의 재산, 권리 및 이익, 청구권에 관한 문제가 1951년 맺은 샌프란시스코 조약의 제4조(a)에 규정된 것을 포함하여 '완전히, 그리고 최종적'으로 해결되었다고 하였다. 2015년 합의문에서도 '최종적 및 불가역적'이라는 단어를 연상케 하는 구절이다.

1951년 9월 8일 서명된 샌프란시스코 강화조약에서는 일본과 영미 등 관련 국가의 압력으로 대한민국이 조약 서명국에서 제외되는 불운을 경험한 바 있다. 그리고 일본은 샌프란시스코 조약 2조에서 자신들이 대한민국을 승인한다면서, 식민범죄와 전쟁범죄를 은폐하려는 의도를 명백히 드러내었다. 더구나 같은 조항을 보면, 미군정도 정부(Government)로 쓰면서 대한민국은 당국(authorities)으로 쓰는 무례를 저질렀다.

4조 (b) 일본은 미군정, 또는 미군정의 지침에 따라 집행된, 2조 및 3조에 언급된 지역에 있던 일본국과 일본국민의 재산 처리에 대한 효력을 승인한다.

Japan recognizes the validity of dispositions of property of Japan and Japanese nationals made by or pursuant to directives of the

United States Military Government in any of the areas referred to in Articles 2 and 3.(샌프란시스코강화조약 4조(b))

더구나 샌프란시스코 조약 4조 (b) 규정이 문제이다. 일제가 자행한 강제점령기에, (대한민국 땅을) 강제 점령하고 있던 일본인들의 토지는 미군정 당국의 군정법령 33호에 따라 1945년 8월 9일부터 일본인이 처분할 수 없었으며, 1945년 12월 6일부터 미군정청에 귀속시켰고, 1948년 8월 15일 대한민국 정부 수립 직후인 1948년 9월 20일 「한·미간 재정 및 재산에 관한 최초 협정」으로 대한민국 정부에 이양되었다. 그러므로 샌프란시스코 조약 4조 (b)항에서 일본이 미군정의 조치에 따른 한국에 강제점령하고 있던 일본국과 일본국민의 재산의 처리에 대한 문제는 일본이 처리의 효력을 승인해야 할 사항이 아니라, 대한민국과 협정을 맺었어야 하는 사안이었다. 그러나 이 사안에 대해 대한민국과 협정한 바가 없다.

제4조 (a) 이 조항 b(위의 4조 (b))의 규정을 따를 것을 조건으로, 제2조에 언급된 국가(=한국, 대만, 사할린 등)에 있는 일본국 및 일본국민의 재산(채권 포함)의 처리, 그리고 해당(2조에서 언급한) 국가와 국민(법인 포함)을 관할하는 정부에게 받아내야 할 그들(일본국과 일본국민)의 청구권(채권포함), 그리고 일본 내에 있는 해당(2조에서 언급한) 국가와 국민의 재산 처리, 그리고 일본과 일본 국민에게서 받아내야 할 해당(2조에서 언급한) 국가와 국민의 청구권(채권 포함)은 일본과 해당 국가의 특별협정으로 해결해야 한다. 2조에서 언급한 국가(지역)에 있는 연합국과 연합국민의 재산이 현재까지 반환되지 않았다면, 해당

지역의 정부(당국)가 현존하는 그 상태로 반환하여야 한다.(이
조약에서 사용하는 국민에는 항상 법인이 포함된다.) 샌프란시스
코강화조약 4조(a)

Subject to the provisions of paragraph (b) of this Article the
disposition of property of Japan and of its nationals in the areas
referred to in Article 2, and their claims, including debts, against
the authorities presently administering such areas and the
residence(including juridical persons) thereof, and disposition in
Japan of property of such authorities and residents, and of claims,
including debts, of such authorities and residents against Japan
and its nationals, shall be the subject of special arrangements
between Japan and such authorities. The property of any Allied
Powers or its nationals in the areas referred to in Article 2 shall,
insofar as this has not already been done, be returned by the
administering authority in the condition in which it now exists.
(The term nationals whenever used in the present Treaty includes
juridical persons).

그러므로 샌프란시스코 조약 4조 (b) 규정의 준수를 토대로 작성된
4조 (a)도 허공에 뜬 조항이 된다. 우선 대한민국에 있던 연합국과
연합국민의 재산처리는 당연히 대한민국과의 협정을 통해 인정되어
야 하며, 대한민국에 있던 강제점령 가해국인 일본국과 일본국민들
의 점령재산은 당연히 피해국인 대한민국과의 협정을 통해 진행되어
야 하는 것은 너무나도 당연한 사실일 것이다. 그 과정에서 일제가
저지른 식민지 강제점령의 죄상이 낱낱이 설명되었어야 했다. 이러

한 역사적 과정을 정리하지 않은 한일협정 2조 1항, 역시 대한민국 국민들이 수용하기가 매우 어려운 조항인 것도 강조해 두지 않을 수 없다. 패전이후 지금까지 식민범죄와 전쟁범죄의 책임을 부인하려는 일본 정부는 정말 '성가신 나라'임에 틀림없다.[40]

나. 청구권 협정에 의한 위 원고들의 청구권의 소멸 여부 (2) 청구권 협정은 일본의 식민지배 배상을 청구하기 위한 협상이 아니라 샌프란시스코 조약 제4조에 근거하여 한일 양국간의 재정적·민사적 채권·채무관계를 정치적 합의에 의하여 해결하기 위한 것으로서, 청구권 협정 제1조에 의해 일본 정부가 대한민국 정부에 지급한 경제협력자금은 제2조에 의한 권리문제의 해결과 법적 대가관계가 있다고 보이지 않는 점, 청구권 협정의 협상 과정에서 일본 정부는 식민지배의 불법성을 인정하지 않은 채, 강제동원 피해의 법적 배상을 원천적으로 부인하였고, 이에 따라 한일 양국의 정부는 일제의 한반도 지배의 성격에 관하여 합의에 이르지 못하였는데, 이러한 상황에서 일본의 국가권력이 관여한 반인도적 불법행위나 식민지배와 직결된 불법행위로 인한 손해배상청구권이 청구권 협정의 적용대상에 포함되었다고 보기는 어려운 점에 비추어 보면, 위 원고들의 손해배상청구권에 대하여는 청구권협정으로 개인청구권이 소멸하지 아니하

---

40 아베 총리는 '2015년 한·일 정부 간 합의에 따라 일본은 10억엔(합의 당시 약 97억원)을 냈으니 한국은 성의를 보여야 한다'고 목소리를 높였고, 집권 자민당의 2인자인 니카이 도시히로(二階俊博) 간사장은 "한국은 협상하기 성가신 나라"라고 거들었다. 아소 다로 부총리 겸 재무상은 "한·일 통화스와프를 체결해 한국에 돈을 빌려줬다가 돌려받지 못할 수도 있다."는 막말도 했다. 『세계일보』(2017. 1. 11).

였음은 물론이고, 대한민국의 외교적 보호권도 포기되지 아니하였다고 봄이 타당하다. 나아가 국가가 조약을 체결하여 외교적 보호권을 포기함에 그치지 않고 국가와 별개의 법인격을 가진 국민 개인의 동의 없이 국민의 개인청구권을 직접적으로 소멸시킬 수 있다고 보는 것은 근대법의 원리와 상충되는 점, 국가가 조약을 통하여 국민의 개인청구권을 소멸시키는 것이 국제법상 허용이 될 수 있다고 하더라도 국가와 국민 개인이 별개의 법적 주체임을 고려하면 조약에 명확한 근거가 없는 한 조약체결로 국가의 외교적 보호권 이외에 국민의 개인청구권까지 소멸하였다고 볼 수는 없을 것인데, 청구권 협정에는 개인청구권의 소멸에 관하여 한일 양국 정부의 의사의 합치가 있었다고 볼 만큼 충분한 근거가 없는 점, 일본이 청구권 협정 직후 일본국 내에서 대한민국 국민의 일본국 및 그 국민에 대한 권리를 소멸시키는 내용의 재산권조치법을 제정·시행한 조치는 청구권 협정만으로 대한민국 국민 개인의 청구권이 소멸하지 않았음을 전제로 할 때 비로소 이해될 수 있는 점 등을 고려해 보면, 위 원고들의 청구권이 청구권 협정의 적용대상에 포함된다고 하더라도 그 개인청구권 자체는 청구권 협정만으로 당연히 소멸된다고 볼 수 없고, 다만 청구권의 협정으로 그 청구권에 관한 대한민국의 외교적 보호권이 포기됨으로써 일본의 국내 조치로 해당 청구권이 일본국 내에서 소멸되어도 대한민국이 이를 외교적으로 보호할 수단을 상실하게 될 뿐이다.(대법원, 2012.5.24. 선고 2009다68620, 22549 판결)

대한민국에서 생각하는 1965년 한일청구권 협정은 일본의 식민지배 배상을 청구하기 위한 협상은 아니었다. 그리고 일본 역시, 청구권 협정 협상과정에서 일제 강제점령의 불법성을 인정하지도 않았고, 강제동원 피해의 법적 배상 역시 원천적으로 부인하였다. 그러므로 1965년 한일청구권협정으로 일제강점기 강제동원의 개인청구권이 소멸된 것도 아니고, 대한민국의 외교적 보호권도 포기된 것이 아니었다고 할 수 있다.

대한민국 외교통상부 장관(피청구인)이 한일청구권협정 3조에 따라 분쟁해결의 절차를 밟아야 할 의무는, 일본국이 자행한 조직적이고 지속적인 불법행위에 의해 인간의 존엄과 가치를 심각하게 훼손당한 자국민(위안부 피해자)의 배상청구권을 실현하도록 협력하고, 보호해야 할 헌법적 요청에 의한 것이다. (중략) 일본국이 광범위하게 자행한 반인도적 범죄 행위에 대하여 일본군 위안부 피해자들이 일본에 대하여 가지는 배상청구권은 헌법상 보장되는 재산권일 뿐만 아니라, 그 배상청구권의 실현은 무자비하고 지속적으로 침해된 인간으로서의 존엄과 가치 및 신체의 자유를 사후적으로 회복한다는 의미를 가지는 것이다. (중략) 일본국 피해자는 모두 고령으로서, 더 이상 시간을 지체할 경우, 일본국 위안부 피해자의 배상청구권을 실현함으로써 역사적 정의를 바로 세우고, 침해된 인간의 존엄과 가치를 회복하는 것이 영원히 불가능해 질 수 있으므로 기본권 침해 구제의 절박성이 인정된다. (중략) 국제정세에 대한 이해를 바탕으로 한 전략적 선택이 요구되는 외교행위의 특성을 고려한다고 하더라도, 외교통상부 장관(피청구인)이 어떠한 조처도 하지 않는(부작위) 이유로 내세우는 '소모적인 법적 논쟁으로서의 발전가능성'이나 '외교관계의 불편'이라는 매우 불분명하고 추상적인 사유가 국익이라고 보기 힘들다.(대한민국과 일본국간의 재산 및 청구권에 관한 문제의 해결과 경제협력에 관한 협정 제3조 부작위 위헌 확인, 헌법재판소, 2011. 8. 30. 2006헌마788)[41]

그러므로 2011년 8월 30일 헌법재판소는 대한민국 정부(외교통상부)가, 무자비하고 지속적으로 침해된 인간으로서의 존엄과 가치 및 신체의 자유를 사후적으로 회복한다는 의미를 가지는 위안부 피해자의 배상청구권이 실현되도록 협력하고 보호해야 할 헌법적 요청에 따르지 않고, 그리고 위안부 피해자 모두 고령으로서, 더 이상 시간을 지체할 경우 역사적 정의를 바로 세우고, 침해된 인간의 존엄과 가치를 회복하는 것이 영원히 불가능해질 수 있으므로, 기본권 침해 구제의 절박성이 인정된 일본국 위안부 피해자의 배상청구권을 실현에 대해 대한민국정부로서 아무 것도 하지 않는 것(부작위)은 위헌이라고 판단하였다.

IV. 실명증언과 수요집회, 그리고 소녀상

서울시 중구 퇴계로26가길 6에 있는 남산공원의 옛 통감부 관저 터에는 2016년 8월 29일 제막식을 한 일본국 위안부 피해 할머니들을 생각게 하는 '기억의 터'가 조성되어 있다. 기억의 터 안에 만들어진 '대지의 눈'에는 위안부 피해 여성 247명의 성함과 함께 시기별로 피해 사실에 대한 할머니들의 증언이 새겨져 있고, 피해 할머니들과

---

41 http://search.ccourt.go.kr/ths/pr/ths_pr0101_P1.do

전국, 전 세계에서 이를 기억하려는 모든 사람들의 마음을 상징하여
자연스럽게 돌려놓은 주변 돌들과 함께 하는 '세상의 배꼽'에는 "기억
하지 않은 역사는 되풀이된다."는 글귀가 한글, 일본어, 영어, 중국어
로 함께 새겨져 있다.[42]

부끄러워야 할 사람들 그런데 『신동아』 2017년 1월호에는 「당신 엄마가
위안부라면 이름, 남기고 싶겠냐」라는 기사가 실려 있다.[43] '대지의
눈'에 새겨진 위안부 피해 할머니의 성함을 보고, 피해자 가족들이
부끄러워 할 것이라는 기자의 우려이다. 사실 기억의 터를 조성하는
일을 맡아 진행한 분들이, 피해 당사자와 혹은 가족들과 얼마나

----

42 김선숙, 2017. 1. 8, 「아픈 역사 기억하자! 위안부 '기억의 터'」(서대문 인터넷 뉴스)
http://www.sdminews.co.kr/ArticleView.asp?intNum=8707&ASection=001009
43 http://shindonga.donga.com/3/all/13/808733/1

세상의 배꼽(기억의 터)

깊이 상의했는지에 대해서는 아무리 지적해도 지나치지 않지만, 기사 제목이나 기사 내용 일부처럼 전쟁 성범죄 피해사실이 드러나면 가족들이 부끄러워 할 것이라는 기자의 시각 역시, 많은 생각을 하게 하는 내용이다.

사실 대한민국 내에서도 위안부 피해 문제를 민족과 여성의 문제가 아니라 피해자 개인의 문제라던가, 그래서 피해자 개인의 피해 보상 문제라고 치부하는 분위기가 없지는 않다. 서울 마포구 월드컵북로 11길 20에 소재한 '전쟁과 여성 인권박물관'은[44] 일본군 위안부 피해 생존자들이 겪었던 역사를 기억하고, 교육하며, 위안부 피해 문제를 해결하기 위해 활동하기 위한 인권박물관이다.

이 박물관의 건립은 1994년 여성과 전쟁 사료관 건립준비위원회의

---

44 http://www.womenandwarmuseum.net/contents/main/main.asp

발족에서 시작하여 마침내 2005년 10월 25일 서울시와의 협의 끝에 서대문 독립공원 주차장 자리를 박물관 부지로 추진한다데 합의한 적이 있었다. 그러나 위안부 피해로 대표되는 일제의 전쟁 성범죄 고발이 가지고 있는 세계사적 의의를 충분히 인지하지 못한, 그래서 독립운동의 성지에 '위안부' 박물관을 세울 수 없다는 독립운동 단체들의 반대로 2011년 2월, 인권박물관이 현 부지로 최종 결정된 일이 있었다.

식민범죄에 저항한 독립운동의 성지와 전쟁 성범죄 고발의 상징이 한 자리에 있음으로 해서, 미래 한국사와 세계사에 미칠 변화의 너비와 크기를 생각해 보면, 독립운동 단체의 반대는 아쉬운 점이 없지 않다. 여전히 피해자가 문제라는 피해자 중심의 사고가 가해자가 문제라는 가해자 중심의 사고로 바꾸고 있지 못한 우리 현실이 안타깝기도 하였다. 아니 실제 부끄럽다고 생각하는 가족들이 있다면 이는 위안부 피해 할머니들이 감행한 실명증언이 가지고 있는 역사적 의의를 충분히 공유하지 못한 결과라 하지 않을 수 없다.

실명증언 1990년 6월 위안부피해자 고故 김학순 할머니가 "일본군은 군대 위안부 문제에 관여하지 않았다."는 일본 정부의 발표를 듣고, 일본 정부의 변명을 바로 잡고자 하는 마음으로 정신대문제대책협의회(정대협)을 찾아가 국내 거주자 최초로 온힘을 다해 용기있게 위안부 피해에 대한 실명증언에 나섰다. 지금은 세계 위안부의 날이 된 1991년 8월 14일, 당시 67세 김학순(1924~1997)이 행한 실명증언은 20세기 한국 사회와 세계 인류에게, 전쟁 성범죄를 비롯한 성범죄 피해는 억울한 일이지 부끄러운 일이 아니라는 너무나 상식적인 생각을 갖게 해 준 기념비적 사건이었다. 부끄러워할 사람은 피해자,

피해국이 아니라 가해자, 가해국이어야 한다는 것이다. 너무나 당연한 이런 생각을 우리는 김학순의 실명증언을 계기로 비로소 갖게 되었다.

사실 위안부 피해 문제는 원치 않은 개인이 국가 차원의 제도화된 강간으로 엄청난 고통을 받은 전쟁 성범죄였다. 그럼에도 불구하고 가해국의 범죄사실 은폐나 왜곡으로, 더구나 피해국의 암묵적인 동의를 뜻하는 침묵이나 소극적 대처로 오히려 전쟁 성범죄 개인 피해자가 오랜 기간 피해사실을 고발하지 못하고 고통만 당하던 문제였다. 그러다가 마침내 김학순의 실명증언을 계기로 위안부 피해 문제는 다시는 재발되지 말아야 할 전쟁 성범죄 문제라는 인식이 공유되면서 이제 더 이상 피해자 개인의 문제가 아니라 여성 모두의 문제가 되었고, 민족에 국한되지 않는 인류의 문제가 되었다.

김학순의 실명증언으로 한민족과 인류에게 전쟁 성범죄에서만이 아니라 여성에게 가한 모든 범죄에 대처하는 문화도 바꿀 수 있게 되었다. 그 이전까지는 피해자의 피해 사실을 중심으로 위로하고 격려하는 그런 문화가 대세였다면, 김학순이 전쟁 성범죄에 대해 실명증언을 함으로써 피해자의 억울함이 손가락질 당하는 것이 아니라, 범죄를 저지른 가해자 스스로 자신의 범죄에 대해 정직하게 증언하고 반성하며 사죄할 뿐만 아니라, 기성세대와 미래세대가 모두 알 수 있도록 자신의 범죄행위를 낱낱이 고하지 않으면 안 된다는 가해자 중심의 문제 해결 문화를 갖게 한 것이다.

그러므로 1991년 김학순의 실명증언 이전이라면 피해자 본인도 부끄러워하고, 피해자 가족들도 부끄러워 할 수도 있었겠지만, 실명 증언 이후에는 세상의 모든 피해자와 가족들은 단지 나와 우리 가족이 억울한 일을 당한 것이지 스스로 부끄러워 할 일이 아닌 것이고,

정작 부끄러워야 할 사람들은 가해자와 가해자의 부역자들이라는 너무나 당연한 생각을 한국 민족과 세계 인류에 각인시킨 그런 사건이었다.

요컨대 김학순의 실명증언은 식민범죄건, 전쟁범죄건 민족과 인류가 눈길을 떼어서는 안 되는 것은 가해자의 범죄 사실이기 때문에 피해자와 피해사실에 대한 최종 확인조차 가해자 스스로 행한 반인류적 범죄 사실에 대한 절절한 설명과 통렬한 반성 이후에 진행되어야 한다는 사실을 알게 해 준 그런 증언이었다고 할 수 있다.

수요집회 1992년 1월 8일 일본총리의 방한을 앞두고 주한 일본대사관 앞에서 제1회 수요집회(일본군日本軍 위안부慰安婦 문제問題 해결解決을 위爲한 정기定期 수요시위水曜示威)를 개최한 이래 2011년 12월 14일 1,000회를 진행하였고, 어느덧 25년이 지난 2017년 1월 11일 수요집회는 1,265회가 되었다. 수요집회는 ① 일본군 '위안부' 범죄 인정, ② '위안부' 피해 진상 규명, ③ 일본 국회의 사죄, ④ 법적 배상, ⑤ 역사교과서 기록, ⑥ 위령탑 및 사료관 건립, ⑦ 책임자 처벌 등을 일본 정부에 요구하는 시위이다. 지난 25년간 유지되고 앞으로도 계속될 수요집회와, 그 과정에서 마련된 평화의 소녀상은 그러한 취지를 공감하는 모임이고 상징이다.

평화의 소녀상 이렇게 25년간 수요집회를 진행하는 동안, 2003년에는 유엔 여성차별철폐위원회에서 일본 정부에 위안부 피해 문제에 대해 책임질 것을 권고하였고, 2011년 8월 30일에는 헌법재판소에서 "정부가 위안부 피해 문제 해결을 위해 적극적으로 노력하지 않은 것은 위헌"이라는 결정도 내렸으며, 2011년 12월 14일 천 번째 수요집회를 기념하여 서울시 종로구 율곡로6의 일본대사관 앞에 첫 번째 '평화의 소녀상'(서울, 조각가 김운성·김서경 부부 제작)이 건립되었고, 2012년 5월 5일에는 서울시 마포구 월드컵 북로 11길 20에 '전쟁과 여성 인권박물관'이 개관하였으며, 2012년 12월 8일부터 10일에 열린 제11차 일본군 '위안부' 문제 해결을 위한 아시아 연대회의에서 매년 8월 14일을 '세계 위안부의 날'로 정한 바 있다.

'평화의 소녀상(서울)'의 ⓐ 소녀는 피해 할머니들이 처참한 상처를 받았던 나이대의 소녀를 상징한 것이고, ⓑ 거칠게 잘린 단발머리는 본인의 의사와 무관한 인연과 부모와 고향으로부터의 단절을 의미하며, ⓒ 발꿈치가 들린 맨발은 늘 불안해 하면서 아픔의 세월 속을 떠돌 듯 살아온 피해 할머니들의 삶을 표현한 것이고, ⓓ 소녀의 왼쪽 어깨위에 앉아있는 새는 세상을 떠난 피해자들과 현실을 이어주는 영매이며, ⓔ 소녀의 할머니 모습의 그림자는 현실의 피해자 모습이고, ⓕ 그림자 속의 나비는 환생을 의미하며, ⓖ 빈 의자는 세상을 떠났거나 세상에 드러나지 않은 피해자들을 위한 자리라고 한다.

소녀상은 일본 남성들에게는 자신의 아버지, 할아버지가 전쟁의 성폭력 가해자가 됐을지도 모른다는 사실을 생생하게 되살리는 상징으로 생각될 수도 있겠지만,[45] 한국인이나 세계 여러 나라 사람들에게는 단순한 반일의 상징이 아니다. 상황에 따라 우리도 무심코 저지를 수 있는 전쟁 성범죄의 망각에 대한 저항이자 평화를 향한 정의로운 행동의 상징이다.

폴란드 바르샤바에는 브란트 광장이 있다. 1970년 12월 7일 독일의

---

45 김부자, 도쿄 외국어대 대학원 교수, 『중앙일보』(2017. 1. 14).

수상이었던 빌리 브란트가 유대인 위령탑에 서서 참배와 사죄를 했던 것을 기념하는 공간이다. 빌리 브란트의 참회는 진상규명이후 사죄를 어떻게 해야 하는지를 세계만방에 알려준 사건이었다.

평화의 소녀상은 독일의 과거사 청산을 위해 2004년 세워진 홀로코스트 추모비(베를린 브란덴부르크 문 부근)와 1996년 세계문화유산으로 등재된 히로시마 원폭돔[46](히로시마 평화기념관) 등과 함께 인류가 저지른 학살, 파괴와 더불어 가장 처참한 전쟁 성범죄 등의 증거와 상징으로서 과거사 성찰을 위한 문화적 가치가 상당한 조형물이다.

다시는 재발하면 안 되는 전쟁 성범죄를 기억하고 참회하며 용서를 빌 만한 소녀상은 그렇기 때문에 한국인을 위한 것이 아니라 오히려 일본 국민과 세계 인류를 위해서 설치된 것이라고 생각하는 것이 마땅한 일이었다. 스스로 자부심이라고 했던 역사 속에 용기가 없어 드러내지 못했던 수치심, 평화의 소녀상은, 자국自國이 저지른 전쟁 성범죄를 피하지 않고 스스로 드러내고 용서를 빌며 사죄하는 것이 세상과 더불어 염치 있게 살 수 있는 힘임을 한일 양국의 국민들과 세계 인류에게 말없이 가르쳐 주고 있다.

---

46 1945년 8월 6일 일본 히로시마에 원자폭탄이 떨어졌을 때 파괴된 채 남겨진 건물.

참고문헌

강경선, 2011, 「헌법 전문을 통해 본 대한민국의 과거와 미래」 『역사비평』 가을호.
김대순, 2000, 「국제형사재판소에 관한 소고−로마규정 전문 제1부 및 제2부를 중심으로−」 『법학연구(연세대 법학연구원)』 10.
김영희, 2002, 『군대 위안부에 관한 연구』, 한림대 국제대학원.
김일영, 2010, 『건국과 부국』, 기파랑.
김철수, 2003, 『헌법학개론』, 박영사.
나가이 가즈, 2012, 「일본군의 위안소 정책에 대하여」(http://nagaikazu.la.coocan. jp/works/guniansyo.html)
박경리, 2004, 『생명의 아픔』.
박명림, 2011, 「민주공화국 그리고 자유민주주의/자유민주기본질서 ; 대한민국의 기원, 성립, 발전, 특성, 전망의 한 부분적 소묘」 『한국의 자유민주주의 이론, 헌법, 역사』.
박명림, 2011, 「박정희 시기의 헌법 정신과 내용의 해석−절차, 조항, 개념, 의미를 중심으로」 『역사비평』 가을호.
서영대, 2010, 「개천절과 강화도 참성단」 『동아시아 고대학』 23.
양동안, 2016, 『대한민국 건국일과 광복절 고찰』.
오동석, 2011, 「대한민국헌법과 민주주의」 『초중고 역사교과서의 현대사서술과 민주주의』.
오오타 오사무, 2012, 「식민지주의의 공범−두 개의 강화조약에서 초기한일교섭으로」 『아세아연구』 55(4).
요시미 요시아키, 1993, 『자료집 종군위안부』, 서문당.
요시미 요시아키, 2013, 『일본군 위안부, 그 역사적 진실』, 역사공간.
우에무라 다카시, 길윤형 옮김, 2016, 『나는 날조기자가 아니다』, 푸른역사.
임종명, 2011, 「개정 고등학교 한국사 교과서의 한국현대사 서술과 민족·국가·대한민국」 『역사와 교육』 13.
정병준, 2005, 「윌리암 시볼드와 독도 분쟁의 시발」 『역사비평』 71.

정병준, 2006, 「독도영유권 분쟁으로 보는 한미일 3국의 시각」『사림』 26.

정병준, 2010, 『독도 1947』, 돌베개.

정재민, 2016, 「일본군 '위안부' 관련 2011년 헌법재판소 결정과 2015년 한일정부간 합의의 관계 - 외교보호권의 관점에서」『국제법학회논총』 61(3).

제성호, 2015, 「건국절제정의 타당성과 추진방안」『법학논문집』 39-1.

홍순권, 1998, 「의병학살의 참상과 남한대토벌」『역사비평』 45.

찾아보기

출 전

이인재, 2011, 「역대 대한민국 헌법의 민주주의와 자유민주적 기본질서」『역사와 현실』 82.
이인재, 2012, 「역사교과서의 미래와 교육과학기술부 장관의 권한」『황해문화』 74.